高等院校"十四五"系列教材 · 基础课系列

LABORATORY

GAOXIAO SHIYANSHI ANQUAN GAILUN

高校实验室安全概论

主　　编 ◎ 马成章　陶　鑫　陈　文
副 主 编 ◎ 尤　园　孙文超　胡双意　李　黎
刘　波　欧雪娇　王耀宇　董梦洁
梅小庆
参编人员 ◎ 范　萌　姚莉娟　蔡怡山　王海燕
吕梅花　游林红　刘燕玲　陈建雄
吴俊杰　李春春　余　建　王　刚
张　义

華中科技大學出版社
http://press.hust.edu.cn
中国 · 武汉

内 容 简 介

《高校实验室安全概论》作为高等学校实验室安全教育课程的配套教材，内容涵盖高等学校实验室安全的普适知识与技术、理工科专业实验室的专业安全知识、实验者安全意识培养及实验室安全管理等方面。全书共14章，主要对高校实验室生物安全、高校实验室化学品安全、高校实验室消防安全、高校实验室电气安全、高校机械设备安全、高校实验室仪器设备使用安全、高校化学实验操作安全、高校实验室特种设备安全、高校实验室辐射安全、高校实验室信息安全等常见问题进行了阐述和分析，同时对高校实验室安全应急处理、废弃物的处理及安全管理体系建设进行了总结。

根据教育部相关规定，武汉生物工程学院自2022年开始将实验室安全教育纳入公共必修课，通过实验室安全教育增强师生安全意识，加强底线思维。现集全校负责实验室安全骨干教师编写《高校实验室安全概论》教材，本教材主要面对高校理工科学生，可作为学习实验室安全知识与技术的参考书，亦可供科研人员和技术工作者及实验室管理人员参考使用。

图书在版编目(CIP)数据

高校实验室安全概论/马成章，陶鑫，陈文主编. —武汉：华中科技大学出版社，2024.7
ISBN 978-7-5680-9672-0

Ⅰ. ①高… Ⅱ. ①马… ②陶… ③陈… Ⅲ. ①高等学校-实验室管理-安全管理 Ⅳ. ①G642.423

中国国家版本馆CIP数据核字(2024)第071418号

高校实验室安全概论　　马成章　陶　鑫　陈　文　主编
Gaoxiao Shiyanshi Anquan Gailun

策划编辑：汪　粲
责任编辑：余　涛　李　昊
封面设计：廖亚萍
责任校对：阮　敏
责任监印：周治超
出版发行：华中科技大学出版社(中国·武汉)　电话：(027)81321913
武汉市东湖新技术开发区华工科技园　邮编：430223
录　　排：华中科技大学惠友文印中心
印　　刷：武汉科源印刷设计有限公司
开　　本：787mm×1092mm　1/16
印　　张：14.5
字　　数：347千字
版　　次：2024年7月第1版第1次印刷
定　　价：56.00元

前　言

近年来，高校实验室安全事故不断出现，对经济和人身安全造成了很多损害，给高校带来了沉重的代价。2021年，南京某大学材料科学与技术学院一材料实验室爆燃引发火情，其中2人经抢救无效死亡，9人受伤。2018年，北京某大学2号楼实验室内学生进行垃圾渗滤液污水处理科研实验时，实验现场发生爆炸，事故造成3名参与实验的学生死亡。2015年，徐州某大学化工学院一实验室发生爆炸事故，致5人受伤，1人抢救无效死亡。这些事故给受害者的家庭和相关人员带来了不可挽回的损失。

高校实验室是学校开展教学、科研活动的重要场所。要想有效地预防和控制实验室安全事故的发生，首先必须要开展有效的实验室安全教育工作，通过教育与宣传让实验者本人提高自身的安全意识及认识，同时通过形式多样的教育培训使实验者具备基本的实验室安全知识、安全技能及事故应急能力，以提高实验者的安全素质。

通过实验室安全教育提升师生安全素质，加强底线思维，减少各类安全事故的发生。本教材是在此背景下，主要由武汉生物工程学院长期从事实验室一线管理人员编写，教材梳理了高校实验室相关的法律、制度、法规等安全标准，对生物安全、化学品安全、消防安全、电气安全、机械设备安全、仪器设备使用安全、化学实验操作安全、辐射安全、信息安全等高校常见实验室安全问题进行了阐述和分析，同时对高校实验室安全应急处理、废弃物的处理及安全管理方式进行了总结。

本教材是在化学与环境工程学院院长隆琪教授的指导之下，由武汉生物工程学院教务处实验设备管理中心马成章和化学与环境工程学院陶鑫老师牵头，生命科学与技术学院、医药学院、化学与环境工程学院、食品科技学院、园林园艺学院、机械与电子工程学院、软件工程学院负责实验室安全的骨干教师，在结合平时教学工作实际的基础上进行编写，具体章节编写人员如下：马成章、陶鑫、胡双意、王耀宇（深圳市通量检测科技有限公司总监）、董梦洁、梅小庆、李春春、余建、王刚等老师负责第1、7、8、11、14章的编写；尤园、李黎、欧雪娇（襄阳市公安局禁毒支队）、陈建雄、吴俊杰、吕梅花、游林红、刘燕玲等老师负责第3、4、5、6、13章的编写；陈文、孙文超、刘波、范萌、姚莉娟、蔡怡山、王海燕、张义等老师负责第2、9、10、12章的编写；相关学院多名实验员和辅导员参与了其中部分工作，由马成章和陶鑫老师负责统稿和审定。

在教材编写过程中，我们几易其稿，多次集中研究、讨论和审阅，以确保书稿质量，由于各高校实验室制度及实际情况各不相同，且实验室安全知识体系非常庞杂，专业性强，又由于编者水平有限，时间仓促，书中难免存在遗漏和不妥之处，敬请读者批评指正！

编　者
2024年5月

目　录

第 1 章　绪论 …… (1)
1.1　高校实验室安全的重要性 …… (1)
1.2　高校实验室常见安全事故类型及原因分析 …… (2)
1.3　实验室安全教育与文化 …… (5)
1.4　思考题 …… (8)
第 2 章　高校实验室生物安全 …… (9)
2.1　高校实验室生物安全基础常识 …… (9)
2.2　生物安全实验室的分级及其相关规定 …… (12)
2.3　生物安全实验室安全管理 …… (20)
2.4　生物安全实验室的个人防护 …… (23)
2.5　生物安全法律责任 …… (27)
2.6　思考题 …… (30)
第 3 章　高校实验室化学品安全 …… (31)
3.1　危险化学品的概念和分类 …… (31)
3.2　化学物质的危险特性 …… (32)
3.3　危险化学品防护信息来源 …… (39)
3.4　危险化学品的购买、存储与管理安全 …… (41)
3.5　危险化学品的个人防护与危害控制 …… (44)
3.6　思考题 …… (50)
第 4 章　高校实验室消防安全 …… (51)
4.1　消防安全基础知识 …… (51)
4.2　建筑消防设施、安全标志 …… (58)
4.3　灭火常识与技术 …… (65)
4.4　火灾时的逃生与自救 …… (71)
4.5　实验室火灾预防 …… (73)
4.6　思考题 …… (76)
第 5 章　高校实验室电气安全 …… (77)
5.1　实验室电气基础知识 …… (77)
5.2　电气安全技术规范 …… (77)
5.3　用电安全要求 …… (79)
5.4　电气危害的特征 …… (82)
5.5　实验室电气火灾和爆炸原因及防火防爆措施 …… (83)
5.6　电气火灾的扑救要点 …… (86)
5.7　思考题 …… (87)

第 6 章　高校机械设备安全 …… (88)
6.1　机械的组成 …… (88)
6.2　机械的状态及其安全问题 …… (89)
6.3　机械的危害及原因 …… (90)
6.4　机械实验室安全防护 …… (93)
6.5　思考题 …… (96)
第 7 章　高校实验室仪器设备使用安全 …… (97)
7.1　玻璃仪器使用安全 …… (97)
7.2　高温设备使用安全 …… (99)
7.3　低温设备使用安全 …… (102)
7.4　高压设备使用安全 …… (105)
7.5　高能高速设备使用安全 …… (109)
7.6　机械设备使用安全 …… (111)
7.7　精密仪器设备使用安全 …… (116)
7.8　思考题 …… (125)
第 8 章　高校化学实验操作安全 …… (126)
8.1　化学实验安全操作规范 …… (126)
8.2　化学试剂取用操作安全 …… (127)
8.3　常用化学操作单元的规范与安全 …… (128)
8.4　典型反应的危险性分析及安全控制措施 …… (135)
8.5　反应过程突发情况的一般处理方法 …… (143)
8.6　思考题 …… (145)
第 9 章　高校实验室特种设备安全 …… (146)
9.1　压力容器安全 …… (147)
9.2　气瓶安全 …… (154)
9.3　起重机械的使用安全 …… (158)
9.4　电梯的使用安全 …… (161)
9.5　思考题 …… (164)
第 10 章　高校实验室辐射安全 …… (165)
10.1　放射性及其相关物理量 …… (165)
10.2　辐射分类与应用 …… (166)
10.3　电离辐射的危害 …… (168)
10.4　电离辐射的防护 …… (170)
10.5　放射性实验室的安全防护 …… (172)
10.6　辐射安全事故的分类及管理 …… (176)
10.7　思考题 …… (177)
第 11 章　高校实验室信息安全 …… (178)
11.1　实验室信息安全基本需求 …… (178)
11.2　实验室信息安全管理目标 …… (179)

11.3　实验室信息设施的物理安全 …… (179)
11.4　实验室软件安全 …… (181)
11.5　实验室网络安全 …… (182)
11.6　实验室数据库安全 …… (184)
11.7　思考题 …… (185)
第 12 章　高校实验室事故应急处理 …… (186)
12.1　实验室安全应急处理 …… (186)
12.2　实验室安全的应急预案 …… (187)
12.3　实验室安全事故的现场急救方法 …… (190)
12.4　实验室突发环境污染事件应急处置 …… (196)
12.5　思考题 …… (198)
第 13 章　高校实验室废弃物的处理 …… (199)
13.1　实验室废弃物的分类 …… (199)
13.2　实验室废弃物的危害 …… (200)
13.3　废弃物贮存一般注意事项 …… (200)
13.4　实验室废弃物处理方法 …… (201)
13.5　思考题 …… (205)
第 14 章　高校实验室安全管理体系建设 …… (206)
14.1　实验室安全责任体系 …… (206)
14.2　实验室规章制度 …… (206)
14.3　实验室危险源风险评估 …… (207)
14.4　实验室宣传教育与培训 …… (207)
14.5　实验室安全准入 …… (208)
14.6　实验室安全检查 …… (208)
14.7　应急响应与处理机制 …… (209)
14.8　责任追究，建立安全工作奖惩机制 …… (209)
14.9　思考题 …… (210)
附录 A　相关法律法规及标准信息等汇总 …… (211)
附录 B　实验废液相容表 …… (216)
附录 C　常用危险化学品储存禁忌物配存表 …… (217)
附录 D　常见化学品中毒急救方法 …… (219)
参考文献 …… (222)

第1章　绪　　论

高校实验室是开展教学实践和科学研究的重要基地，是全面实施综合素质教育，培养学生实验技能、知识创新和科技创新能力的必要场所，也是高等教育“培养适应新世纪我国现代化建设需要具有的创新精神、实践能力和创业精神的高素质人才”的主要领域。随着我国高等教育事业的快速发展，高校实验室建设投入的持续增加，实验室贵重仪器设备、危险物品种类与数量、隐含危险的实验操作等越来越多，实验室对外开放程度也不断提高，各类高校实验室安全事故频发，致使实验室安全管理工作面临新的压力和挑战。因此，加强高等学校实验室安全工作刻不容缓。

1.1　高校实验室安全的重要性

1.1.1　高校实验室安全内涵

高等学校实验室安全涉及生物、化学品、消防、用水用电、防火防爆、机械设备、实验操作、辐射、危险废物处置及物质财产防盗等诸多方面，是高等学校实验室建设与管理的重要组成部分，也是校园安全教育与文化建设的重要组成部分。

1.1.2　高校实验室安全的重要意义

1. 实验室安全是贯彻“以人为本”理念，保证师生人身安全的基本需要

高等教育要“以人为本”，高校的一切工作都是为学生服务的。学校以学生为主体，以教师为主导，“以人为本”是教学科研工作的灵魂。高等学校实验室的主体是人，人的生命是最宝贵的社会财富，而人身安全则是人不同需求层次中最为基本、重要的一个。若生命安全得不到保障还谈什么教学、科研？因此，保证实验室安全是尊重人、尊重生命、满足人性安全感的基本需要。在高等学校实验室安全建设中，保障人员的生命安全是一切工作的出发点和立足点。因此，实验室必须首先建立一个安全的教学和科研实验环境，减少实验过程中发生灾害的风险，确保师生员工的生命安全，“以人为本，生命至上”。

2. 实验室安全是保证高等学校教学、科研工作顺利开展的需要

高等学校担负着知识传播和科技创新两大任务，即教学和科研。高等学校实验室是高等学校完成实验教学任务的重要基地，也是科技创新的主要场所。实验室由于其自身功能的特殊性，不仅存在各种涉及水、电、气、高温、高压、低温、真空、高速、机械设备、强磁、辐射等危险因素的仪器设备，往往还存放有大量易燃、易爆、有毒、有害的化学、生物药品或试剂，在客观上自身的不安全因素较多，在人员、设施、管理上稍有疏忽就可能发生实验室安全事故。一旦出现安全事故，教学工作或科研工作将会立即中断，甚至终止；仪器、资料可能损毁，给国家财产造成重大损失；当事师生人身安全可能受到威胁，也可能形成对专业的负面认识，这与高等教育教学、科研及服务社会的职责背道而驰。实验室安全无事故，才能为培

养学生实验能力、保证教学任务的顺利完成，以及进行科学研究创新提供重要平台。只有在安全、稳定、和谐的实验环境下，师生才能精力充沛地投入教学和科研创新工作中。

3. 实验室安全是高等教育改革与发展的需要

随着我国高等教育事业的迅猛发展和高等教育投入的不断增加，高等学校实验室呈现出设备、药品、技术密集特点。同时，高等学校的扩招使从事实验的专科生、本科生及研究生人数大幅增加，从事实验人员的安全素质良莠不齐，实验室安全管理人员相对较少且管理水平相对滞后，这些因素使实验室的安全问题更加复杂且严峻。

2016 年教育部发布的《高等学校“十三五”科学和技术发展规划》中明确指出“高校作为科技第一生产力、人才第一资源和创新第一动力的结合点”。高校作为科研创新的主体，其基础地位日益凸显，国家对高等学校的科研投入将进一步加大，高等学校实验室中各种贵重、先进的仪器将越来越多。而科学研究试验本身具有探索性和未知性，以及潜在的危险性，实验室安全问题也是从事科学研究的风险问题。在当前实验项目不断增加，实验室开放性和人员流动性不断增强的情况下，保证实验室安全，减少实验研究工作风险，保障实验人员和仪器设备安全，才能实现高校实验室科技创新基地的功能，使国家财产免于损失，保证国家科技战略的实施。

4. 实验室安全是构建平安、和谐校园的需要

实验室一旦发生安全事故，事故责任人不仅可能导致他人伤残，还会给个人和家庭的生活造成严重影响；如果是由于自身的原因造成重大安全事故，事故责任人还将会受到行政和经济甚至刑事处罚，其工作和事业发展也会受到影响。事故也会给学校造成不良的社会影响，甚至会牵扯上官司和处罚。

5. 实验室安全是国家法律法规的要求

为保证实验人员人身及财产安全，同时杜绝实验过程中可能引起的环保问题，国家出台了一系列安全环保政策法规（与实验室安全相关的法律法规、规章可详见附录 A），如《中华人民共和国安全生产法》《中华人民共和国消防法》《中华人民共和国固体废弃物污染环境防治法》《危险化学品安全管理条例》《易制毒化学品管理条例》《实验室生物安全通用要求》等。中华人民共和国教育部还颁布了《高等学校实验室消防安全管理规范》《高等学校实验室安全检查项目表(2023)》等。这些法律法规、规章为高等学校实验室安全与环境治理工作提供了法律依据，也为高等学校制定相应的规章制度及实施细则提供了重要指导。

1.2 高校实验室常见安全事故类型及原因分析

1.2.1 实验室常见安全事故类型

高等学校实验室安全事故类型主要有火灾、爆炸、毒害污染、细菌或病毒感染、机械电气伤人事故等。

1. 火灾

火灾在高校实验室事故案例中并不鲜见，其主要类型及直接诱因有如下几点。

(1) 电气火灾，占实验室火灾的大多数。过载、短路、设备过热及违规操作是这类火灾发生的主要诱因。

(2) 化学品火灾，主要是由于化学品使用或储存不当引起的。由于许多化学品具有易燃、易爆的特性，一旦发生火灾，其火势迅猛，难以控制，且危害性大。

(3) 操作不慎或违规吸烟使火源接触易燃物导致的火灾等。

事故案例：2021 年，广东某大学化学实验室在实验过程中发生火情，现场 1 名实验人员头发着火，被第一时间送往医院检查，诊断为轻微烧伤，经处置无大碍，现场未造成其他损失。2011 年，长沙某大学化工学院实验楼四楼发生火灾，过火面积约 500 平方米，所幸无人员伤亡。但此次火灾导致许多宝贵的资料被烧毁，十余年的科研数据付之一炬，给学校的教学、科研工作带来了无法弥补的损失。这栋四层的楼房建于 1960 年，由于楼房屋顶为纯木质结构，加上四楼实验室有很多有机易燃试剂，火势蔓延十分迅速，顶层基本被烧毁，殃及多个重点实验室。

2. 爆炸

爆炸性事故多发生在具有易燃易爆化学品或存有压力容器的实验室，主要类型有可燃气体爆炸、化学品爆炸、活泼金属爆炸、高压容器爆炸、粉尘爆炸等。导致这类事故的主要原因有如下几点。

(1) 操作不当，引燃易燃蒸气导致爆炸。

(2) 搬运时使爆炸品受热、撞击、摩擦等激发引起爆炸。

(3) 易燃易爆药品储存不当，造成泄漏引发爆炸。

(4) 高压装置操作不当或使用不合格产品引发物理爆炸。

(5) 在密闭或狭小容器中进行反应，反应产生的热量或大量气体难以释放导致爆炸。

(6) 加错试剂，形成爆炸反应或形成爆炸混合物，引发爆炸。

(7) 用普通冰箱储存闪点低的有机试剂引发冰箱爆炸。

(8) 实验室火灾事故中引发的爆炸。

事故案例：2021 年 3 月 31 日，北京某科研所培养单位的学生在实验过程中因操作不当，反应釜未冷却即打开导致爆炸，致 1 位学生当场死亡。2018 年，北京某大学东校区 2 号楼起火报警，经核实，为 2 号楼实验室内学生进行垃圾渗滤液污水处理科研实验时，实验现场发生爆炸，事故造成 3 名参与实验的学生死亡。

3. 毒害污染

毒害性事故多发生在涉化类实验室，有毒药品或反应产生的有毒物质的泄漏、外流是导致这类事故的主要原因，有以下几种情况。

(1) 使用有毒试剂时，疏于防护或违规操作造成的急性或慢性中毒。

(2) 操作失误造成的中毒。

(3) 设备老化、故障及违规操作导致有毒物质泄漏引起的中毒和环境污染事故。

(4) 排风不良引起的有毒气体中毒和环境污染。

(5) 管理不善引起有毒物质的外流造成的污染或被犯罪分子用于投毒引发的毒害事故等。

(6) 环保观念淡漠，随意排放实验废液、废气及固体废弃物造成的环境污染等。

事故案例：2008 年，上海某博士生在使用过氧乙酸的时候，没有戴防护眼镜，结果过氧乙酸溅到眼睛，致使双眼受伤。2012 年，南京某大学发生 5 L 甲醛反应釜泄漏的事故，事故原因与实验者脱岗有关。2013 年，上海某大学医学院研究生黄某遭同室同学投毒致死。

4. 细菌或病毒感染

感染性事故多发生在生物或医药学实验室，主要有细菌或病毒感染、传染事故，外源生物或转基因生物违规释放对生物多样性、生态环境及人体健康产生潜在危害等。这类事故一旦发生，对人类健康及生活环境将产生极大的危害作用。引发这类事故的主要原因是实验人员的疏忽、仪器老化故障以及对实验废弃物处理不当等。

事故案例：2010 年，东北某大学 28 名师生在“羊活体解剖学实验”课程中患上了布鲁氏杆菌病，事故原因是使用了 4 只未经检疫的山羊进行实验，后来学校通过不同方式给每位学生补偿 6.1 万元。

5. 机械电气伤人

机械电气伤人事故多发生在有高速旋转或冲击运动的机械实验室，或有带电作业的电气实验室。例如，操作不当或缺失防护造成的挤压、甩抛及碰撞伤人；违规操作、设备老化或设备故障造成的触电、漏电等电击、电伤事故。

事故案例：2005 年，南京某大学材料科学与技术学院医学物理专业大二学生曹某进行电工实验“三相异步电动机的继电接触器控制”时不慎触电，送医院抢救无效身亡。2011年，美国某高校天文和物理学专业大四女生，在该校实验大楼地下间操作机床设备，由于不熟悉操作规程且疏忽大意，导致其头发被绞进正在运转的车床内，最终因颈部受压迫窒息死亡。

6. 其他实验室安全事故

实验室还可能发生使用不当造成设备损坏的事故，管理不善或违规操作造成辐射或放射性污染的事故，以及物品失窃、信息资料被盗、网络被黑客攻击等事故。

事故案例：2015 年，北京某大学化学系实验楼 231 室由于不当使用钢瓶发生火灾爆炸事故，过火面积约 80 平方米，造成 1 名实验人员死亡。火灾发生后，楼内师生及周边人员及时组织撤离，有校内学生称，爆炸声音如雷声一般大，随后冒出明火和浓烟。

1.2.2 实验室安全事故原因分析

根据博德(Frank Bird)提出的现代事故因果连锁理论，事故的直接原因是人的不安全行为和物的不安全状态，基本原因是个人因素和工作条件，本质原因则是管理缺陷。实验室安全事故发生的原因可从人的不安全因素、物的不安全因素(指实验室的不安全环境)以及管理问题及缺陷三方面分析。

1. 人的不安全因素

据英国健康保护机构(Health Protection Agency)报道，安全事故中 90%是人为因素导致的。人的不安全因素主要包括实验室中从事教学科研的师生和实验室人员安全意识淡薄，缺乏安全知识或技能，不遵守操作规程，不正确、规范操作，不当的个人防护，不良实验习惯，不正确的行为动机，生理或心理有问题等。从根本上讲，人的不安全因素在于实验室相关人员的安全观念不强，安全意识淡薄。

2. 物的不安全因素

实验室物的不安全因素包括实验室规划设计不合理，设备密集，危险化学生物试剂较多或随意摆放等。部分实验室还存在设施陈旧，设备、线路老化，实验室安全应急设施缺乏等因素。

3. 管理问题及缺陷

管理上的问题主要体现在两个方面：一方面是安全管理制度不完善，奖罚不明；另一方面则是管理人员不足、不专业，或管理人员本身安全责任认识不够，对安全管理工作敷衍了事。近年来，高等学校实验室建设步伐在不断加快，开放力度不断加大，但相应的实验室安全管理制度及安全操作规程却没有及时根据实验室的发展而调整完善，针对新情况的具体管理细则缺失，使实验室安全的某些方面出现了管理盲区。高等学校的迅速扩招，实验室的新建、扩建使实验室工作人员的相对数量出现紧缺，有时只能聘请临时工或学生等非专业人员管理实验室。他们缺乏相应的安全知识和技能，为实验室安全留下隐患。而且，缺乏事故责任追究制度，对安全事故奖惩不明，也使相关人员对安全工作不重视、流于形式。

此外，环境天气的不安全因素，也可能导致或促进各类实验室安全事故发生，特别是干燥、极冷、极热、暴雨或其他极端天气。

1.2.3 实验室安全事故预防对策

墨菲法则(Murphy's law)指出，只要存在发生事故的原因，不管其发生可能性有多小，事故都一定会发生，并且会造成最大可能的损失。对待实验室中的安全隐患，我们不能抱有任何侥幸心理。实验室工作要始终坚持“安全第一，预防为主”的基本原则，采取切实有效的措施，健全管理制度和操作规章，完善管理队伍建设，提升管理水平，加强管理，奖惩分明；改善硬件设施条件，消除实验室环境中物的不安全因素；而最重要和关键的措施，则是加强实验人员的安全教育工作，消除人的不安全行为。

1.3 实验室安全教育与文化

在实验室安全事故的发生和预防中，人为因素占据主要地位。要想有效地预防和控制实验室安全事故的发生，必须首先开展有效的实验室安全教育工作，通过教育与宣传让实验者本人提高自身的安全意识及认识，同时通过形式多样的教育培训使实验者具备基本的实验室安全知识、环保知识、安全技能及事故应急能力，以提高其安全素质，把安全第一的观念变为个人的自觉行动，进而培育整个实验室乃至校园的安全文化。

1.3.1 实验室安全教育的目的与内容概要

实验室安全教育的目的在于通过教育教学手段，提高实验者的安全意识及安全素质，使之掌握必要的安全知识和技能，减少和消除安全隐患及事故，掌握必要的逃生自救常识，一旦发生事故，能及时补救或正确逃生；通过教育也起到提高管理人员的责任感和处理事故能力的作用。

实验室安全教育既包括安全教育，又包括环保教育；既介绍“物防”“技防”知识，又传授“人防”手段。其内容涵盖实验室安全文化与管理、实验室安全基本知识、实验室安全技术培训及实践、环保教育等4大方面。其具体内容则涉及实验室安全的重要性、生物安全、化学危险品基础知识、消防知识与技术、实验室电气安全、机械设备安全、辐射安全、信息安全、特种设备安全、实验操作安全、应急事故处理方法、实验废弃物的处理及实验室安全管理等多个方面。

1.3.2　实验室安全教育工作的必要性

1. 实验室安全教育是国家法律法规的要求

《中华人民共和国高等教育法》《高等学校学生行为准则(试行)》《高等学校校园秩序管理若干规定》《普通高等学校学生安全教育及管理暂行规定》《高等学校内部保卫工作规定(试行)》《学生伤害事故处理办法》《高等学校消防安全管理规定》等法律法规,既明确了学校在大学生安全教育和管理中的职责,又规定了大学生在安全教育与管理中应该享受的权利和必须履行的义务。这些法律法规的颁布表明我国高等学校安全教育已经逐步纳入制度化、法制化的轨道。

2. 实验室安全教育是消除人的不安全行为隐患,提升安全管理水平的根本举措

人作为实验室活动或管理的主体,其本身的安全意识和安全素质的高低是控制安全事故是否发生的决定性因素。安全意识淡薄、违章操作、安全知识技能缺乏、管理不善是导致实验室安全事故发生的主要原因。因此,保证实验室安全的根本之道是进行有效的安全教育与宣传,提高实验者及实验管理者本身的安全意识和安全素质。

另外,一个不容忽视的问题是:研究生作为高等学校科研的主力军和生力军多从事探索性实验,其本身就存在着潜在的危险性。近年来高等学校实验室事故的发生主体也多为研究生。就目前在高等学校科研一线工作的硕士、博士研究生而言,其中大多数在进入实验室前并没有接受过专门、专业的实验安全教育或培训,其实验安全防护知识往往来自实验室其他人员的简单传授和自身的操作实践。而实验室内张贴的有关实验室安全防护方面的规章制度和条文则成了“样子货”。在没有充分的实验安全认识和防护技术的情况下开展实验,事故往往在实验者麻痹大意和非规范操作中发生。将实验室安全教育纳入高校的教育教学体系,开展专业的实验室安全教育,实施严格的实验室准入制度,是保证这些人才顺利成长的基本要求。

3. 实验室安全教育是素质教育的需求

加强素质教育,培养全面发展的人才,已成为当前高等学校教育改革的主旋律,安全素质则是大学生及研究生综合素质中最基本的素质。通过实验室安全教育,不断提高学生的安全素质,使学生形成自觉的安全环保意识,将安全文化融入他们的生活、工作及社会活动中,这对个人、国家和社会都有重要的意义。

4. 实验室安全教育是高等教育国际化的要求

高等教育国际化是新时期国家对高等学校发展提出的要求,这就需要国内高等学校借鉴国际先进教育理念,引入国外优质教育资源,推动我国高等教育的发展。在实验室安全教育和校园安全文化建设方面,有的高等学校对学生的实验室安全教育和培训不够重视,一些高等学校的实验室安全教育制度缺失,实验室安全教育流于形式,其实验室安全教育仅为实验操作前学生观看短暂的安全教育录像,安全教育工作相对滞后。实验室应实行严格的准入制度,把实验室安全教育和培训作为相关学科学生的必修课程,要求学生必须参加安全环保学习,成绩合格才准许进入实验室。因此,加强我国高等学校实验室安全教育,构建一个长效、科学的实验室安全教育体系,为学生及教职员工开展专业的实验室安全教育培训是当前我国高等学校走向国际化的必然要求。

1.3.3 实验室安全文化的培育

文化是人类能力的高度发展，是人类借鉴训练与经验而促成的身心的发展，是人类社会智力发展的证据。实验室安全文化是高等学校在实验室安全管理实践中，经过长期积淀、不断总结完善形成的，为全体师生员工所认同的，并与学校文化有机融合的安全价值观、安全理念和行为准则，是师生员工在校园中对安全的意识、观念、态度、素养和能力的综合。其作用是从理念、制度、行为及环境等多个方面影响师生员工，使其树立“以人为本，安全第一”的责任和意识，使实验者、决策者和管理者对安全的重视变成主动、内在的需要，而不是被规章制度强制的要求，自觉建立安全、健康、环保的实验室环境。对实验室安全文化的培育是高等学校构建成功、有效的实验室安全管理系统的基础，是高等学校校园安全文化建设的重要组成部分，也是“关爱生命，以人为本”教育理念的重要体现，更是高等教育发展的要求。

培育实验室安全文化，既要着眼于“物质”，具体反映为实验室基础设施，仪器、设备质量，规章制度，实验条件和环境等；又要着眼于“精神”，主要反映为安全理念、价值标准、行为规范、工作作风等。具体做法可从以下 4 个方面整体结合推进。

1. 培育安全理念文化

安全理念是一种精神理念，可以通过“安全第一”的宣传教育、阶段性安全形势教育、安全事故警醒教育，同时结合演讲、征文、竞赛等多种方式，通过生动活泼、喜闻乐见的教育形式，潜移默化地对师生员工的理念、意识、态度、行为等形成从无形到有形的影响，使之树立正确的实验安全意识、态度、责任，并确立牢固的安全价值观、人生观等，从而在整个校园营造出良好的实验室安全文化氛围。

2. 培育安全行为文化

通过专业的教育、培训及实践演练等手段，提高师生员工的基本安全素质、安全技能，以及自我保护、逃生自救的能力。用先进的安全观念、安全知识、安全技术、安全行为方式，培育、规范每一位师生员工，不仅使他们掌握正确的安全知识和技能，而且使其养成良好的安全习惯，形成共同的安全行为准则，还使每一位师生员工都能在安全文化的约束下自觉地规范自己的安全行为，养成遵章守纪的习惯，变“要我保安全”为“我要保安全”。

3. 培育安全制度文化

把机制建设放在实验室安全管理实践过程中加以运用和把握，用发展的眼光，根据实验室软硬件条件、专业特点、实验者安全素质等情况，结合当前的实验室安全形势及未来的目标，不断对规章制度进行整合、完善，找出科学的、规律的东西，健全适应时代发展的安全目标、行为规范和规章制度，建立为广大师生员工能主动接受、自觉遵循的安全管理机制和行为规范。

4. 培育安全环境文化

要保证必要的投入，加快实验室硬件建设，推进先进的实验安全防护技术，探索现代安全管理手段，重视实验者的精神需要。通过不断改善实验室设施，提升实验室工作环境和人文环境，创造出整洁、健康、安全、和谐的实验室环境，使实验室中的每一个人能健康、快乐、进取地教与学和进行研究工作。促进实验室安全文化的形成，体现学校“以人为本”的社会主义核心价值观，激发师生的自豪感和凝聚力，提高学校教学、科研的竞争力。

居安思危，才能防患于未然。保障实验室安全需要每一个与实验室相关的人，包括学生、教师、实验员、管理者、决策者每日对安全工作的坚持。要从根本上重视实验室安全问题，通过健全规章制度、提高硬件设施及管理水平、加强安全教育、培育安全文化等多方面举措彻底消除安全隐患，创造一个安全、和谐的实验教学和科学研究环境。

1.4 思考题

(1) 高校实验室安全的内涵是什么？

(2) 高校实验室常见的事故类型有哪些？

(3) 导致实验室安全事故发生的主要原因有哪些？

(4) 高校实验室安全教育的必要性有哪些？

(5) 我们应该从哪些方面推进高校实验室安全文化的培育？

第2章 高校实验室生物安全

近年来，尽管实验室生物安全技术不断提高、仪器设备不断更新、管理体制不断完善，但是实验室感染事件仍时有发生，因此提高人们的实验室生物安全常识，加强实验室生物安全管理，提高生物性污染的防范措施是非常必要的。

2.1 高校实验室生物安全基础常识

2.1.1 生物安全的定义

生物安全从广义上理解，是指安全地利用现代生物技术而获得的遗传修饰生物体(genetically modified organisms，GMOs)，在处理、转移和使用等过程中，要避免其对生物多样性和人类健康产生影响或造成潜在危害。高校实验室生物安全是指高校实验室的生物安全条件和状态不低于允许水平，避免实验室人员、来访人员、实验室环境受到不可接受的损害，并符合相关规定、标准等对生物安全责任的要求。

2.1.2 生物安全的基本概念

要认识和掌握生物实验室的安全知识，首先需要认识生物实验室的一些基本概念。

(1) 生物因子：一切微生物和生物活性物质。

(2) 病原体：可使人、动物或植物致病的生物因子。

(3) 危险废弃物：有潜在生物危险、可燃、易燃、腐蚀、有毒、放射和起破坏作用的，对人、环境有害的一切废弃物。

(4) 危害：伤害发生的概率及其严重性的综合，有的时候也称之为风险、危险度等。

(5) 气溶胶：悬浮于气体介质中的粒径一般为 0.001～100 μm 的固态或液态微小粒子形成的相对稳定的分散体系。

(6) 生物安全：避免危险生物因子造成实验室人员暴露、向实验室外扩散并导致危害的综合措施。

(7) 一级防护屏障：实验室的生物安全柜和个人防护装备等构成的防护屏障，用于减少或消除危害性生物因子的暴露。

(8) 二级防护屏障：实验室的设施结构和通风系统等构成的防护屏障，除了能保护实验室人员，还能保护周围社区的人或动物免受生物因子意外扩散所造成的感染。

(9) 高效空气过滤器：通常以滤除不小于 0.3 μm 的微粒为目的，滤除效率符合相关要求的过滤器。

(10) 安全罩：置于实验室工作台或仪器设备上的负压排风罩，以减少实验室工作者的暴露危险。

(11) 生物安全柜:负压过滤排风柜。防止操作者和环境暴露于实验过程中产生的生物气溶胶,主要分为一级、二级、三级生物安全柜。

(12) 个人防护装备:用于防止人员受到化学和生物等有害因子伤害的器材和用品,包括实验服、隔离衣(反背式)、连体衣等防护服,以及鞋、鞋套、围裙、手套、面罩或防毒面具、护目镜或安全眼镜、帽等。

(13) 实验室分区:按照生物因子污染概率的大小,实验室可进行合理的分区。其中,主实验室是指生物安全实验室中污染风险最高的房间,通常是指生物安全柜或动物隔离器等所在的房间;污染区是指生物安全实验室中被致病因子污染风险最高的区域;清洁区是指生物安全实验室中正常情况下没有被致病因子污染风险的区域;半污染区是指生物安全实验室中具有被致病因子轻微污染风险的区域,是污染区和清洁区之间的过渡区;缓冲间是指设置在清洁区、半污染区和污染区相邻两区之间的缓冲密闭室,具有通风系统,其两扇门具有互锁功能。

(14) 气锁:气压可调节的气密室,用于连接气压不同的两个相邻区域,其两个门具有互锁功能,在实验室中用作特殊通道。

(15) 定向气流:在气压低于外环境大气压的实验室中,从污染概率小且相对压力高处向污染概率大且相对压力低处流动的气流。

(16) 灭菌:破坏或去除所有微生物(不论是病原微生物或是其他微生物)及其孢子的过程。

(17) 消毒:杀死病原微生物的物理或化学过程,但不一定能杀死其孢子。

(18) 清除污染:去除和/或杀死微生物的任何过程。有时,该过程也用于去除或中和有危害的化学品和放射性物质。

(19) 材料安全数据单:提供详细的危险和注意事项信息的技术通报。

(20) 生物安全实验室:通过规范的实验室设计建造、实验室设备的配置、个人防护装备的使用,严格遵从标准化的工作操作程序和管理规程等综合措施,确保操作生物危险因子的工作人员不受实验对象的伤害,确保周围环境不受其污染的实验室。生物安全实验室根据其不同的防护能力可分为四级,即一级至四级。

2.1.3 微生物的危害等级

目前国际上根据生物因子对个体和群体的危害程度的不同将病原微生物分为四类,即危害等级Ⅰ、Ⅱ、Ⅲ、Ⅳ,其中Ⅰ级危害程度最小,Ⅳ级危害程度最大。

2.1.4 生物安全防护等级标准

由于生物危险因子的存在,在进行生物实验之前,必须建立相应等级的生物安全实验室,使用安全设备和个人防护用品,并建立严格的管理和标准化操作规程,以保证工作人员不被伤害及周边环境等不被污染等,这些构成了生物学实验室安全防护的基本内容。

根据所操作的病原微生物和实验标本的不同危害等级,需要配备相应的实验设施、安全设备以及操作技术。因此,不同水平的实验设施、安全设备以及操作技术构成了不同等级的生物安全水平。根据对所操作生物因子采取的防护措施,将实验室生物安全防护水平分为四个级别，一级防护水平最低，四级防护水平最高。以 BSL-1、BSL-2、BSL-3、BSL-4 表示实验室的相应生物安全防护水平，以 ABSL-1、ABSL-2、ABSL-3、ABSL-4 表示从事活体动物操作的实验室的相应生物安全防护水平。表 2-1 所示的是不同生物水平所对应的操作对象以及操作和设备要求。

表 2-1　生物安全水平危害等级

危害等级	生物安全水平	实验室类型	实验室操作	安全设备
Ⅰ级	基础实验室 一级生物安全水平	基础的教学、研究	微生物学操作技术	开放实验台
Ⅱ级	基础实验室 二级生物安全水平	初级卫生服务、诊断、研究	微生物学操作技术，增加防护服、生物危险标志	开放实验台，此外需 BSC，用于可能产生的气溶胶
Ⅲ级	屏蔽实验室 三级生物安全水平	特殊的诊断、研究	在二级生物安全水平上增加特殊防护服、准入制度、定向气流	BSC 和其他所有实验室工作所需要的基本设备
Ⅳ级	高度屏蔽实验室 四级生物安全水平	危险生物因子	在三级生物安全水平上增加气锁入口、外出淋浴、污染物品的特殊处理	Ⅲ级 BSC 或Ⅱ级 BSC 并穿正压服，双开门高压灭菌器，过滤空气

注：BSC 为 biology safety cabinets（生物安全柜）。

1. 一级生物安全水平

BSL-1 代表生物安全防护的基本水平。BSL-1 的操作、安全设备、实验设施的设计和建设，适用于进行基础的教学和研究，以及用于操作在通常情况下不会引起人类或者动物疾病的微生物。

2. 二级生物安全水平

BSL-2 实验室适用于临床、教学、诊断和研究具有中等危险的生物因子。其危险性主要在于经皮肤或黏膜接触或摄入感染性物质，主要适用于操作能够引起人类或者动物疾病，但一般情况下对人、动物或者环境不构成严重危害，传播风险有限，实验室感染后很少引起严重疾病，并且具备有效治疗和预防措施的微生物。BSL-2 实验室内必须配备生物安全柜、密闭转头的离心机，以及个人防护设备（如手套、防护服、面具等）。为防止环境污染，在 BSL-2 实验室防护设施内，还必须有洗手池和高压灭菌器。BSL-2 实验室适用于人的血液、体液、组织或人原代细胞系等存在未知感染性生物因子标本进行的操作。

3. 三级生物安全水平

BSL-3 实验室适用于操作能够引起人类或者动物严重疾病或造成严重经济损失，容易直接或间接地在人与人、动物与人、动物与动物间传播的微生物。BSL-3 条件下的危险途径主要有:皮肤破损处意外接触、口腔摄入、气溶胶吸入等。生物安全柜、高压灭菌器是三级生物安全实验室的基本设备,并且要求必须安装在实验室内部。此外,在 BSL-3 实验室内不允许开放操作生物因子,应根据实验室活动的特点,配备适当的隔离装置,而且实验室的废物必须消毒灭菌后再运出实验室。结核分枝杆菌、圣路易斯脑炎病毒和贝纳柯克斯体等是 BSL-3 防护的代表性微生物。

4. 四级生物安全水平

BSL-4 实验室适用于进行非常危险的外源性生物因子或未知的高度危险的致病因子的操作,如能够引起人类或者动物非常严重疾病的微生物,以及我国尚未发现或者已经宣布消灭的微生物。这些生物因子对个体具有高度危害性,感染剂量低,能导致严重甚至致命的感染,通常没有可预防的疫苗或可治疗的药物。BSL-4 实验室要求有独立的建筑或在独立的控制区内,实验区域完全密闭并经气压验证,实验室人员要穿正压服。废气、废液、废物要在设施内灭菌后才能排放。

2.2 生物安全实验室的分级及其相关规定

2.2.1 基础实验室——一级和二级生物安全水平

1. 一级生物安全水平实验室

(1) 实验室的门应有可视窗并可锁闭,门锁及门的开启方向应不妨碍室内人员逃生。

(2) 应设洗手池,宜设置在靠近实验室的出口处。

(3) 在实验室门口处应设存衣或挂衣装置,可将个人服装与实验室工作服分开放置。

(4) 实验室的墙壁、天花板和地面应易清洁、不渗水、耐化学品和消毒灭菌剂的腐蚀。地面应平整、防滑,不应铺设地毯。

(5) 实验室台柜和座椅等应稳固,边角应圆滑。

(6) 实验室台柜的摆放应便于清洁,实验台面应防水、耐腐蚀、耐热和坚固。

(7) 实验室应有足够的空间和台柜等摆放实验室设备和物品。

(8) 应根据工作性质和流程合理摆放实验室设备、台柜、药物等,避免相互干扰、交叉污染,并不妨碍逃生和急救。

(9) 实验室可以利用自然通风。如果采用机械通风,应避免交叉污染。

(10) 如果有可开启的窗户,应安装可防蚊虫的纱窗。

(11) 实验室内应避免不必要的反光和强光。

(12) 若操作刺激或腐蚀性物质,应在 30 m 内设洗眼装置,必要时应设紧急喷淋装置。

(13) 若操作有毒、刺激性、放射性挥发物质,应在风险评估的基础上,配备适当的负压排风柜。

(14) 若使用高毒性、放射性等物质,应配备相应的安全设施、设备和个体防护装备,应符合国家、地方的相关规定和要求。

(15) 若使用高压气体和可燃气体,应有安全措施,应符合国家、地方的相关规定和要求。

(16) 应设应急照明装置。

(17) 应有足够的电力供应。

(18) 应有足够的固定电源插座，避免多台设备使用共同的电源插座。应有可靠的接地系统，应在关键节点安装漏电保护装置或监测报警装置。

(19) 供水和排水管道系统应不渗漏，下水应有防回流设计。

(20) 应配备适用的应急器材，如消防器材、意外事故处理器材、急救器材等。

(21) 应配备适用的通讯设备。

(22) 必要时，应配备适当的消毒灭菌设备。

(23) 应了解基本生物安全设备。

①移液辅助器：避免用口吸的方式移液，有多种产品可供使用。

②生物安全柜，在以下情况中使用：处理感染性物质时（如使用密封的安全离心杯，并在生物安全柜内装样、取样，则这类材料可在开放实验室离心）；空气传播感染的危险增大时；进行极有可能产生气溶胶的操作时（包括离心、研磨、混匀、剧烈摇动、超声破碎、打开内部压力和周围环境压力不同的盛放有感染性物质的容器、动物鼻腔接种以及从动物或卵胚采集感染性组织）。

③一次性塑料接种环，也可在生物安全柜内使用电加热接种环，以减少生成气溶胶。

④螺口盖试管及瓶子。

⑤用于清除感染性材料污染的高压灭菌器或其他适当工具。

⑥一次性巴斯德塑料移液管，尽量避免使用玻璃制品。

在投入使用前，高压灭菌器和生物安全柜等设备必须用正确方法进行验收，应参照生产商的说明书定期检测。

一级生物安全水平实验室的结构示意如图 2-1 所示。

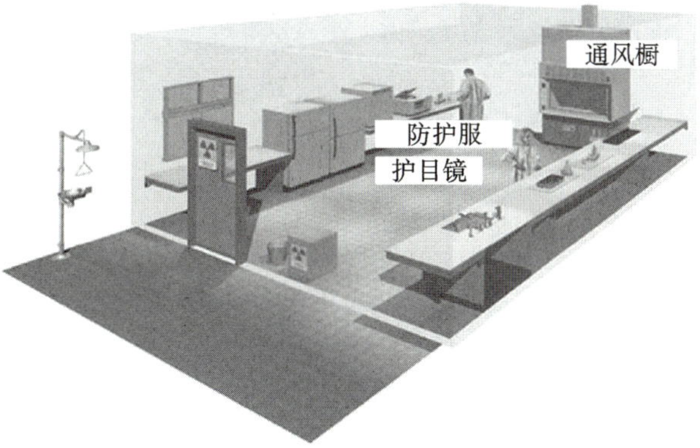

图 2-1　一级生物安全水平实验室结构示意图

2. 二级生物安全水平实验室

二级生物安全水平实验室除了与上面提到的一级生物安全水平实验室共同的特点之外，还有以下特点。

(1) 实验室主入口的门、放置生物安全柜实验间的门应可自动关闭；实验室主入口的门应有进入控制措施。

(2) 实验室工作区域外应有存放备用物品的条件。

(3) 应在实验室工作区配备洗眼装置。

(4) 应在实验室或其所在的建筑内配备高压蒸汽灭菌器或其他适当的消毒灭菌设备，所配备的消毒灭菌设备应以风险评估为依据。

(5) 应在操作病原微生物样本的实验间内配备生物安全柜。

(6) 应按产品的设计要求安装和使用生物安全柜。如果生物安全柜的排风在室内循环，室内应具备通风换气的条件；如果需要使用管道排风的生物安全柜，应通过独立于建筑物其他公共通风系统的管道排出。

(7) 应有可靠的电力供应。必要时，重要设备(如培养箱、生物安全柜、冰箱等)应配置备用电源。

(8) 在二级生物安全水平操作微生物的实验室工作人员的监测指南如下。

①必须有录用前或上岗前的体检。记录个人病史，并进行一次有目的的职业健康评估。

②实验室管理人员要保存工作人员的疾病和缺勤记录。

③育龄期妇女应知道某些微生物(如风疹病毒)的职业暴露对未出生孩子的危害。保护胎儿的正确措施因妇女可能接触的微生物而异。

二级生物安全水平实验室的结构示意如图 2-2 所示。

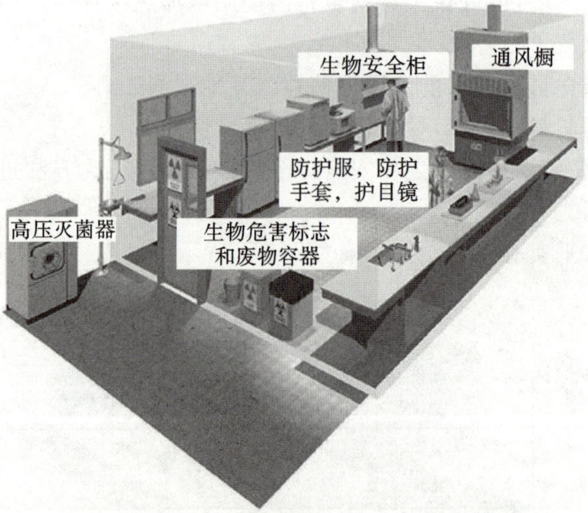

图 2-2　二级生物安全水平实验室结构示意

2.2.2　防护实验室——三级生物安全水平

三级生物安全水平的防护实验室是为处理危险度Ⅲ级微生物和大容量或高浓度的、具有高度气溶胶扩散危险的危险度Ⅱ级微生物的工作而设计的。三级生物安全水平需要比一级和二级生物安全水平的基础实验室有着更严格的操作和安全程序。

三级生物安全水平的防护实验室首先必须应用基础实验室的指标，此外还有一些增加的部分。

1. 平面布局

(1) 实验室应明确区分辅助工作区和防护区，应在建筑物中自成隔离区或为独立建筑物，应有出入控制。

(2) 在防护区中直接从事高风险操作的工作间是核心工作间，人员应通过缓冲间进入核心工作间。

(3) 实验室辅助工作区应至少包括监控室、清洁衣物更换间和淋浴间；防护区应至少包括防护服更换间、缓冲间及核心工作间。

(4) 实验室核心工作间不宜直接与其他公共区域相邻。

(5) 如果安装传递窗，其结构承压力及密闭性应符合所在区域的要求，并具备对传递窗内物品进行消毒灭菌的条件。必要时，应设置具备送排风或自净化功能的传递窗，排风应经高效空气过滤器(high efficiency particulate airfilter，HEPA)过滤后排出。

2. 围护结构

(1) 围护结构(包括墙体)应符合国家对该类建筑的抗震要求和防火要求。

(2) 天花板、地板、墙间的夹角应易清洁和消毒灭菌。

(3) 实验室防护区内围护结构的所有缝隙和贯穿处的接缝都应密封。

(4) 实验室防护区内围护结构的内表面应光滑、耐腐蚀、防水，以易于清洁和消毒灭菌。

(5) 实验室防护区内的地面应防渗漏、完整、光洁、防滑、耐腐蚀、不起尘。

(6) 实验室内所有的门应可自动关闭，需要时，应设观察窗；门的开启方向不应妨碍逃生。实验室内所有窗户应为密闭窗，其玻璃应耐撞击、防破碎。

(7) 实验室及设备间的高度应满足设备的安装要求，且有维修和清洁空间。

(8) 在通风空调系统正常运行状态下，采用烟雾测试等目视方法检查实验室防护区内围护结构的严密性时，所有缝隙应无可见泄漏。

3. 通风空调系统

(1) 应安装独立的实验室送排风系统，应确保在实验室运行时气流由低风险区向高风险区流动，同时确保实验室空气只能通过 HEPA 过滤后经专用的排风管道排出。

(2) 实验室防护区房间内送风口和排风口的布置应符合定向气流的原则，利于减少房间内的涡流和气流死角；送排风应不影响其他设备(如Ⅱ级生物安全柜)的正常功能。

(3) 不得循环使用实验室防护区排出的空气。

(4) 应按产品的设计要求安装生物安全柜和其排风管道，可以将生物安全柜排出的空气排入实验室的排风管道系统。

(5) 实验室的送风应经过 HEPA 过滤，宜同时安装初效和中效过滤器。

(6) 实验室的外部排风口应设置在主导风的下风向(相对于送风口)，与送风口的直线距离应大于 12 m，应至少高出本实验室所在建筑的顶部 2 m，应有防风、防雨、防鼠、防虫设计，但不应影响气体向上空排放。

(7) HEPA 的安装位置应尽可能靠近送风管道在实验室内的送风口端和排风管道在实验室内的排风口端。

(8) 应可以在原位对排风 HEPA 进行消毒灭菌和检漏。

(9) 若在实验室防护区外使用高效过滤器单元，其结构应牢固，能承受 2500 Pa 的压力；高效过滤器单元的整体密封性应达到在关闭所有通路并维持腔室内的温度在设计范围上限的条件下，若使空气压力维持在 1000 Pa 时，腔室内每分钟泄漏的空气量应不超过腔室净容积的 0.1%。

(10) 应在实验室防护区送风和在排风管道的关键节点安装生物型密闭阀，必要时，可将其完全关闭。

(11) 生物型密闭阀与实验室防护区相通的送风管道和排风管道应牢固、易消毒灭菌、耐腐蚀、抗老化，宜使用不锈钢管道；管道的密封性应达到在关闭所有通路并维持管道内的温度，在设计范围上限的条件下，若使空气压力维持在 500 Pa 时，管道内每分钟泄漏的空气量应不超过管道内净容积的 0.2%。

(12) 应有备用排风机。应尽可能减少排风机后排风管道正压段的长度，该段管道不得穿过其他房间。

(13) 不应在实验室防护区内安装分体空调。

4. 供水与供气系统

(1) 应在实验室防护区内的实验间的靠近出口处设置非手动洗手设施；如果实验室不具备供水条件，则应设置非手动手消毒灭菌装置。

(2) 应在实验室的给水与市政给水系统之间设置防回流装置。

(3) 进出实验室的液体和气体管道系统应牢固、不渗漏、防锈、耐压、耐温(冷或热)、耐腐蚀。应有足够的空间清洁、维护和维修实验室内暴露的管道，应在关键节点安装截止阀、防回流装置或 HEPA 等。

(4) 如果有供气(液)罐等，应放在实验室防护区外易更换和维护的位置，安装牢固，不应将不相容的气体或液体放在一起。

(5) 如果有真空装置，应有防止真空装置的内部被污染的措施；不应将真空装置安装在实验场所之外。

(6) 应设置污物处理及消毒灭菌系统。

(7) 应在实验室防护区内设置生物安全型高压蒸汽灭菌器。宜安装专用的双扉高压灭菌器，其主体应安装在易维护的位置，与围护结构的连接之处应可靠密封。

(8) 对实验室防护区内不能高压灭菌的物品应有其他消毒灭菌措施。

(9) 高压蒸汽灭菌器的安装位置不应影响生物安全柜等安全隔离装置的气流。

(10) 如果设置传递物品的渡槽，应使用强度符合要求的耐腐蚀性材料，并方便更换消毒灭菌液。

(11) 淋浴间或缓冲间的地面液体收集系统应设有防液体回流的装置。

(12) 实验室防护区内如果有下水系统，应与建筑物的下水系统完全隔离；下水应直接通向本实验室专用的消毒灭菌系统。

(13) 所有下水管道应有足够的倾斜度和排量，确保管道内不存水；管道的关键节点应按需要安装防回流装置、存水弯(深度应适用于空气压差的变化)或密闭阀门等；下水系统应符合相应的耐压、耐热、耐化学腐蚀的要求，安装牢固、无泄漏，便于维护、清洁和检查。

(14) 应使用可靠的方式处理处置污水(包括污物)，并应对消毒灭菌效果进行监测，以确保达到排放要求。

(15) 应在风险评估的基础上，适当处理实验室辅助区的污水并监测，以确保排放到市政管网之前达到排放要求。

(16) 可以在实验室内安装紫外线消毒灯或其他适用的消毒灭菌装置。

(17) 具备对实验室防护区及与其直接相通的管道进行消毒灭菌的条件。

(18) 应具备对实验室设备和安全隔离装置(包括与其直接相通的管道)进行消毒灭菌的条件。

(19) 应在实验室防护区内的关键部位配备便携的局部消毒灭菌装置(如消毒喷雾器等),并备有足够的适用消毒灭菌剂。

5. 电力供应系统

(1) 电力供应应满足实验室的所有用电要求,并应有冗余。

(2) 生物安全柜、送风机、排风机、照明、自控系统、监视和报警系统等应配备不间断备用电源,电力供应应至少维持 30 min。

(3) 应在安全的位置设置专用配电箱。

6. 照明系统

(1) 实验室核心工作间的照度应不低于 350 lx,其他区域的照度应不低于 200 lx,宜采用吸顶式防水洁净照明灯。

(2) 应避免过强的光线和光反射。

(3) 应设置不少于 30 min 的应急照明系统。

7. 自控、监视与报警系统

(1) 进入实验室的门应有门禁系统,应保证只有获得授权的人员才能进入实验室。

(2) 需要时,应可立即解除实验室门的互锁;应在互锁门的附近设置紧急手动解除互锁开关。

(3) 核心工作间的缓冲间的入口处应有指示核心工作间工作状态的装置(如文字显示或指示灯),必要时,应同时设置限制进入核心工作间的连锁机制。

(4) 启动实验室通风系统时,应先启动实验室排风,后启动实验室送风;关停时,应先关闭生物安全柜等安全隔离装置和排风支管密闭阀,再关实验室送风密闭阀,最后关实验室排风密闭阀。

(5) 当排风系统出现故障时,应有机制避免实验室出现正压和影响定向气流。

(6) 当送风系统出现故障时,应有机制避免实验室内的负压影响实验室人员的安全、影响生物安全柜等安全隔离装置的正常功能和围护结构的完整性。

(7) 应通过对可能造成实验室压力波动的设备和装置实行连锁控制等措施,确保生物安全柜、负压排风柜(罩)等局部排风设备与实验室送排风系统之间的压力关系和必要的稳定性,并应在启动、运行和关停过程中保持有序的压力梯度。

(8) 应设装置连续监测送排风系统 HEPA 的阻力,需要时应及时更换 HEPA。

(9) 应在有负压控制要求的房间入口的显著位置,安装显示房间负压状况的压力显示装置和控制区间提示。

(10) 中央控制系统应可以实时监控、记录和存储实验室防护区内有控制要求的参数、关键设施设备的运行状态;应能监控、记录和存储故障的现象、发生时间和持续时间;应可以随时查看历史记录。

(11) 中央控制系统的信号采集间隔时间应不超过 1 min,各参数应易于区分和识别。

(12) 中央控制系统应能对所有故障和控制指标进行报警,报警应区分为一般报警和紧急报警。

(13) 紧急报警应为声光同时报警,应向实验室内外人员同时发出紧急警报;应在实验室核心工作间内设置紧急报警按钮。

(14) 应在实验室的关键部位设置监视器，需要时，可实时监视并录制实验室活动情况和实验室周围情况。监视设备应有足够的分辨率，影像存储介质应有足够的数据存储容量。

8. 实验室通信系统

(1) 实验室防护区内应设置向外部传输资料和数据的传真机或其他电子设备。

(2) 监控室和实验室内应安装语音通信系统。如果安装对讲系统，宜采用向内通话受控、向外通话非受控的选择性通话方式。

(3) 通信系统的复杂性应与实验室的规模和复杂程度相适应。

9. 参数要求

(1) 实验室的围护结构应能承受送风机或排风机异常时导致的空气压力载荷。

(2) 适用于实验室核心工作间的气压（负压）与室外大气压的压差值应不小于 30 Pa，与相邻区域的压差（负压）应不小于 10 Pa；适用于实验室的核心工作间的气压（负压）与室外大气压的压差值应不小于 40 Pa，与相邻区域的压差（负压）应不小于 15 Pa。

(3) 实验室防护区各房间的最小换气次数应不小于 12 次/h。

(4) 实验室的温度宜控制在 18 ℃～26 ℃的范围内。

(5) 在正常情况下，实验室的相对湿度宜控制在 30%～70%范围内；在消毒状态下，实验室的相对湿度应能满足消毒灭菌的技术要求。

(6) 在安全柜开启情况下，核心工作间的噪声应不大于 68 dB(A)。

(7) 实验室防护区的静态洁净度应不低于 8 级水平。

三级生物安全水平实验室结构示意如图 2-3 所示。

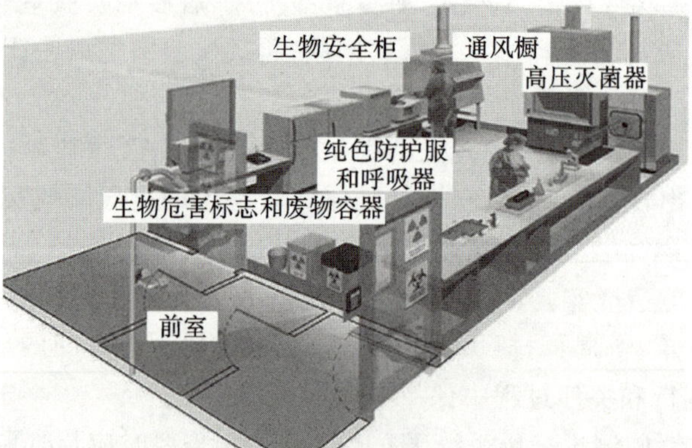

图 2-3　三级生物安全水平实验室结构示意

2.2.3　最高防护实验室——四级生物安全水平

四级生物安全水平的最高防护实验室是为进行与危险度Ⅳ级微生物相关的工作而设计的。这种实验室在建设和投入使用前，应充分咨询有运作类似设施经验的机构。四级生物安全水平的最高防护实验室的运作应在国家或其他有关的卫生主管机构的管理下进行。有关四级生物安全水平实验室开展的实质性工作，应与 WHO 的生物安全规划处联系相关资料。

四级生物安全水平的最高防护实验室在应用三级生物安全水平实验室指标的基础上还有一些增加的部分。

(1) 实验室应建造在独立的建筑物内或建筑物中独立的隔离区域内；应有严格限制进入实验室的门禁措施，应记录进入人员的个人资料、进出时间、授权活动区域等信息；对与实验室运行相关的关键区域也应有严格和可靠的安保措施，避免非授权进入。

(2) 实验室的辅助工作区应至少包括监控室和清洁衣物更换间。

(3) 实验室的防护区应包括防护走廊、内防护服更换间、淋浴间、外防护服更换间、化学淋浴间和核心工作间。化学淋浴间应为气锁，具备对专用防护服或传递物品的表面进行清洁和消毒灭菌的条件，具备使用生命支持供气系统的条件。

(4) 实验室防护区的围护结构应尽量远离建筑外墙；实验室的核心工作间应尽可能设置在防护区的中部。

(5) 应在实验室的核心工作间内配备生物安全型高压灭菌器；如果配备双扉高压灭菌器，其主体所在房间的室内气压应为负压，并应设在实验室防护区内易更换和维护的位置。

(6) 如果安装传递窗，其结构承压力及密闭性应符合所在区域的要求；需要时，应配备符合气锁要求的并具备消毒灭菌条件的传递窗。

(7) 实验室防护区围护结构的气密性应达到在关闭受测房间所有通路并维持房间内的温度在设计范围上限的条件下，当房间内的空气压力上升到 500 Pa 后，20 min 内自然衰减的气压小于 250 Pa。

(8) 应同时配备紧急支援气罐，紧急支援气罐的供气时间应不少于 60 min/人。

(9) 生命支持供气系统应有自动启动的不间断备用电源供应，供电时间应不少于 60 min。

(10) 供呼吸使用的气体的压力、流量、含氧量、温度、湿度、有害物质的含量等应符合职业安全的要求。

(11) 生命保障系统应具备必要的报警装置。

(12) 实验室防护区内所有区域的室内气压应为负压，实验室核心工作间的气压(负压)与室外大气压的压差值应不小于 60 Pa，与相邻区域的压差(负压)应不小于 25 Pa。

(13) 应在Ⅲ级生物安全柜或相当的安全隔离装置内操作致病性生物因子；同时应具备与安全隔离装置配套的物品传递设备以及生物安全型高压蒸汽灭菌器。实验室的排风应经过两级 HEPA 处理后排放；可以在原位对送风 HEPA 进行消毒灭菌和检漏。

(14) 实验室防护区内所有需要运出实验室的物品或其包装的表面应经过可靠消毒灭菌。

(15) 化学淋浴消毒灭菌装置应在无电力供应的情况下仍可以使用，消毒灭菌剂储存器的容量应满足所有情况下对消毒灭菌剂使用量的需求。

四级生物安全水平实验室结构示意如图 2-4 所示。

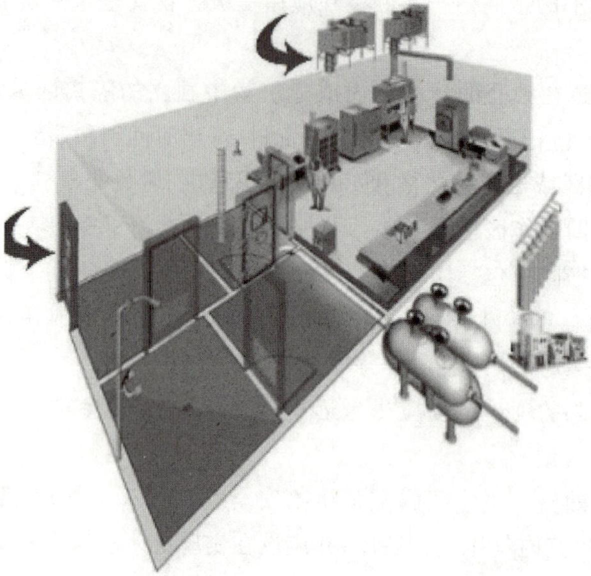

图 2-4　四级生物安全水平实验室结构示意

2.3　生物安全实验室安全管理

实验室的生物安全管理不仅要有缜密的管理组织体系，同时还应建立健全实验室安全管理制度。管理制度一般通过规章制度、管理规范、程序文件、标准操作程序（SOP）和记录等文件形式体现。

2.3.1　规章制度

涉及生物安全的规章制度应包括但并不局限于以下制度。

1. 人员培训管理制度

所有实验室相关人员在上岗前都必须经过相应的培训。培训要有计划性和可持续性，并有完整的培训记录。应对被培训者和培训者进行考核和评估。经考核合格者方能从事相关工作。

2. 实验室准入制度

只有告知潜在风险并符合进入实验室条件特殊要求（如经过免疫接种）的人，才能进入实验室。在开展涉及有关病原微生物的工作时，实验室负责人应禁止或限制人员进入实验室。一般情况下，易感人员或感染后会出现严重后果的人员，不允许进入实验室或动物房，如患有免疫缺陷或免疫抑制的人，其被感染的危险性较大。实验室负责人对每种情况的估计和决定进入实验室或动物房工作的人员，负有直接责任。

3. 安全计划审核制度

每年应由实验室负责人对安全计划至少审核和检查一次，包括但不限于下列要素。

（1）安全和健康规定；书面的工作程序，包括安全工作行为；教育及培训；对工作人员的监督；常规检查；危险材料和物质；健康监护；急救服务及设备；事故及病情调查；健康和安全审查；记录及统计；确保落实审核中提出需要采取的全部措施的计划。

(2) 实验室负责人有责任确保安全检查的执行。每年应对工作场所至少检查一次，以保证应急装备、警报体系和撤离程序功能及状态正常；用于危险物质泄漏控制的程序和物品状态，包括紧急淋浴；对可燃易燃性、可传染性、放射性和有毒物质的存放进行适当的防护和控制；污染和废物处理程序的状态；实验室设施、设备和人员的状态；事件、伤害、事故和职业性疾病报告制度。

(3) 实验室应有实验室事件、伤害、事故、职业性疾病以及潜在危险的报告程序。所有事件(包括伤害)报告应形成文件。报告应包括事件的详细描述、原因评估、预防类似事件发生的建议以及为实施建议所采取的措施。事件报告(包括补救措施)应经院长、实验中心主任或实验室安全负责人评审。

4. 危险标志制度

应系统且清晰地标识出危险区，并张贴警戒线。在某些情况下，宜同时使用标记和物质屏障标志出危险区。应清楚地标志在实验室或实验室设备上使用的具体危险材料。通向工作区的所有进出口都应标明其中存在的潜在危险，尤其应注意火险以及易燃、有毒、放射性、有害和生物危险材料。实验室负责人应负责定期根据实验室实际情况评审和更新危险标志系统，以确保其适用现有的危险。该活动每年至少进行一次。应对相关非实验室员工(如维护人员、合同方、分包方)进行培训，确保其知道可能遇到的任何危险并掌握有关紧急程序。应标志和评审对孕妇健康和易感人员的潜在危险。应进行危害评估并记录。

5. 记录制度

对实验室所发生的任何涉及安全的事件和活动应进行及时的记录。

(1) 对职业性疾病、伤害、不利事件或事故以及所采取的相应行动应建立报告和记录制度，同时应尊重个人隐私。

(2) 危害评估记录：应有正式的危害评估体系。可利用安全检查表对危害评估过程记录及文件化。安全审核记录和事件趋势分析记录有助于制定和采取补救措施。

(3) 危险废物处理和处置记录：危险废物处理和处置记录是安全计划的一个组成部分。危险废物处理和处置、危害评估、安全调查记录和所采取的相应行动记录应按有关规定的期限保存并可查阅。

2.3.2　管理规范

管理规范应包括但不限于如下内容。

1. 实验室安全手册

应根据实验室风险等级制定实验室安全手册并要求全体师生阅读利用班会、团会学习安全手册内容，并对学生进行考核，考核通过后方可进入实验室。手册应针对实验室的需要，主要包括但不限于以下几方面：①生物危险；②消防；③水电气安全；④化学品安全；⑤辐射；⑥废物处理和处置。

安全手册应对从工作区撤离和事件处理规程有详细说明。实验室负责人应每年对安全手册进行评审和再更新。

实验室中其他有用的信息来源还包括(但不限于)实验室涉及的所有材料的安全数据单、教科书和权威性期刊中的文章等参考资料。

2. 食品、饮料及相关物品

食品、饮料及相关物品只能在指定的区域内准备和食用。食品和饮料只能存放于非实验室区域内指定的专用处。冰箱应适当标记以明确其规定用途。实验室及其周边应明确禁止吸烟。

3. 化妆品、头发和珠宝

禁止在工作区内使用化妆品和处理隐形眼镜。长发应束在脑后，在工作区内不应佩戴戒指、耳环、腕表、手镯、项链和其他珠宝。

4. 免疫

如有条件，所有实验室工作人员应接受免疫以预防其可能被所接触的生物因子感染，并应按有关规定保存免疫记录。

5. 个人物品

个人物品、服装和化妆品不应放在有规定禁放的和可能发生污染的区域。

6. 内务行为

由实验室安全负责人监督保持良好的内务行为。工作区应时刻保持整洁有序。禁止在工作场所存放可能导致阻碍和绊倒危险的大量一次性材料和仪器。

所有用于处理污染性材料的设备和工作台表面在每次工作结束、有任何漏出或发生了其他污染时应使用适当的试剂进行清洁和消毒。

对漏出的样本、化学品、放射性核素或培养物应在风险评估后清除并对涉及区域去污染。清除时应采取经核准的安全预防措施、安全方法和个人防护装备。

内务行为改变时应报告实验室负责人以确保避免发生无意识的风险或危险。实验室行为、工作习惯或材料改变可能对内务和/或维护人员有潜在危险时，应报告实验室负责人，并书面告知内务和维护人员的管理者。

应制定在发生事故或漏出导致生物、化学或放射性污染时，设备保养或修理之前对每台设备去污染、净化和消毒的专用规程。

7. 洗手

实验室工作人员在实际工作中可能接触了血液、体液或其他污染材料后，即使戴有手套也应立即洗手。

摘除手套后、使用卫生间前后、离开实验室前、进食或吸烟前应例行洗手。

实验室应为过敏或对某些消毒防腐剂中的特殊化合物有其他反应的工作人员提供洗手用的替代品。

洗手池不得用于其他目的。在限制使用洗手池的地点，使用基于乙醇的“无水”手部清洁产品是可接受的替代方式。

洗手六步法为：第一步，双手手心相互搓洗（双手合十搓 5 下）；第二步，双手交叉搓洗手指缝（手心对手背，双手交叉相叠，左右手交换各搓洗 5 下）；第三步，手心对手心搓洗手指缝（手心相对十指交错，搓洗 5 下）；第四步，指尖搓洗手心，左右手相同（指尖放于手心相互搓洗）；第五步，一只手握住另一只手的拇指搓洗，左右手相同；第六步，指尖摩擦掌心或一只手握住另一只手的手腕转动搓洗，左右手相同。

8. 接触生物源性材料的安全工作行为

（1）在处理、检验和处置生物源性材料的规定和程序时，应利用良好微生物的行为标准。

(2) 工作中的行为应可降低污染的风险。工作人员在执行污染区内的工作行为时，应尽可能预防个人身体部位暴露出来。

(3) 样本的处理应遵循正确的操作规范，应制定样本损坏或泄漏的应急预案和正规的处理程序。在样本处理过程中，严禁用口吸移液。

(4) 应培训实验室工作人员安全操作带尖利器具及仪器设备。

(5) 安全工作行为应尽可能减少利器的使用，在有条件的情况下应尽可能使用替代品。严禁用手将任何利器剪、弯、折断、重新戴套等操作，严禁在工作中随意将注射器上的针头取下。包括针头、玻璃、一次性手术刀等在内的利器应在使用后立即放入耐扎容器中存放。尖利物容器应在内容物达到三分之二前置换出来。

(6) 所有样本、培养物和废弃物应被假定含有传染性生物因子；所有有潜在传染性或毒性的质量控制和参考物质在存放、处理和使用时应按未知风险的样本对待，应有相应的安全处理程序和应急预案。

(7) 操作样本、血清或培养物的全过程应穿戴适当的且符合风险级别的个人防护装备。在操作实验动物时，应穿戴耐抓咬、防水的个人防护服和手套；应穿戴适当的面部、眼部防护装置，必要时，增加防护面罩。以上所有操作应在生物安全柜内进行操作(生物安全柜内最好不用明火，而采用电子灼烧灭菌装置对微生物接种环灭菌)，减少接触有害气溶胶的行为。实验完成后，摘除手套后一定要彻底地进行洗手。

(8) 实验室工作行为的设计和执行应尽可能减少人员接触化学或生物源性有害气溶胶。例如，涉及样本需要离心时，样本应在有盖的安全罩内离心，所有进行涡流搅拌的样本应置于有盖容器内。在能产生气溶胶的大型分析设备上应使用局部通风防护，在操作小型仪器时使用定制的排气罩，产生的有害气溶胶不得直接排放到环境中。

(9) 有饲养、操作动物行为的应在适当的动物源性气溶胶防护设备中进行，工作人员应同时使用符合标准的个人防护设备。在可能出现有害气体和生物源性气溶胶的地方应采取局部排风措施。

2.4　生物安全实验室的个人防护

实验室工作人员需配备必要的个人防护用品。在生物实验中因为要接触不同的试剂、细菌、质粒、病毒甚至辐射源等对人体有害的因素，所以生物安全防护的工作很重要：一是体现在防护意识上；二是体现在防护措施上；三是体现在事故处理方面。防护意识应包括防护意识差或是过度防护造成心理恐惧两个方面。防护措施主要包括口罩、隔离衣、袖套和防护目镜等个人防护装备的使用。

2.4.1　个人防护装备的总体要求

个人防护装备是指用于保护人员避免接触感染性因子的各种屏障用品，包括口罩、手套、护目镜、防护面罩、防水围裙、隔离衣、防护服、防护靴等。个人防护装备主要涉及呼吸防护、头面部防护、躯体防护、足部防护 4 个方面。使用个人防护装备是为了减少操作人员暴露于气溶胶、喷溅物以及意外接种等危险环境而设立的一个物理屏障，能有效地防止工作人员受到工作场所中物理、化学和生物等有害因子的伤害。在危险评估的基础上,实验室工作人员需结合工作的具体性质,按照不同级别的防护要求选择适当的个人防护装备。

1. 选择合格的产品

实验人员选择的任何个人防护装备应符合国家有关标准。同时,实验人员还需接受关于个人防护装备的选择、使用和维护等方面的指导和培训。对个人防护装备的选择使用和维护应有明确的书面规定、程序和使用指导,应形成标准化体系。

2. 个人防护装备使用前检查

个人防护装备在使用前应仔细检查,不应使用标志不清、破损或泄漏的个人防护用品,保证个人防护的可靠性。

3. 个人防护装备的净化和消毒

为了防止个人防护装备被污染而携带生物因子,所有在致病微生物实验室使用过的个人防护装备均应被视为"污染"物。应按照标准要求进行净化和消毒后再做其他处理。实验室应制定严格的个人防护装备去"污染"的标准操作程序并遵照执行。同时,所有个人防护装备严禁私自带离实验室。

4. 个人防护的易操作性和舒适性

个人防护要适宜、科学。在危险评估的基础上,按不同级别的防护要求选择适当的个人防护装备。在确保防护水平高于保护工作人员免受伤害所需要的最低防护水平的同时,也要避免个人防护过度,造成操作不便甚至有害健康。个人防护分为三级,一级防护用于BSL-1和BSL-2,二级防护用于BSL-3,三级防护用于BSL-4。

在实验室工作中,个人防护所涉及的防护部位主要包括眼睛、头面部、躯体、手足、耳(听力)以及呼吸道,其防护装备包括眼镜(安全镜、护目镜)、口罩、面罩、防毒面具、防护帽、手套、防护服(实验服(见图2-5)、隔离衣、连体衣、围裙)、鞋套以及听力保护器等。在实验室中使用的一些个人防护装备及其所能提供的保护如表2-2所示。

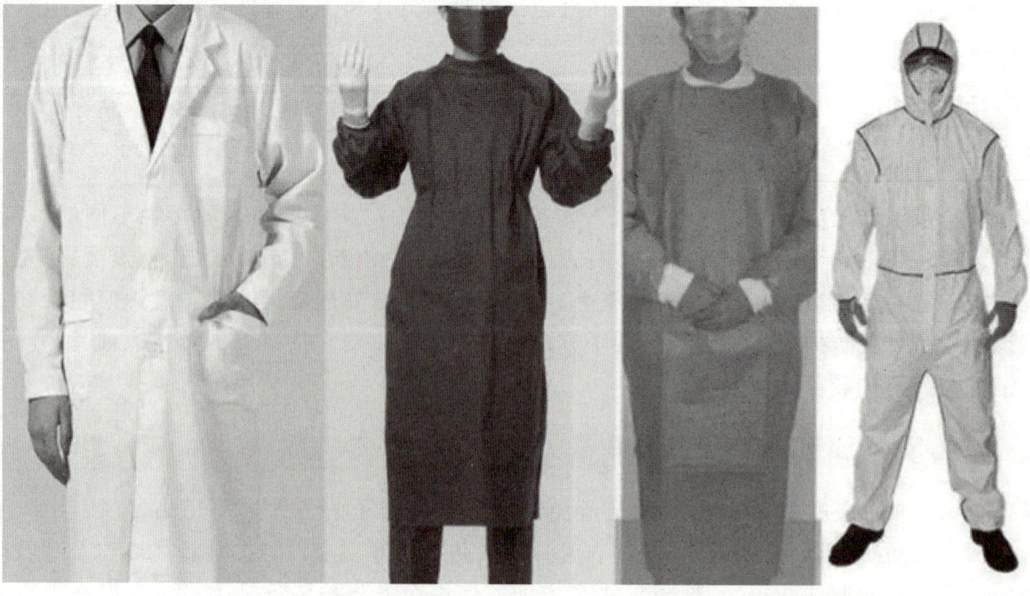

图 2-5　各种防护服

表 2-2　个人防护装备

装　　备	避免的危害	安全性特征
实验服、隔离衣、连体衣	污染衣服	背面开口，罩在日常服装外
塑料围裙	污染衣服	防水
鞋袜	碰撞和喷溅	不露脚趾
护目镜	碰撞和喷溅	防碰撞镜片(必须有视力矫正或外戴视力矫正眼镜)，侧面有护罩
安全眼镜	碰撞	防碰撞镜片(必须有视力矫正)，侧面有护罩
面罩	碰撞和喷溅	罩住整个面部，发生意外时易于取下
防毒面具	吸入气溶胶	在设计上包括一次性使用的、整个面部或一半面部空气净化的、整个面部或加罩的动力空气净化呼吸器的以及供气的防毒面具
手套	直接接触微生物	得到微生物学认可的一次性乳胶、乙烯树脂或聚蜡类材料的保护手套

2.4.2　防护装备

1. 手臂防护

当进行实验室操作时，由于手直接进行操作，所以最有可能被污染，也容易受到“锐器”伤害。在进行实验室一般性工作以及在处理感染性物质、血液和体液时，应广泛地使用一次性乳胶、乙烯树脂类材料的手术用手套。原则上不重复使用手套，确实需要重复使用手套时一定要正确进行冲洗、摘除、清洁并消毒。手套的作用是防止生物危险、化学品、辐射污染、冷与热、产品污染、刺伤、擦伤和动物咬伤等。手套的选用应该按照所从事操作的性质来进行选择，符合舒适、合适、灵活、握牢、耐磨、耐脏和耐撕的要求，以保证能提供足够多的保护。

在操作完感染性物质、结束生物安全柜中的工作以及离开实验室之前，均应该摘除手套并彻底洗手。使用过的一次性手套应该与实验室的感染性废弃物一起丢弃。在进行尸体解剖等可能接触尖锐器械的情况下，应该戴不锈钢网孔手套。但这样的手套只能防止切割损伤，而不能防止针刺损伤。手套使用完后应该及时进行处理，不得戴离实验室区域。

手套检查方法：翻开手套口，让空气进入，用手握紧手套口，使掌部和指头鼓起，检查手套是否泄漏。

手套穿脱方法：干燥手后搓一下手套，让其蓬松，以便穿着。在撕破、破坏或疑似内部受污染时更换手套。脱手套前，先用消毒液消毒手套，然后一手捏住另一手的手掌部位往外拉，使污染的部分包在里面，手套还未完全脱下时用同样方法脱下另一只手套。

2. 头面部防护

1）头部防护(帽子)

在实验室工作中应佩戴由无纺布制成的一次性简易防护帽，可以保护工作人员避免化学和生物危害物质飞溅至头部(头发)造成的污染；同时，可防止头发和头屑等污染工作环境，保护负压实验室的空气过滤器。

帽子检查方法:选择合适的帽子,检查是否有损坏。

帽子穿脱方法:将所有头发包在帽子里,然后用手紧一下帽子,以防松动。

2) 面部防护(口罩、面具)

面部的防护装备主要有口罩和防护面罩。常用的外科手术口罩由三层纤维组成,可预防飞沫进入口鼻,适用于 BSL-1 和 BSL-2 实验室,可以保护部分面部免受生物物质危害,如血液、体液及排泄物等的喷溅污染。N95 口罩适用于一些高危的工作程序,如在 BSL-2 或 BSL-3 实验室操作经呼吸道传播的高致病性微生物感染性材料时,则需要佩戴 N95 级或以上级别的口罩。N 系列口罩适用于无油性烟雾的工作环境,可过滤 0.3 μm 或以上的微粒(如飞沫或结核菌),效率达 95%(N95 级)、99%(N99 级),甚至 99.97%(N100 级)。在有油性烟雾的情况下,可选择 R 系列或 P 系列的口罩(R 为抗油,P 为防油)。

防护面罩可保护实验室工作人员的面部避免碰撞或切割伤以及感染性材料飞溅或接触造成的脸部、眼睛和口鼻的危害。防护面罩一般由防碎玻璃制成,通过头戴或帽子佩戴,分一次性面罩和耐用面罩。当需要对整个面部进行防护,尤其是进行可能产生感染性材料喷溅或气溶胶的操作时,需要在使用防护面罩的同时,根据需要佩戴口罩、安全镜或护目镜。

口罩检查方法:选择合适的口罩,检查是否损坏,是否清洁。

口罩穿脱方法:按要求穿脱,用手捏一下鼻部,使其紧贴皮肤,以防漏气。

3) 眼部防护(防护镜、生物安全镜、洗眼装置)

在所有易发生潜在眼睛损伤,包括理化和生物等因素引起的损伤以及有潜在黏膜吸附感染危险的实验室中工作时,必须采取眼部防护措施。眼部防护装备主要包括生物安全眼镜和护目镜。另外,必要时还应配备洗眼装置。

应根据所进行的操作来选择相应的装备,安全眼镜和护目镜可保护眼睛免受有害物质飞溅进入眼内而透过黏膜进入体内。制备屈光眼镜(Prescription Glasses)或平光眼镜应当配备专门镜框,将镜片从镜框前面装上,这种镜框用可弯曲的或侧面有保护罩的防碎材料制成(安全眼镜)。但即使安全眼镜的侧面带有保护罩也不能对喷溅提供充分的保护。护目镜应该戴在常规视力矫正眼镜或隐形眼镜(它们对生物学危害没有保护作用)的外面来对飞溅和撞击提供保护。

护目镜检查方法:检查松紧带是否无效,镜片是否损坏和清洁。

护目镜穿脱方法:戴护目镜时,要压一下鼻部,防止鼻孔的气流进入护目镜里,免得产生湿气致使镜面模糊。

根据《实验室生物安全通用要求》(GB 19489—2008)的规定,实验室内,尤其是 BSL-2 或 BSL-3 实验室,必须配备紧急洗眼装置,洗眼装置应安装在室内明显和易取的地方,并保持洗眼水管的通畅。

4) 呼吸道防护

当进行高度危险性的操作(如清理溢出的感染性物质)时,若不能安全有效地将气溶胶限定在许可范围内,则必须采用呼吸道防护装备来防护。呼吸道防护装备主要包括高效口罩、正压头盔和防毒面具。

(1) 高效口罩。

高效口罩即前面所述的 N95 级和以上级别的口罩,可有效过滤 0.3 μm 或以上级别的有害微粒,在一定程度上防止呼吸道受到危害。

(2) 正压头盔。

正压头盔也称头盔正压式呼吸防护系统，主要有正压式、双管供气式、电动式三种类型。正压头盔除了可对呼吸系统防护外，还可提供眼睛、面部和头部的防护。

(3) 防毒面具。

应根据操作的危险类型来选择防毒面具。防毒面具中装有一种可更换的过滤器，可以保护佩戴者免受气体、蒸气、颗粒和微生物的影响。过滤器必须与防毒面具的类型相配套。为了达到理想的防护效果，每一个防毒面具都应与操作者的面部相适合并经过测试。具有一体性供气系统的配套完整的防毒面具可以提供彻底的保护。在选择正确的防毒面具时，要听从专业卫生工作者等有相应资质人员的意见。有些单独使用的一次性防毒面具(ISO13.340.30)设计用来保护工作人员避免生物因子暴露。防毒面具不得戴离实验室区域。

防毒面具检查方法：检查是否损坏，注意定期清洁，实时消除污染，寄存在清洁卫生处。

防毒面具穿脱方法：选择合适的防毒面具，戴面具前，先安装好过滤盒，将进气口的胶片撕去，以便呼吸顺畅。调整好松紧带，使面具周围的胶圈与面部相符合，防止漏气。

5) 躯体和下肢的防护

隔离衣为长袖背开式，穿着时应保证颈部和腕部扎紧。隔离衣通常在 BSL-2 和 BSL-3 实验室内使用，适用于接触大量血液或其他潜在感染性材料时穿着。

(1) 正压防护服。

正压防护服适用于涉及致死性生物危害物质或第Ⅰ类生物危险因子的操作。进入正压型 BSL-4 实验室的工作人员应穿着正压防护服。该防护服具有生命保障系统，分为内置式和外置式两种，包括提供超量清洁呼吸气体的正压供气装置，保证防护服内气压相对周围环境为持续正压。

(2) 围裙。

在必须对血液或培养液等化学或生物学物质的溢出提供进一步防护时，应在实验服或隔离衣外面再穿上塑料高颈保护的围裙。

(3) 鞋及鞋套。

实验室工作鞋应该舒适，鞋底防滑，推荐使用皮制或合成材料的不渗透液体的鞋类。在从事可能出现漏出液体的工作时可以穿一次性防水鞋套。鞋套可防止将病原体带离工作地点而扩散到生物安全实验室以外。在 BSL-2 和 BSL-3 实验室中要坚持穿鞋套或靴套，在 BSL-3 和 BSL-4 中还要求使用专用鞋(如一次性鞋或橡胶靴子)。

2.5　生物安全法律责任

三级、四级实验室未经批准从事某种高致病性病原微生物或者疑似高致病性病原微生物实验活动的，由县级以上地方人民政府卫生主管部门、兽医主管部门依照各自职责，责令停止有关活动，监督其将用于实验活动的病原微生物销毁或者送交保藏机构，并给予警告；造成传染病传播、流行或者其他严重后果的，由实验室的设立单位对主要负责人、直接负责的主管人员和其他直接责任人员，依法给予撤职、开除的处分；构成犯罪的，依法追究刑事责任。

在不符合相应生物安全要求的实验室从事病原微生物相关实验活动的，由县级以上地方人民政府卫生主管部门、兽医主管部门依照各自职责，责令停止有关活动，监督其将用于实验活动的病原微生物销毁或者送交保藏机构，并给予警告；造成传染病传播、流行或者其他严重后果的，由实验室的设立单位对主要负责人、直接负责的主管人员和其他直接责任人员，依法给予撤职、开除的处分；构成犯罪的，依法追究刑事责任。

实验室有下列行为之一的，由县级以上地方人民政府卫生主管部门、兽医主管部门依照各自职责，责令限期改正，给予警告；逾期不改正的，由实验室的设立单位对主要负责人、直接负责的主管人员和其他直接责任人员，依法给予撤职、开除的处分；有许可证件的，并由原发证部门吊销有关许可证件。

(1) 未依照规定在明显位置标示国务院卫生主管部门和兽医主管部门规定的生物危险标志和生物安全实验室级别标志的。

(2) 未向原批准部门报告实验活动结果以及工作情况的。

(3) 未依照规定采集病原微生物样本，或者对所采集样本的来源、采集过程和方法等未作详细记录的。

(4) 新建、改建或者扩建一级、二级实验室未向设区的市级人民政府卫生主管部门或者兽医主管部门备案的。

(5) 未依照规定定期对工作人员进行培训，或者工作人员考核不合格允许其上岗，或者批准未采取防护措施的人员进入实验室的。

(6) 实验室工作人员未遵守实验室生物安全技术规范和操作规程的。

(7) 未依照规定建立或者保存实验档案的。

(8) 未依照规定制定实验室感染应急处置预案并备案的。

经依法批准从事高致病性病原微生物相关实验活动的实验室的设立单位未建立健全安全保卫制度，或者未采取安全保卫措施的，由县级以上地方人民政府卫生主管部门、兽医主管部门依照各自职责，责令限期改正；逾期不改正，导致高致病性病原微生物菌(毒)种、样本被盗、被抢或者造成其他严重后果的，责令停止该项实验活动，该实验室 2 年内不得申请从事高致病性病原微生物实验活动；造成传染病传播、流行的，该实验室设立单位的主管部门还应当对该实验室的设立单位的直接负责的主管人员和其他直接责任人员，依法给予降级、撤职、开除的处分；构成犯罪的，依法追究刑事责任。

未经批准运输高致病性病原微生物菌(毒)种或者样本，或者承运单位经批准运输高致病性病原微生物菌(毒)种或者样本未履行保护义务，导致高致病性病原微生物菌(毒)种或者样本被盗、被抢、丢失、泄漏的，由县级以上地方人民政府卫生主管部门、兽医主管部门依照各自职责，责令采取措施，消除隐患，给予警告；造成传染病传播、流行或者其他严重后果的，由托运单位和承运单位的主管部门对主要负责人、直接负责的主管人员和其他直接责任人员，依法给予撤职、开除的处分；构成犯罪的，依法追究刑事责任。

有下列行为之一的，由实验室所在地的设区的市级以上地方人民政府卫生主管部门、兽医主管部门依照各自职责，责令有关单位立即停止违法活动，监督其将病原微生物销毁或者送交保藏机构；造成传染病传播、流行或者其他严重后果的，由其所在单位或者其上级主管部门对主要负责人、直接负责的主管人员和其他直接责任人员，依法给予撤职、开除的处分；

有许可证件的，并由原发证部门吊销有关许可证件；构成犯罪的，依法追究刑事责任。

（1）实验室在相关实验活动结束后，未依照规定及时将病原微生物菌（毒）种和样本就地销毁或者送交保藏机构保管的。

（2）实验室使用新技术、新方法从事高致病性病原微生物相关实验活动未经国家病原微生物实验室生物安全专家委员会论证的。

（3）未经批准擅自从事在我国尚未发现或者已经宣布消灭的病原微生物相关实验活动的。

（4）在未经指定的专业实验室从事在我国尚未发现或者已经宣布消灭的病原微生物相关实验活动的。

（5）在同一个实验室的同一个独立安全区域内同时从事两种或者两种以上高致病性病原微生物的相关实验活动的。

实验室工作人员出现该实验室从事的病原微生物相关实验活动有关的感染临床症状或者体征，以及实验室发生高致病性病原微生物泄漏时，实验室负责人、实验室工作人员、负责实验室感染控制的专门机构或者人员未依照规定报告，或者未依照规定采取控制措施的，由县级以上地方人民政府卫生主管部门、兽医主管部门依照各自职责，责令限期改正，给予警告；造成传染病传播、流行或者其他严重后果的，由其设立单位对实验室主要负责人、直接负责的主管人员和其他直接责任人员，依法给予撤职、开除的处分；有许可证件的，并由原发证部门吊销有关许可证件；构成犯罪的，依法追究刑事责任。

拒绝接受卫生主管部门、兽医主管部门依法开展有关高致病性病原微生物扩散的调查取证、采集样品等活动或者依照本条例规定采取有关预防、控制措施的，由县级以上人民政府卫生主管部门、兽医主管部门依照各自职责，责令改正，给予警告；造成传染病传播、流行以及其他严重后果的，由实验室的设立单位对实验室主要负责人、直接负责的主管人员和其他直接责任人员，依法给予降级、撤职、开除的处分；有许可证件的，并由原发证部门吊销有关许可证件；构成犯罪的，依法追究刑事责任。

发生病原微生物被盗、被抢、丢失、泄漏，承运单位、护送人、保藏机构和实验室的设立单位未依照本条例的规定报告的，由所在地的县级人民政府卫生主管部门或者兽医主管部门给予警告；造成传染病传播、流行或者其他严重后果的，由实验室的设立单位或者承运单位、保藏机构的上级主管部门对主要负责人、直接负责的主管人员和其他直接责任人员，依法给予撤职、开除的处分；构成犯罪的，依法追究刑事责任。

保藏机构未依照规定储存实验室送交的菌（毒）种和样本，或者未依照规定提供菌（毒）种和样本的，由其指定部门责令限期改正，收回违法提供的菌（毒）种和样本，并给予警告；造成传染病传播、流行或者其他严重后果的，由其所在单位或者其上级主管部门对主要负责人、直接负责的主管人员和其他直接责任人员，依法给予撤职、开除的处分；构成犯罪的，依法追究刑事责任。

县级以上人民政府有关主管部门，未依照本条例的规定履行实验室及其实验活动监督检查职责的，由有关人民政府在各自职责范围内责令改正，通报批评；造成传染病传播、流行或者其他严重后果的，对直接负责的主管人员，依法给予行政处分；构成犯罪的，依法追究刑事责任。

2.6 思考题

(1) 什么是高校生物实验室安全？
(2) 生物安全防护的等级和标准分别有哪些？
(3) 个体装备防护设计了哪几个方面？

第3章　高校实验室化学品安全

高等学校实验室中常常会涉及各种危险化学品的使用，若对危险化学品缺乏安全使用知识，缺乏系统、完善的实验室化学品安全管理制度，在危险化学品的储存、操作、运输、废弃物处置中防护不当，则有可能导致事故发生，这不仅会影响正常教学和科研工作，还会给社会带来不良影响。因此，学习、掌握危险化学品的知识对预防与化学品相关的实验室事故具有非常必要的作用。本章内容主要包括实验室危险化学品的概念和分类、危险特性、防护信息来源、危险化学品的购买、存储与管理安全、个人防护与危害控制等。

3.1　危险化学品的概念和分类

3.1.1　危险化学品的概念

危险化学品是指具有毒害、腐蚀、爆炸、燃烧、助燃等性质，对人体、财产和环境具有危害的化学品(《危险化学品安全管理条例》中华人民共和国国务院令第645号修订，2013年)。

3.1.2　危险化学品的分类

我国现行的危险化学品分类标准是《危险货物分类和品名编号》(GB 6944—2012)和《化学品分类和危险性公示通则》(GB 13690—2009)，这两个标准在技术内容方面分别与联合国推荐的危险化学品或危险货物分类标准"橙皮书"和"紫皮书"一致(非等效)。"橙皮书"是指《联合国关于危险货物运输的建议书规章范本》，英文名称为 The UN Recommendations on the Transport of Dangerous Goods，Model Regulations，简称 TDG；"紫皮书"是指《全球化学品统一分类和标签制度》，英文名称为 Globally Harmonized System of Classification and Labelling of Chemicals，简称 GHS。

《危险货物分类和品名编号》将化学品按其危险性或最主要的危险性划分为9个类别的21项。这9个类别分别为：①爆炸品；②气体；③易燃液体；④易燃固体和遇水放出易燃气体的物质；⑤氧化性物质与有机过氧化物；⑥毒性物质和感染性物质；⑦放射性物质；⑧腐蚀性物质；⑨杂项危险物质和物品。

《化学品分类和危险性公示通则》按理化危险、健康危险和环境危险将化学物质和混合物分为28个危险性类别，具体如表3-1所示。

表3-1　《化学品分类和危险性公示通则》(GB 13690—2009)对危险化学品的分类

理化危险	健康危险	环境危险
爆炸物	急性毒性	危害水生环境
易燃气体	皮肤腐蚀/刺激	急性水生毒性
易燃气溶胶	严重眼损伤/眼刺激	慢性水生毒性

续表

理化危险	健康危险	环境危险
氧化性气体	呼吸或皮肤致敏	
压力下气体	生殖细胞致突变性	
易燃液体	致癌性	
易燃固体	生殖毒性	
自反应物质或混合物	特异性靶器官系统毒性(一次接触)	
自燃液体	特定靶器官系统毒性(反复接触)	
自燃固体	吸入危险	
自热物质和混合物		
遇水放出易燃气体的物质或混合物		
氧化性液体		
氧化性固体		
有机过氧化物		
金属腐蚀剂		

3.2 化学物质的危险特性

化学物质有气、液、固三态,它们在不同状态下分别具有相应的化学、物理、生物、环境方面的危险特性。了解并掌握这些危险特性是进行危害识别、预防、消除的基础。

3.2.1 理化危险性

危险化学品的理化危险性主要体现在易燃性、爆炸性和反应性三方面。

1. 易燃性

燃烧是物质与氧化剂发生强烈化学反应并伴有发光发热的现象。物质燃烧的发生需要同时具备三个条件(燃烧三要素):可燃物、助燃物(氧化气氛,通常为氧气)、着火源。

易燃物质是指在空气中容易着火燃烧的物质,包括固体、液体和气体。气体物质不需要经过蒸发,可以直接燃烧。固体和液体发生燃烧,需要经过分解和蒸发,生成气体,然后由这些气体成分与氧化剂作用发生燃烧。

下面是与物质易燃性相关的重要概念。

1) 闪点

易燃或可燃液体挥发出来的蒸气与空气混合后,遇火源发生一闪即灭的燃烧现象被称作闪燃。发生闪燃的最低温度点称为闪点。闪点是表示易燃液体燃爆危险性的一个重要指标。从消防观点来说,液体闪点是可能引起火灾的最低温度。闪点越低,液体的燃爆危险性越大。

2) 燃点

着火是指可燃物质在空气中受到外界火源或高温的直接作用,开始起火持续燃烧的现象。物质开始起火持续燃烧的最低温度点称为燃点或着火点。燃点越低,物质着火危险性越大。一般液体燃点高于闪点，易燃液体的燃点比闪点高 1 ℃～5 ℃。一闪即灭的火星不一定导致物质的持续燃烧。

3）着火源

凡能引起可燃物质燃烧的能量源统称为着火源（又称点火源），包括明火、电火花、摩擦、撞击、高温表面、雷电等。

4）自燃点

自燃是指可燃物质在没有外部火花、火焰等点火源的作用下，因受热或自身发热并蓄热所产生的自行燃烧。使某种物质发生自燃的最低温度就是该物质的自燃点，也称自燃温度。

5）助燃物

大多数燃烧发生在空气中，助燃物是空气中的氧气。但对由氧化剂驱动的还原性物质发生的燃烧和爆炸，氧气不一定是必需的。可作为助燃物的气体物质还可以是氯气、氟气、一氧化二氮等。液溴、过氧化物、硝酸盐、氯酸盐、溴酸盐、高氯酸盐、高锰酸盐等都可以作为助燃物。

从上述内容可知，阻止可燃物和点火源共存是消除火灾危险性的最好方法。有时阻止易燃液体向空气中挥发比较困难，这时，严格控制点火源则是消除危险的最好措施。

2. 爆炸性

爆炸是指化合物或混合物在热、压力、撞击、摩擦、声波等激发下，在极短时间内释放出大量能量，产生高温，并放出大量气体，在周围介质中造成高压的化学反应或物理状态变化。通常爆炸会伴随有强烈放热、发光和声响的效应。爆炸生成的高温高压气体会对它周围的介质做机械功，而导致猛烈的破坏作用。

1）物理爆炸

物理爆炸是由物理变化（温度、体积和压力等因素）引起的，在爆炸的前后，爆炸物质的性质及化学成分均不改变。例如，高压气体爆炸、水蒸气爆炸等。

2）爆炸性混合物爆炸及爆炸极限

可燃气体、可燃液体蒸气或可燃固体粉尘与空气混合后，其相对组成在一定范围内时，形成爆炸性混合物，遇点火源（如明火、电火花、静电等）即发生爆炸。把爆炸性混合物遇到着火源能够发生燃烧爆炸的浓度范围称为爆炸浓度极限（又称燃烧极限），该范围的最低浓度称为爆炸下限（LEL），最高浓度称为爆炸上限（UEL）。浓度低于爆炸下限，遇到明火既不会燃烧，也不会爆炸；高于爆炸上限，虽然不会爆炸，但是会燃烧；只有在下限和上限之间时才会发生爆炸。可燃气体、易燃液体蒸气的爆炸极限一般可用其在混合物中的体积分数来表示。可燃粉尘的爆炸极限的单位用 g/m^3 来表示，由于可燃粉尘的爆炸上限很高，一般达不到，所以通常只标明爆炸下限。爆炸下限小于 10%，或爆炸上限和下限之差值大于等于 20%的物质，一般称为易燃物质。例如，当温度升高或空气中的氧含量增加时，爆炸浓度范围会变宽；其他组分的存在（如惰性气体等）也会影响其范围。表 3-2 所示的是常见气体及蒸气的爆炸极限。

表 3-2　常见气体及蒸气的爆炸极限

气体名称	化学分子式	在空气中的爆炸极限/(%)	
		下限	上限
甲烷	CH_4	5.0	15.0
乙烷	C_2H_6	3.0	15.5
丙烷	C_3H_8	2.1	9.5
丁烷	C_4H_2	1.9	8.5
乙烯	C_2H_4	2.7	36.0
乙炔	C_2H_2	2.5	82.0
苯	C_6H_6	1.3	7.1
甲苯	$C_6H_5CH_3$	1.2	7.1
苯乙烯	$C_6H_5CHCH_2$	1.1	6.1
环氧乙烷	$(CH_2)_2O$	3.6	100.0
乙醚	$(C_2H_5)_2O$	1.9	36.0
甲醇	CH_3OH	6.7	36.0
乙醇	C_2H_5OH	3.3	19.0
丙酮	CH_3COCH_3	2.6	12.8
氢气	H_2	4.0	75.0
一氧化碳	CO	12.5	74.0
硫化氢	H_2S	4.3	45.5
氨气	NH_3	15.0	30.2

注：摘自《石油化工可燃气体和有毒气体检测报警设计规范》(GB 50493—2019)。

3）爆炸性物质爆炸

爆炸性物质爆炸是指易于分解的物质，由于加热或撞击而分解，产生突然汽化、放热的分解爆炸。爆炸性物质较爆炸性混合物爆炸时反应速度更快、压力更大、温度更高、机械功更大，其破坏力也更大。爆炸性物质爆炸可分为简单分解爆炸和复杂分解爆炸两种。引起简单分解爆炸的爆炸物在爆炸时并不一定发生燃烧反应，爆炸所需的热量，是由于爆炸物质本身分解时产生的。例如，叠氮铅、乙炔银、乙炔铜、碘化氮、氯化氮等，这些物质具有直接分解生成其组成元素的稳定单质的爆炸现象。这类物质是非常危险的，受轻微震动即引起爆炸。复杂分解爆炸的危险性较简单分解爆炸低，物质在爆炸时伴有燃烧现象，燃烧所需的氧由本身分解供给。构成炸药的物质发生的即是复杂分解爆炸，如硝酸酯类、含多个硝基的化合物、重金属的高氯酸盐等。

4）核爆炸

核爆炸是由物质的原子核在发生“裂变”或“聚变”的连锁反应瞬间放出巨大能量而产生的爆炸，如原子弹、氢弹的爆炸就属于核爆炸。

5）起爆能

发生燃烧或爆炸所需的外界提供的最小能量被称作最小着火能量（或起爆能，MIE）。小于此能量时，燃烧和爆炸将不能发生。

6）爆炸压力

可燃气体、可燃液体蒸气或可燃粉尘与空气的混合物及爆炸性物质在密闭容器中着火爆炸时所产生的压力称为爆炸压力。爆炸压力的最大值称为最大爆炸压力。最大爆炸压力越高，最大爆炸压力时间越短，最大爆炸压力上升速度越快，说明爆炸威力越大，该混合物或化学品越危险。

3. 反应性

1）与水反应的物质

与水反应的物质是指那些和水反应剧烈的物质。例如，碱金属、许多有机金属化合物及金属氢化物（氢化钠或氢化钙）等，这些物质与水反应放出的氢气和空气中的氧气混合发生燃烧、爆炸。另外，无水金属卤化物（如三氯化铝）、氧化物（如氧化钙）、非金属化合物（如三氧化硫）及卤化物（如五氯化磷）会与水反应放出大量的热，造成危害。

事故案例：2021 年 7 月 27 日，广州某大学药学院 505 实验室，开展实验的博士研究生在清理通风柜时，发现之前毕业生遗留在烧瓶内的未知白色固体，一博士研究生用水冲洗烧瓶时，发生炸裂，炸裂产生的玻璃碎片刺破该生手臂动脉血管，在场同学和老师对他进行及时施救，120 救护车将受伤学生送至广东省中医院大学城医院进行处理后，经医院协调转至广州和平骨科医院（原广州和平手外科医院），经治疗后该生伤情得到控制，无生命危险。

事故解析：经与 505 实验室负责老师沟通，导致炸裂的未知白色固体中可能含有氢化钠或氢化钙，遇水发生剧烈反应而炸裂。

2）发火物质

发火物质指即使只有少量物品与氧气或空气接触短暂时间（一般指不到 5 min）内便能燃烧的物质，如金属氢化物、活性金属合金、低氧化态金属盐、硫化亚铁等。

3）自反应物质

自反应物质指即使没有氧气（空气）也容易发生激烈的放热分解的热不稳定物质或混合物。

4）不相容的化学品

一些化学物质一旦混合就会发生剧烈反应，引起爆炸或释放高毒物质，或者二者皆有之。这些物质一定要分开存放，避免混存。氧化剂一定要与还原剂分开存放，即使其氧化性或还原性不强。例如，强还原物质钾、钠常用来去除有机溶剂中痕量的水，但不能用于去除卤代烷烃中的水，因为虽然卤代烷烃的还原性很弱，但仍会和钾、钠反应。正是因为这个原因，不能用卤代烷烃灭火器灭除钾、钠火灾。

3.2.2　健康危害性

实验室中大多数化学药品都有不同程度的毒性，会对人体产生健康危害。广义的毒性（toxicity）是指外源化学物质与机体接触或进入体内的易感部位后引起机体损害的能力，包括急性毒性、慢性毒性、腐蚀性、刺激性、致敏性、感染性、窒息性、神经毒性、生殖毒性、遗传毒性及致癌性等。

1. 健康危害性种类

1）急性毒性

急性毒性是指机体（人或实验动物）一次（或 24 h 内多次）接触外来化合物之后所引起的中毒甚至死亡效应。实验室常见的高急性毒性化学物质有丙烯醛、羰基镍、甲基汞、四氧化锇、氢氰酸、氰化钠、氟化氢等。

通常，在实验室进行实验时，因为化学药品的用量很小，除非严重违反使用规则，否则不会由于一般性的药品而引起中毒事故。但是，对毒性大的物质，一旦用错就会发生事故，甚至会危及生命。因此，在化学药品的使用中，必须关注其毒性危险因素，做好防护措施，遵照有关规定进行使用。

2）慢性毒性

慢性毒性是指长期接触毒性物质或染毒对机体所致的功能或结构形态的损害。慢性毒性是衡量蓄积毒性的重要指标。其症状可能不会立即出现，经过数月甚至数年才会表现。在实验室中长期接触重金属（如铅、镉、汞及其化合物等）及一些有机溶剂（如苯、正己烷、卤代烷烃等）往往会发生慢性中毒。

3）腐蚀性

腐蚀性是指通过化学反应对机体接触部位的组织（如皮肤、肌肉、视网膜等），造成的不可逆性的组织损伤。化学实验室常见的腐蚀性物质有氨、过氧化氢、溴、浓酸、强碱、酚类、氢氟酸等。在操作这些物质时，需要确保皮肤、面部、眼睛得到充分保护。

4）刺激性

刺激性是指通过化学反应对机体的接触部位的组织造成的可逆性的炎症反应（红肿）。接触有刺激性的化学药品需要采取防护措施，将药品与皮肤、眼睛接触的可能性降至最小。

5）致敏性

致敏性是指机体对材料产生的特异性免疫应答反应，表现为组织损伤和（或）生理功能紊乱。一些过敏反应非常迅速，接触几分钟后机体就会发生反应；延迟性过敏则需要几小时甚至几天才会发作。过敏通常发生在皮肤，如出现皮肤红肿、瘙痒；严重的如过敏性休克，是一种急性的、全身性的严重过敏反应，如果救治不及时，过敏者常在 5～10 min 死亡。因为极其微量的致敏性物质就能引发过敏性体质者的过敏反应，实验室工作人员应当对化学药品引发的过敏症状保持警觉。

6）窒息性

窒息性是指可使机体氧的供给、摄取、运送、利用发生障碍，使全身组织、细胞得不到或不能利用氧，而导致组织、细胞缺氧窒息，丧失功能，坏死。乙炔、二氧化碳、惰性气体、氮气、甲烷等都是常见的窒息性物质。一氧化碳、氰化物可以与血红蛋白结合，使血液失去携氧能力，造成缺氧昏迷甚至死亡。

事故案例：某校理学院化学系博士研究生袁某某，发现 27 岁在读女博士研究生于某昏厥倒在休息室（211 室）的地上，袁某某便呼喊老师寻求帮助，并于 12 时 45 分拨打 120 急救电话。袁某某本人在随后也晕倒在地。12 时 58 分，120 急救车抵达现场，将于某和袁某某送往浙江省省立同德医院。13 时 50 分，省立同德医院急救中心宣布于某经抢救无效死亡。袁某某留院观察治疗，并于 7 月 4 日出院。

事故解析：虽然事件经过非常简单，但后果却十分严重，造成一名女博士死亡，教训很惨痛。那么,问题出在哪里呢?罪魁祸首是杀人于无形的一氧化碳。该名女博士主要做催化方面的研究,具体研究方向为汽车尾气治理,基本不会接触危险化学品,而 211 室又是休息室而不是实验室,怎么会有一氧化碳呢?很多人都很奇怪。

事后查明:原来,211 室是由实验室改造而来的休息室,而原有的气管道并没有完全拆除或者封堵。当天,非常巧合,教师莫某某、徐某某做实验时,需将一氧化碳从一楼气瓶室输送到 307 实验室,但却误将气体接至 211 室的输气管,而 211 室的反应室和通风橱又已经拆除,一氧化碳直接扩散开来,不幸就这样发生了。很多时候,事故就是那么一瞬间。

7）神经毒性

神经毒性指对中枢神经、周边神经系统的结构和功能有毒副作用,有些可恢复,有些会造成永久性伤害。许多神经毒素的伤害作用在短期内没有明显症状,容易被忽视。实验室可接触到的神经毒素有汞(包括有机汞和无机汞化合物)、有机磷酸酯、农药、二硫化碳、二甲苯等。

8）生殖毒性与生长毒性

生殖毒素是一种可以引起染色体变异或损伤的物质,它可以导致婴儿夭折或畸形。这类物质可以在生殖过程的多个层面引发问题,在某些情况下可导致不育。许多生殖毒素都是慢性毒素,它们只有在被多次或长时间接触时才能对人造成伤害,有些伤害在青春期之后才会慢慢显现出来。

生长毒素作用于孕妇的怀孕期并且对婴儿有很大伤害。一般在怀孕期前三个月作用最为明显,需要特别注意,尤其是容易通过皮肤迅速被吸收的物质,如甲酰胺,接触前一定要做好防护措施。

9）特异性靶器官系统毒性

特异性靶器官系统毒性物质包括大部分卤代烃、苯及其他芳香烃、金属有机化合物、氧化物等,对机体的器官(肝脏、肾脏、肺等)会产生多种影响。

10）致癌性

致癌物即能导致癌症的物质。致癌物是慢性毒性物质,只有在多次或长时间接触后才会造成损伤,且具有潜伏性。很多研究中的新物质都未经过致癌性检测,在使用可能具有潜在致癌性的物质时,要进行适当保护。

2. 毒害性物质侵入人体途径

毒害性物质主要通过消化道、呼吸道和皮肤三种途径入侵人体。其中,多数物质被人吞食后才会引起中毒。而一些物质,无论通过什么样的途径进入体内,都会对身体造成毒害。了解毒害性物质的入侵途径有助于做好针对性的防护措施。

1）通过消化道入侵

食入毒害性物质时,毒物会通过口腔进入食道、胃、肠,有毒物质会被口腔、胃部、肠道逐步吸收,其中大部分被小肠吸收。如果这些器官发炎、溃疡或者感染了,那么它们的保护层就会吸收更多的有毒物质。具体吸收量还和当时肠胃里所含的食物种类以及质量有关。毒害性物质通过消化道入侵时,多数情况下都会导致立刻中毒,甚至会造成意外死亡。

2）通过呼吸道入侵

当通过口、鼻吸入空气中的毒害性物质时,鼻腔、咽喉和肺部会产生刺激。此外,这些毒素会直接进入我们的血液,快速流经大脑、心脏、肝脏以及肾脏等人体器官。人体吸入有毒化合物的毒量通常与毒物浓度、呼吸的频率和深度、肺部功能有关，患有哮喘或其他肺部疾病的人更易中毒。吸入中毒是一种更为常见的中毒方式，它比食入中毒更具有危害性。通常情况下，肺部可将吸入的气体迅速吸收，而其中的灰尘、雾气以及微粒会被困在肺部。

3）通过皮肤入侵

有毒物质或其蒸气与皮肤接触时，可通过表皮屏障、毛囊，极少数通过汗腺进入皮下血管并传播到身体各部位。吸收的数量与毒物的溶解度、浓度、皮肤的温度、出汗等有关。当皮肤被烫伤、烧伤、割破时，有毒物质就更易入侵。

另外，毒物也会通过皮肤注射而进入体内。当有害物质溅入眼内时，则会通过眼结膜或眼角膜吸收进入体内。

3. 量效关系

一种外源化学物质对机体的损害能力越大，其毒性就越高。外源化学物质毒性的高低仅具有相对意义。物质与机体的接触量、接触途径、接触方式及物质本身的理化性质是影响其对机体毒作用的因素，但在大多数情况下与机体接触的数量是决定因素。在某种意义上，只要达到一定的数量，任何物质对机体都具有毒性；如果低于一定数量，任何物质都不具有毒性。

一般用半数致死量（Lethal Dose 50，LD_{50}）或半数致死浓度（Lethal Concentration 50，LC_{50}）来表示急性毒性的作用程度。LD_{50}是指能杀死一半试验总体之有害物质、有毒物质或游离辐射的剂量，是描述有毒物质或辐射毒性的常用指标，常以 mg/kg 或 g/kg 为单位表示药剂对单位千克机体的作用。LC_{50}是指能杀死一半试验总体的毒物浓度，国际单位为 mg/L，也常用 ppm 为单位。一般来说，LD_{50}或LC_{50}越高，表示外源化学物质的毒性越低。但对外源化学物质毒性的评价，不能仅以急性毒性高低来表示。一些外源化学物质的急性毒性是属于低毒或微毒，但却有致癌、致畸等作用。例如，近年来世界各国纷纷禁止将双酚 A 用于食品容器的加工制造中（双酚 A 也称 BPA，在工业上双酚 A 被用来合成聚碳酸酯（PC）和环氧树脂等材料，这些材料曾广泛用作食品容器材质），尽管双酚 A 的急性毒性很低，但却具有致癌性和生殖毒性。

4. 影响毒性作用的因素

物质的毒性与物质的溶解度、挥发性和化学结构等有关。一般而言，溶解度（包括水溶性或脂溶性）越大的有毒物质，其毒性越大，因其进入体内溶于体液、血液、淋巴液、脂肪及类脂质的数量多、浓度大，生化反应强烈所致。挥发性越强的有毒物质，其毒性越大，因其挥发到空气中的分子数多，浓度高，与身体表面接触或进入人体的毒物数量多，毒性大。物质分子结构与其毒性也存在一定关系，如脂肪族系列中碳原子数越多，毒性越大；含有不饱和键的化合物化学毒性较大。

3.2.3 环境危害性

1. 危害水生环境

一些化学物质可对水生环境产生急性或慢性毒性，其毒害性可能存在潜在的或实际的生物积累，最终将影响人类健康。

2. 危害臭氧层

一些化学物质，如卤化碳，会对大气平流层造成臭氧层消耗，从而使紫外线更多地辐射到地球表面，危害人体健康（如皮肤癌、白内障、免疫系统削弱等），减少作物产量及破坏海洋食物链等。

3.3　危险化学品防护信息来源

3.3.1　化学试剂标签

化学试剂的标签能以最简洁易读的形式提供该试剂的基本信息，包括危险性及防护措施，因此在使用试剂前，一定要重视并认真阅读化学试剂标签。

2013年10月1日起，我国全面执行《化学试剂包装及标志》（GB 15346—2012）标准来规范、统一我国的化学试剂包装及标志。GB 15346—2012 规定了化学试剂包装及标志的技术要求、包装验收、贮存与运输。该标准不适用于 MOS 试剂、临床试剂、高纯试剂和精细化工产品等的包装。按该规定，化学试剂标签内容将包括下述13条内容。

（1）品名（中、英文）。

（2）化学式或示性式。

（3）相对原子质量或相对分子质量。

（4）质量级别。

（5）技术要求。

（6）产品标准号。

（7）生产许可证号。

（8）净含量。

（9）生产批号或生产日期。

（10）生产厂厂名及商标。

（11）危险品按 GB 13690—2009 的规定给出标志图形，如图3-1所示，并标注“安全技术说明书”。

（12）简单性质说明、警示和防范说明及 GB 15258—2009 的其他规定。

（13）要求注明有效期的产品，应注明有效期。

3.3.2　材料安全性数据表

材料安全性数据表（material safety data sheet，缩写为 MSDS；一些国家也称作物质安全资料表，缩写为 SDS），国际上称作化学品安全信息卡，是化学品生产商和经销商按法律要求必须提供的关于化学品理化特性、毒性、环境危害以及对使用者健康可能产生危害的一份综合性文件。材料安全性数据表（MSDS）为化学物质及其制品提供了有关安全、健康和环境保护方面的各种信息，并提供有关化学品的基本知识、防护措施和应急行动等方面的资料，包括危险化学品的燃、爆性能，毒性和环境危害以及安全使用，泄漏应急救护处置，主要理化参数，法律法规等方面信息。

MSDS 将按照表3-3所示的16部分提供化学品的信息，每部分的标题、编号和前后顺序不能随意变更。16个部分中，除第16部分“其他信息”外，其余部分不能留下空项，而信息来

图形符号			
图形特点	火焰	圆圈上方火焰	爆炸弹
危险性	易燃性	氧化物和有机过氧化物	爆炸性
图形符号			
图形特点	腐蚀	高压气瓶	骷髅和交叉骨
危险性	腐蚀性	压力下物质	毒性
图形符号			
图形特点	感叹号	环境	健康危险
危险性	皮肤刺激性	环境危害性	健康危险性

图 3-1　GB 13690—2009 规定用于公示化学品危险性而在标签中使用的图形符号

源一般不用详细说明。为方便 MSDS 编制者识别不同化学品，同时对化学品设定了 MSDS 编号。

表 3-3　MSDS 需提供的化学品信息

编号	信　　息	编号	信　　息
(1)	化学品名称	(9)	理化特性
(2)	成分/组成信息	(10)	稳定性和反应性
(3)	危险性概述	(11)	毒理学资料
(4)	急救措施	(12)	生态学资料
(5)	消防措施	(13)	废弃处置
(6)	泄漏应急处理	(14)	运输信息
(7)	操作处置与储存	(15)	法规信息
(8)	接触控制，个体防护	(16)	其他信息

3.3.3　危险化学品防护资料及网络资源

在购买、使用化学品之前，首先要了解它的危险特性。很多资料都可以帮助我们了解实验室用到的化学品的危险性质及其防护方法。下面将介绍一些常用的资料手册和网络资源。

(1)《危险化学品安全技术全书》:孙万付,2017 年,化学工业出版社。

(2)《安全工程大辞典》:崔克清,1995 年,化学工业出版社。

(3)《化工安全技术手册》:冯肇瑞,1993 年,化学工业出版社。

(4)《新编危险物品安全手册》:编委会,2001 年,化学工业出版社。

(5) 材料安全性数据表(MSDS)。

(6) 国际化学品安全卡(ICSC)。

(7) 全球危险信息协调委员会(GHS)。

(8) 职业接触限值(OEL)。

(9) 国家危险化学品安全公共服务互联网平台:http://www.nrcc.com.cn。

(10) 美国国家标准技术研究所《化学物质电子信息》:http://webbook.nist.gov/chemistry。

(11) 美国职业安全与健康标准(occupational safety and health administration, OSHA):http://www.osha.gov。

(12) 英国健康安全行政中心(health and safety executive, HSE):http://www.hse.gov.uk。

(13) 英国有毒药物控制管理条例(control of substances hazardous to health, COSHH):http://www.hse.gov.uk/coshh/。

(14) 国际劳工组织(international labour organization, ILO)的健康安全工作环境方案:http://www.ilo.org/safework/lang-en/index.htm。

(15) 国内搜索网站:百度百科、维基百科、互动百科等。

3.4　危险化学品的购买、存储与管理安全

3.4.1　订购化学品的注意事项

1. 订购化学药品前应当考虑的事项

订购化学药品时,应该谨慎。购买化学药品不仅是经济问题,还是一个安全、环保,甚至涉及法律的问题。在购买前应该考虑如下事项。

(1) 该药品是否是实验必需的,能否用更安全、低毒的试剂替换。

(2) 本实验室或课题组中是否还有未用的该药品。查找一下,或者询问药品管理员或其他同学,尽量避免重复购买。

(3) 满足实验需要的最小剂量是多少,不要购买多余的药品。无用的药品不仅占用空间,还可能成为实验室的危险废物。

(4) 了解该化学药品的基本物理化学性质及安全特性以及储存和防护措施。本实验室是否具有存储条件和防护设备。

(5) 需要购买的药品是否属于易制毒、剧毒或爆炸品。国家对这三类化学品的生产、经营、购买、运输和进口、出口实行分类管理和许可制度。购买时应严格按国家法律法规执行。

（6）购买渠道是否正规。不要通过非正规渠道购买化学药品，否则出现质量或经济纠纷，不受法律保护。

（7）实验产生的废物的性质和正确处置的方法。

2. 化学品购买及库存跟踪系统

建议在电脑中建立本实验室的化学品的购买、库存及使用情况跟踪系统。记录好每一种药品的名录、规格、购买渠道、储存位置、使用情况等。如果可以的话，还可将该药品的危险特性及可能发生的事故的应急预案输入系统内。

3.4.2 危险化学品的存储注意事项

1. 化学药品存放基本原则

（1）使用专门的架子或储物设备存放药品，这些装置、设备应该足够结实、牢固。

（2）每种药品都有固定的存放位置，药品用后必须将盖子盖好并及时放回原处。

（3）避免在高于 1.5 m 的架子上存放药品，较重的药品不要放在高处。

（4）禁止在出口，通道，桌子和柜子等下面，以及紧急设备区域存放药品。

（5）所有化学试剂或化学品容器必须贴有标签，摆放整齐，标签上注明购买日期及使用者的名字。自配药品要标示其化学品名称、浓度、潜在危险性、配制日期及配制者名字。

（6）将药品分类存放，禁止将易发生反应的以及不相容的化学药品存放在一起。

（7）一般化学试剂应保存在通风良好、干净、干燥、避光之处，要远离热源。

（8）爆炸品应单独存放，远离火源、热源，避光。

（9）易燃试剂与易爆试剂必须分开存放，放于阴凉、通风、避光处。

（10）剧毒品、易制毒品、爆炸品要严格执行“五双”管理制度，存放在保险柜内。

（11）腐蚀性药品应存放在指定容器中，最好在容器外增加辅助储存容器或设施，如托盘、塑料容器等，防止药品容器打碎时，腐蚀物外溢、泄漏。

（12）腐蚀玻璃的试剂应保存在塑料瓶等耐腐蚀容器中。

（13）吸水性强的试剂应严格密封（蜡封）。

（14）经常检查药品存储状况，存储危险药品的设备应由专人管理并定期检查。

2. 冷藏、冷冻保存化学药品的注意事项

（1）存储化学药品的冰箱只能用于储存药品，不得与生活用品、食品混放。

（2）用防水标签对每种药品做好标记，包括组成、浓度、配制日期、危害性等。

（3）不得将易燃液体放入普通冰箱中保存。若易燃液体药品的存储有冷藏要求时，必须使用防爆冰箱，同时不得存入氧化剂和高活性物质。

（4）盛放药品的所有容器必须牢固、密封，必要时增加辅助存放容器。

（5）将冰箱内药品的目录及存放人，按顺序列表打印出来，贴在冰箱外部易看见的地方。

（6）定期清理冰箱，保持冰箱整洁、干净。及时清除没有标签、未知的或不用的药品。

3. 易燃物质的存放

（1）实验室中不得大量存放易燃液体。

（2）易燃液体不得敞口存放，在存放及使用过程中必须保证通风良好。

（3）易燃液体存储时，要远离强氧化剂，如硝酸、重铬酸盐、高锰酸盐、氯酸盐、高氯酸盐、过氧化物等。

(4) 易燃液体存储时要远离着火源。特别需要注意的是：比空气重的易燃液体蒸气可能引来远处的明火。

(5) 如果条件允许，使用专门的易燃液体存储柜存放易燃液体。

4. 高反应活性物质的存放

(1) 存放前，务必查阅该物质的 MSDS，用适合的容器存放。

(2) 存放尽可能少的量，仅够完成当前实验需要的量即可。

(3) 一定要及时做好标记，贴好标签。

(4) 不要打开盛放高反应活性物质的容器。把它交由专门的化学品废物处理机构处理。

(5) 不要打开出现结晶或沉淀的有机过氧化物液体或能够在空气中氧化形成过氧化物的容器。查阅其处理方法后再小心处理，一般将它作为高危险性的化学品废物处理。

(6) 分开存储下列试剂：①氧化剂与还原剂；②强还原剂与易被还原的物质；③自燃物质(要远离火源)。

(7) 存放高活性液体物质的试剂瓶不能过满，要留一定的空间。

(8) 用陶瓷或玻璃的试剂瓶存放。

(9) 过氧化物要远离热源和火源。

(10) 遇湿易燃物质的包装必须严密，不得破损，存储时远离水槽，且不得与其他类别的危险品混放。

(11) 将对热不稳定的物质存储在安装有过温控制器和备用电源的防爆冰箱中。

(12) 将高敏感物质或爆炸品存储在耐燃防爆型存储柜中。

(13) 定期检测过氧化物，及时处理过期的过氧化物。

(14) 酸应存储在玻璃瓶中(氢氟酸不可放在玻璃瓶中，应存放在塑料瓶中)，并且与其他试剂分开存放。

(15) 对于特别危险的物质，其存储区应用警示语标明以示提醒。

5. 压缩气体的存放

有关压缩气体的存放注意事项详见 9.2.4 节。

3.4.3 化学品的安全管理

1. 化学药品跟踪系统

化学药品跟踪系统是记录实验室中每一种化学药品从购买、库存、使用，直至废弃处理情况的信息库，通过该系统可以科学地管理实验室中的化学药品。化学药品跟踪系统可以采用索引卡构建。现在更通用的形式是用计算机建立起电子数据库，更方便检索、跟踪药品的情况。一般化学药品跟踪系统由下面的内容信息构成。

(1) 印在药品容器上的化学品名称。

(2) 该化学品其他的名称，特别是在 MSDS 中的名称。

(3) 分子式。

(4) CAS 索引号。

(5) 购入日期。

(6) 供货商。

(7) 药品容器性状。

(8) 危险特性(危险性、防护方法、应急预案等)。

(9) 需要的存储条件。

(10) 存储具体位置(房间号、药品柜号、货架号)。

(11) 药品有效期。

(12) 药品数量。

(13) 购买者、使用者及使用日期。

建立该系统时,每一瓶药品都应在系统中对应一个唯一的检索号,并且要根据使用情况,及时更新药品信息。

2. "五双"管理制度与剧毒、易制毒和爆炸品的管理

剧毒、易制毒和爆炸品是国家管制类化学药品,这类化学品的购买、保存及使用需要严格按国家法律法规进行。在管理中实行"五双"管理制度:双人领取、双人使用、双人管理、双把锁和双本账。

具体流程如下。

1) 购买

课程负责人提出申请——院主管领导签字,盖学院公章——校分管部门(校保卫处或教务处)审批——归管公安局审批——批准后到指定供应商处购买。

2) 登记、保管

购回药品统一交由指定老师登记、保管。保管时实行双人双锁制,即药品保管时须专设两人同时管理;药品须设专柜保存,且药品柜上两把锁,钥匙分别由两位保管人掌管。爆炸品需存入专业的阻燃防爆柜中,柜上也需两把锁。

3) 领用

药品出入柜时,两位保管人均需在场监督签发,且需建立专用的登记本,记录化学品的存量、发放量及使用人姓名、用途等,随时做到账物相符,使用后的化学品应及时存回保险柜中。领取剧毒化学品的人员,要注意安全,必须配置防护用具,使用专用工具取用。

4) 检查

剧毒与易制毒化学品要定期检查,防止因变质或包装腐蚀损坏等造成的泄漏事故。

5) 废物处理

过期药品及实验废弃物应集中保存,统一由环保部门认可的单位处理。严禁乱扔乱放。销毁剧毒物品(包括包装用具)时,须经过处理使其毒性消失,以免造成环境污染。

6) 其他

管制类药品使用者必须是单位正式员工、学生,临时人员不得取用。药品使用人不得将药品私自转让、赠送、买卖。

3.5　危险化学品的个人防护与危害控制

3.5.1　危险化学品的个人防护

为了减少实验室人身伤害事故的发生概率,降低实验风险,保护实验人员的安全、健康,

每位实验人员都需要做好个人防护。做好个人防护，不仅需要正确选用和穿戴防护用品，还需要养成良好的实验习惯。

1. 实验室个人防护用品简介

1）眼睛防护

用于眼睛的防护用品有防护眼罩、防护眼镜和防护面罩。

(1) 防护眼罩：可以防止有毒气体、烟雾，飞溅的液体、颗粒物及碎屑对眼睛的伤害。化学实验过程中要求实验者必须佩戴防护眼罩。

(2) 防护眼镜：镜片采用能反射或吸收辐射线，但能透过一定可见光的特殊玻璃制成，用于防御紫外线或强光等对眼睛的危害，如防辐射护目镜和焊接护目镜等。

(3) 防护面罩：当需要整体考虑眼睛和面部同时防护的需求时可使用防护面罩，如防酸面罩、防毒面罩、防热面罩和防辐射面罩等。

需要注意的是，普通眼镜不能起到可靠的防护作用，实验过程中需额外佩戴防护眼罩。另外，不要在化学实验过程中佩戴隐形眼镜。

2）手部防护

防护手套按用途可分为化学防护手套、高温耐热手套、防辐射手套、低温防护手套、焊接手套、绝缘手套、机械防护手套等。由于各种化学物质对相对材质的手套具有不同的渗透能力，因此化学防护手套又有多个品种。下面介绍几种实验室常用的化学防护手套。

(1) 天然橡胶手套：材料为天然橡胶，柔曲性好，富有弹性，佩戴舒适，具备较好的抗撕裂、刺穿、磨损和切割的性能，广泛用于实验室中。橡胶手套对水溶液，如酸、碱、盐的水溶液具有良好的防护作用，但不能接触油脂和碳氢化合物的衍生物，接触后会发生膨胀降解而老化。天然橡胶中含有可能引起过敏反应的乳胶蛋白，不能很好地适合每一位使用者。

(2) 一次性乳胶手套：基本材质同天然橡胶手套，采用无粉乳胶加工而成，无毒、无害；拉力好，贴附性好，使用灵活；表面化学残留物低，离子含量低，颗粒含量少，适用于严格的无尘室环境，常用于生物医药、医疗、精密电子、食品行业。但是，一次性乳胶手套也含有可能引起过敏反应的乳胶蛋白。

(3) PE手套：又称为一次性PE手套，采用聚乙烯吹膜压制而成的一次性透明薄膜手套，可左右手混用，具有无毒、防水、防油污、防细菌、抗菌、耐酸耐碱的特性，使用起来非常方便，但不耐磨损。其广泛用于化验、检验、餐饮、食品、卫生、家庭清洁、机械园艺等。

(4) 氯丁橡胶手套：氯丁橡胶的干胶手套耐油、耐热、阻燃和耐磨损的性能非常好，也能抗撕裂、刺穿、磨损和切割，且不含可能引起过敏反应的乳胶蛋白。氯丁橡胶的乳胶手套抗老化性能出色，广泛用于化工、石油等涉化行业，是天然橡胶和乙烯基手套的有效替代产品。

(5) 丁腈橡胶手套：丁腈橡胶手套的防酸、碱、溶剂、酯、油脂和动物油的性能非常好，对碳氢化合物的衍生物耐受性也很强。手套的防撕裂、刺穿、磨损和切割的性能要比氯丁橡胶和聚乙烯好，且不含可能引起过敏反应的乳胶蛋白。丁腈手套是最有效的天然橡胶、乙烯基和氯丁橡胶的替代产品。

(6) 氟橡胶防化手套：氟化的聚合物，基底类似于特氟龙(聚四氟乙烯)类，其表面活化能低，所以液滴不会停留在表面，可防止化学渗透，对于含氯溶剂及芳香族烃具有很好的防护效果。

要使防护手套对手部发挥真正有效的防护作用，仅选择出合适的手套品种是不够的，还需要正确使用。使用时需要注意下述几点。

①每次使用之前要检查手套是否老化、损坏。

②脱下手套前要适当清洗手套外部。

③在脱下已污染的手套时要避免污染物外露及接触皮肤。

④已被污染的手套要先包好再丢弃。

⑤可重复使用的手套在使用后要彻底清洁及风干。

⑥选择适当尺码的手套。

⑦接触有毒物质的手套要在通风橱内脱下。

⑧禁止在实验室外戴实验手套,禁止戴着实验手套接触日常用品,如电话、开关、键盘、笔、门把手等。

⑨手套不用时要放在实验室里,远离挥发性物质,不要带到办公室、休息室及饭厅里。

3) 防护服

防护服可以防止躯体受到各种伤害,同时防止日常着装不受污染。普通的防护服,即实验服,一般多以棉或麻为材料,制成长袖、过膝的对襟大褂形式,颜色多为白色,俗称白大褂。当实验危害性和污染较小时,还可穿着防护围裙。当进行一些对身体危害较大的实验时,需要穿着专门的防护服。例如,防射线的铅制防护服,适用于高温或低温作业要能保温;潮湿或浸水环境要能防水;可能接触化学液体要具有化学防护功能;在特殊环境注意阻燃、防静电、防射线等。

4) 呼吸防护

实验室中一般使用防护口罩、防毒面具防止有毒气体或粉尘对呼吸系统的伤害。

(1) 棉布/纱布口罩:其功能与厚度相关,但由于纱布纤维之间的间隙大,仅能过滤空气中较大的颗粒物,阻挡口鼻飞沫,但对空气中微粒的过滤能力极为有限,对有害气体的过滤作用几乎没有。其优点是可以洗涤后反复使用。

(2) 一次性无纺布口罩:经过静电处理的无纺布不仅可以阻挡较大的粉尘颗粒,而且还可利用其表面的静电荷引力将细小的粉尘吸附住,具有较高的阻尘效率。同时,滤料的厚度很薄,大大降低了使用者的呼吸阻力,舒适感很好。

(3) 活性炭口罩:由无纺布、活性炭纤维布、熔喷布材料构成,为一次性口罩。由于口罩内装有活性炭素钢纤维滤片,对空气中低浓度的苯、氨、甲醛及有异味和恶臭的有机气体、酸性挥发物、农药、刺激性气体等多种有害气体及固体颗粒物可起到吸附、阻隔作用,具备防毒和防尘的双重效果。

(4) 防尘口罩:美国国家职业安全卫生研究院(NIOSH)将粉尘类呼吸防护口罩按中间滤网的材质分为N、R、P三种。其中,N代表not resistant to oil,可用来防护非油性悬浮微粒;R代表resistant to oil,可用来防护非油性及含油性悬浮微粒;P代表oil proof,可用来防护非油性及含油性悬浮微粒,其防油程度更高。按滤网材质的最低过滤效率,又可将口罩分为下列三种等级:95等级,表示最低过滤效率为95%;99等级,表示最低过滤效率为99%;100等级,表示最低过滤效率为99.97%。达到这些标准的口罩都能有效过滤悬浮微粒或病菌。N95口罩可阻挡北方冬天的雾霾进入呼吸系统,对呼吸系统起到有效的防护作用。

(5) 防毒面具：防毒面具根据配套的滤盒不同，可以对颗粒、粉尘、病毒、有机气体、酸性气体、无机气体、酮类、氨气、汞蒸气、二氧化硫等几十种气体起防护作用。防毒面具本身不具有防毒功能，防毒面具需与相对应的滤盒、滤棉等过滤产品配套时，才能达到滤毒效果。使用时，面具可以长期使用，配套滤盒需定期更换，滤盒一般可以使用15～30天。

5) 头部防护

实验过程中长发必须束起，必要时候佩戴防护帽或头罩。在存在物体坠落或击打危险环境中，还需佩戴安全帽。

6) 足部防护

实验人员不得在实验室内穿着拖鞋和带网眼的其他鞋类。根据实验的危险特点，需穿着防腐蚀、防渗透、防滑、防砸、防火花的保护鞋。

2. 实验室防护设备

1) 通风柜(通风橱)

通风柜是实验室中最常用的一种局部排风设备(见图3-2)。通风柜的结构是上下式，其顶部有排气孔，可安装风机。上柜中有导流板、电路控制触摸开关、电源插座等，透视窗采用钢化玻璃，可左右或上下移动。下柜采用实验边台样式，上面有台面，下面是柜体。台面可安装小水杯和龙头。当实验操作中涉及有害气体、臭气、湿气以及易燃、易爆、腐蚀性物质时，需在通风柜内进行，这样可以保护使用者自身安全，同时防止实验中的污染物质向实验室内扩散。使用时，人站或坐于柜前，将玻璃门尽量放低，手通过门下伸进柜内进行实验。由于排风扇通过开启的门向内抽气，在正常情况下有害气体不会大量溢出。

图3.2　通风柜

2) 紧急冲淋洗眼器

紧急冲淋洗眼器是在有毒有害危险作业环境下使用的应急救援设施，按功能可分为紧急洗眼器、紧急喷淋器和复合式洗眼器(具备洗眼和冲淋双重功能)三种。当发生意外伤害事故时，可通过快速喷淋、冲洗，降低有害物质对人体皮肤、眼表层的伤害与刺激作用。但这些设备只是对眼睛和身体进行初步的处理，不能代替医学治疗，情况严重的，必须尽快进行进一步的医学治疗。日前高等学校实验室中安装的大多是紧急洗眼器和复合式洗眼器。

3) 急救药箱

急救药箱用于实验室意外事故的紧急处理，药箱内常备的药品和医疗器具有医用酒精、碘酒、红药水、紫药水、止血粉、创可贴、烫伤油膏、鱼肝油、饱和硼酸溶液或2%醋酸溶液、1%碳酸氢钠溶液、20%硫代硫酸钠溶液、医用镊子、剪刀、纱布、药棉、棉签、绷带等。医药箱专供急救用，不允许随意挪动，平时不得动用其中器具。

4）灭火器具

实验室常备的灭火器具有灭火器、消火栓、防火毯、灭火沙箱等。有关这些器具的知识将在第 4 章中讲述。

3. 个人卫生习惯和实验室内务

1）个人卫生习惯

做好个人防护，实验人员必须首先具备良好的卫生习惯，如实验室内禁止吃饭、喝水、吸烟、吃零食；实验后必须洗手，必要时淋浴；饭前要洗脸洗手；工作衣帽与便服隔开存放；定期清洗工作衣帽等。

2）良好的实验室内务是保证实验室环境整洁、有序、安全、文明的基础，也是保证实验安全的基本条件。下面列出了普通实验室的基本内务标准。

①实验室地面必须平整、干净，通道要利于通行，没有无用的物品阻碍。

②合理规划实验室内物品，做到摆放整齐、有序，无用的或使用效率低的物品放置到储存处，常用的物品要容易寻找到。

③抽屉、柜子、文件类物品要做好标记，以方便识别。

④定期对实验室进行扫除，平时注意保持实验室卫生整洁。

⑤实验人员必须熟悉仪器性能，严格遵守操作规程。

⑥每天了解仪器运转情况及试剂使用情况，保持仪器的整洁、安全，检查电源、水龙头。

⑦实验结束后要及时对台面进行清洁、消毒。

⑧每天下班前要关门、关窗，检查空调和仪器的电源是否关闭。

⑨节假日应指定人员负责检查实验室的仪器、设备，以确保安全。

⑩非本室工作人员未经允许不得进入该实验室。

3.5.2 危险化学品的危害控制

1. 防止浪费

在实验中的每一个步骤里使用最少量的实验药品对防止浪费非常重要，更重要的是，它也是降低实验风险、保证实验室安全的有效策略。下面列出了防止浪费的一些方法。

(1) 计划好所需反应产物的量，并且只合成所需的量。

(2) 寻找可以有效减少实验步骤的合成路线。

(3) 提高产率。

(4) 将未用的原料储存好，以备他用。

(5) 尽可能回收或再利用原料和溶剂。

(6) 与那些可能用到同一种化学品的其他实验室合作，分担费用。

(7) 需要分析测试时，使用可实现的最灵敏的分析方法进行测量。

(8) 比较自己合成和购买的成本及造成的危害，选择相对经济、环保的方式。

(9) 将无毒的废物和有毒的废物进行分离。

2. 用微型/微量试验替代常规试验

用小型或微型的试验替代常规试验，是减少危害的一种有效方法。在微量化学里，实验原料的用量控制在 25～100 mg 的固体或 100～200 mL 的液体；而普通实验一般要用 10～

50 g 的固体或 100～500 mL 的液体。用微量试验代替常规试验，不但可以节省原料和经费，而且还能降低发生火灾爆炸隐患的概率及降低发生这些事故的严重性。

3. 使用更安全的溶剂和药品

尽可能选择无毒和危险性低的药品进行实验能有效提高实验室的安全性。建议在实验开始前的设计阶段考虑如下问题。

(1) 能否使用低毒、低危险性的原料替代毒性大、危险性大的原料。

(2) 能否将那些产生较多反应毒害性废物的原料替换成产率高、反应三废少的原料。

在选择有机溶剂时，需要考虑如下问题。

(1) 避免使用那些产生生殖毒性、污染大气或有致癌性的溶剂。

(2) 选择安全性高的溶剂。

好的替代溶剂应符合如下特点：与被替代溶剂具有相似的物理化学性质(如沸点、闪点、介电常数等)，同时更安全、健康、环保，且价格经济。

4. 绿色化学的 12 项原则

Paul Anastas 和 John Warner 在《绿色化学：理论与实践》中提到绿色化学的 12 项原则，这些原则对我们安全、环保、经济地使用化学药品进行实验提供了指导。下面列出了 12 项原则。

第 1 项　防止废物：设计化学合成路线时防止废物的产生，从而无须进行废物的处理。

第 2 项　设计更安全的化合物和产物：设计更有效，而且低毒或无毒的化合物。

第 3 项　降低化学合成方法的危险性：降低或消除生成产物的合成方法对人类及环境的毒性。

第 4 项　使用可再生的原料：使用可再生的原料而非消耗型原料；可再生的原料一般来源于农产品或是其他过程产生的废物；消耗型原料一般来源于石油、天然气、煤矿等。

第 5 项　使用催化剂而非当量试剂：通过催化反应将废物的量降到最低。催化剂是指少量而可以多次进行催化反应的试剂，而当量试剂一般过量且只能反应一次。

第 6 项　避免化合物的衍生物：避免使用保护基或其他暂时的修饰，衍生物的产生将使用额外的试剂，并产生废物。

第 7 项　使原子经济最大化：最大比例地利用起始反应物的原子。

第 8 项　使用更安全的溶剂和反应条件：避免使用溶剂、混合物分离试剂和其他的辅助化合物。如果必须使用这些化合物，选择无害的物质；如果需要使用溶剂，尽量选择水。

第 9 项　提高能源效率：可能的话，在常温常压下进行反应。

第 10 项　设计可降解的产物：产物在使用后，应可降解，而不会在环境累积。

第 11 项　全程分析并防止污染，在生产过程中进行全程监控，以减少或消除副产物的生成。

第 12 项　使事故的可能性降到最低，设计化合物及其状态(固态、液态、气态)，以降低爆炸、火灾、泄漏发生的可能性。

3.6 思考题

(1) 危险化学品的种类有哪些?

(2) 危险化学品的危害特性有哪些?

(3) 危险化学品的储存注意事项有哪些?

(4) 危险化学品的个人防护包含哪些方面?

(5) 危险化学品危害整体控制原则有哪些?

第4章　高校实验室消防安全

高校实验室的消防具有一定的特殊性，既要符合国家通用的消防规定，又要确保实验室内的生物、化学等风险不扩散。在确保风险可控的情况下开展实验教学，同时实验室应采取严格的消防措施，每次实验前做好充足的物资准备。本章主要介绍了消防安全基础知识、建筑安全设施、消防标志和灭火常识与技术，以求增强火灾的预防和应对能力。

4.1　消防安全基础知识

4.1.1　燃烧

1. 燃烧的本质

燃烧通常是一种剧烈的氧化还原化学反应，伴随着发光和发热现象。狭义的燃烧是指可燃物和空气中的氧气发生氧化还原反应。而从广义上来讲，燃烧不一定需要氧气参加，所有发光、发热、剧烈的氧化还原反应都可以称为燃烧，氧化剂除氧气外还可能是氯气、高锰酸钾、过氧化氢等各种强氧化剂，还原剂不仅包括汽油、酒精、家具等可燃物，还包括各种有机或无机的还原剂。

俄罗斯化学家谢苗诺夫提出燃烧是一种链式反应，这一理论能比较圆满地解释燃烧理论，被世界各国所公认。燃烧链式反应理论认为物质的燃烧经历以下几个过程，即助燃物质和可燃物质先吸收能量，而后解离成为自由基(即极为活泼的原子)，自由基与其他分子相互作用，发生一系列连锁反应，这一系列反应是放热反应，将燃烧热量释放出来。

链式反应，可以分为分支连锁反应和不分支连锁反应两种。

分支连锁反应常常会引发爆炸。不分支连锁反应的一个重要例子是氯和氢的燃烧反应生成氯化氢，在室温下，氯气和氢气的混合物储存在黑暗处，不会发生反应，但一旦暴露在紫外线下或加热至 200 ℃时，就会立即发生剧烈的反应。反应的第一步是链的引发，这是氯分子见光分解生成氯原子(氯原子自由基)的可逆反应：

$$Cl_2 + h\upsilon \longrightarrow Cl\cdot + Cl\cdot \quad \text{链引发}$$

分解生成的氯原子(自由基)极其活泼，立即与氢分子起反应：

$$Cl\cdot + H_2 \longrightarrow HCl + H\cdot \quad \text{链的传递}$$

这个反应生成了另一种高度活泼的物质——氢原子(自由基)，氢原子又进攻一个氯分子：

$$H\cdot + Cl_2 \longrightarrow HCl + Cl\cdot \quad \text{链的传递}$$

这个反应中生成的高度活泼的氯原子(自由基)，又要去进攻一个氢分子，依此类推，反应迅速进行下去，这个反应是由氯原子(自由基)、氢原子(自由基)与分子交替按链锁反应过程进行的结果，称为链的传递(链的增长)，在链的传递(链的增长)中同时发生燃烧。在燃烧过程中，如果由于反应物原子(自由基)与器壁碰撞或惰性介质存在或温度降低等因素时，反

应物原子(自由基)会发生链终止反应,也称链中断,燃烧停止,即有

$$Cl\cdot + Cl\cdot \longrightarrow Cl_2 \quad \text{链的中止}$$

$$H\cdot + H\cdot \longrightarrow H_2 \quad \text{链的中止}$$

从以上分析看出:当 υ 链增长大于等于 υ 链中断时,即链的增长速度大于等于链的中断速度时,燃烧才会发生和持续;当 υ 链中断大于 υ 链增长时,即链的中断速度大于链的增长速度时,燃烧就不会发生或者是正在燃烧的会停止燃烧。燃烧链锁反应可分为三个阶段,即①链的引发(给予能量),产生自由基,链式反应开始;②链的传递,自由基与其他参与反应的化合物而产生新的自由基;③链的终止,自由基消失,链锁反应终止。

造成自由基消失的原因很多,如①自由基之间相互碰撞而生成分子;②自由基与掺入混合物中的杂质发生副反应(也就是杂质吸附了自由基);③自由基与活性的同类分子或惰性分子互相碰撞,从而使能量分散;④自由基撞击器壁而被吸附等。

2. 燃烧的条件

(1) 燃烧必备的三要素:可燃物、助燃物和着火源。

凡是能引起可燃物质燃烧的能源,统称为着火源。着火源主要有以下五种。

①明火:明火炉灶、柴火、煤气炉(灯)火、喷灯火、酒精炉火、香烟火、打火机火等开放性火焰。

②火花和电弧:火花包括电、气焊接和切割的火花,砂轮切割的火花,摩擦、撞击产生的火花,电气开、关、短路时产生的火花等;电弧是一种气体放电现象,电流通过某些绝缘介质(如空气)所产生的瞬间火花。

③危险温度:一般指 80 ℃以上的温度,如马弗炉、烘箱、电陶炉、烙铁、熔融金属、热沥青、沙浴、油浴、蒸汽管裸露表面、白炽灯等。

④化学反应热:化合(特别是氧化)、分解、硝化和聚合等放热化学反应热量,生化作用产生的热量等。

⑤其他热量:辐射热、传导热、绝热压缩热等。

可燃物能否发生着火燃烧,与着火源温度高低(热量大小)和可燃物的最低点火能量有关。防止火灾的方法就是避免燃烧三要素聚在一起,灭火也是利用燃烧的特点,隔离燃烧二要素。掌握这些知识对我们防火灭火具有重要意义。

(2) 评判可燃液体是否易燃有三个因素:闪点、燃点和自燃点。

闪点:易燃、可燃液体(包括具有升华性的可燃固体)表面挥发的蒸气与空气形成的混合气,当火源接近时会产生瞬间燃烧,这种现象称为闪燃。引起闪燃的最低温度称闪点。当可燃液体温度高于其闪点时,则随时都有被火焰点燃的危险。闪点是评定可燃液体火灾爆炸危险性的主要标志。从火灾和爆炸的方面出发,化学品的闪点越低越危险。

燃点:可燃性物质与充足的空气接触完全,到达一定温度与火源接触后产生燃烧,并且离开火源后能持续的燃烧,这个温度就称为燃点。燃点一般比闪点高 1 ℃～5 ℃。

自燃点:可燃物在没有外源火种的作用下,因受空气氧化而释放的热量或是因外界温度、湿度变化而引起可燃物自身温度升高进而燃烧的最低的温度,这个温度称为自燃点。

(3) 按发生瞬间的特点,燃烧可以分为四种:闪燃、着火、自燃、爆炸。

闪燃:遇到火源会一闪而灭的燃烧现象。大多是可燃液体才有的现象,可燃液体在闪燃温度下蒸发出来的气体浓度不足以引起长时间的燃烧,所以才会有这种一闪而灭的现象。

闪燃现象往往是可燃气体发生着火的前兆。在消防安全上，闪点可用于区分易燃液体和可燃液体。

着火：可燃物质在空气条件下与火源充分接触，温度升高到一定后会发生燃烧，在移除火源后仍能维持或扩展更大的燃烧。

自燃：可燃物质在没有外部火源的情况下，因其自身的化学、物理和生物变化而产生热能且不断地累积，使温度不断上升或因环境温度变化而受热后发生的燃烧现象。

(4) 燃烧的充分条件为一定浓度的可燃物、一定含量的助燃物和一定能量的着火源，它们相互作用时，才能使燃烧发生和持续。

按照燃烧物质不同可将燃烧分为固体物质燃烧、液体物质燃烧和气体物质燃烧。

固体物质的燃烧分别表面燃烧、阴燃、分解燃烧和蒸发燃烧等几种。

表面燃烧：蒸气压非常小或者难于热分解的可燃固体，不能发生蒸气燃烧或分解燃烧，当氧气包围物质的表层时，呈炽热状态发生无焰燃烧现象，称为表面燃烧。

阴燃：是指物质无可见光的缓慢燃烧，通常产生烟和温度升高的迹象。

分解燃烧：分子结构复杂的固体可燃物，由于受热分解而产生可燃气体后发生的有焰燃烧现象，称为分解燃烧。

蒸发燃烧：熔点较低的可燃固体受热后熔融，然后与可燃液体一样蒸发成蒸气而发生的有焰燃烧现象，称为蒸发燃烧。

液体物质的燃烧分别蒸发燃烧、动力燃烧、沸溢燃烧和喷溅燃烧等几种。

蒸发燃烧：易燃可燃液体在燃烧过程中，并不是液体本身在燃烧，而是液体受热时蒸发出来的液体蒸气被分解、氧化达到燃点而燃烧，即蒸发燃烧。

动力燃烧：如雾化汽油、煤油等挥发性较强的烃类在气缸中的燃烧就属于这种形式。

气体物质的燃烧分别扩散燃烧和预混燃烧。

扩散燃烧：可燃气体从喷口喷出，在喷口处与空气中的氧边扩散混合、边燃烧的现象。

预混燃烧：可燃气体与助燃气体在燃烧之前混合，并形成一定浓度的可燃混合气体，被引火源点燃所引起的燃烧现象，称为预混燃烧。

3. 燃烧过程和产物

1）燃烧过程

(1) 气体物质的燃烧。

可燃气体在燃烧时所需要的热量仅用于氧化或分解，或将气体加热到燃点，因此容易燃烧，而且速度快。

(2) 气体燃烧有如下两种形式。

如果可燃气体和空气的混合是在燃烧过程中形成的，则发生扩散燃烧，也称稳定燃烧。例如，用煤气炉做饭时的气体燃烧。

如果可燃气体和空气的混合是在燃烧之前形成的，遇到火源则发生动力燃烧，也称预混燃烧或爆炸式燃烧。例如，泄漏的煤气与空气形成爆炸混合物，遇火源会发生爆燃或爆炸。

(3) 液体物质的燃烧。

液体的燃烧称为蒸发燃烧。易燃和可燃液体受热时蒸发的蒸气被分解、氧化到燃点而燃烧。随着燃烧液体的表层温度升高，蒸发速度和火焰的温度也同时增加，甚至会使液体沸腾。

单质液体燃烧时，蒸发出来的气体与液体的成分相同。混合液体燃烧时，主要先蒸发低沸点的成分，剩余液体中高沸点成分的比例会随着燃烧的深入而增加。例如，重质石油产品在燃烧过程中常会产生沸溢和喷溅现象，造成大面积火灾。

(4) 固体物质的燃烧。

单质固体物质燃烧时，先受热熔化，然后蒸发成气体燃烧，如硫、磷、钾、钠等。

低熔点固体物质燃烧时，先受热熔化，然后蒸发、分解、氧化燃烧，如蜡烛、沥青、石蜡、松香等。

复杂固体物质燃烧时，先受热分解，冒出气态产物，再氧化燃烧，如木材、煤、纸张、棉花、麻等。

由气体、液体、固体的燃烧特点可决定气体燃烧速度最快，其次是液体，最后是固体。

2) 燃烧产物

由燃烧或热解产生的全部物质，称为燃烧产物，通常指燃烧生成的气体、能量、可见烟等。燃烧产物的成分取决于可燃物的组成和燃烧条件。如果燃烧生成的产物不能再燃烧，叫做完全燃烧，产物为完全燃烧产物；当氧气(氧化剂)不足，生成的产物还能继续燃烧，则叫做不完全燃烧，产物为不完全燃烧产物。

(1) 热量。

大多数物质的燃烧是一种放热的化学氧化过程，所释放的能量以热量的形式表现。火灾的发生、发展的整个过程始终伴随着热传播，热传播是影响火灾发展的决定因素。除火焰直接接触外，热传播通常是以传导、辐射和对流三种方式向外传播的。火灾热量对人体具有明显的物理伤害。

(2) 烟雾。

火灾中可燃物燃烧产生大量烟雾，对火场人员的危害极大。烟雾具有遮光性，影响视线，火场中的高温烟雾会引起人员烫伤，还可能造成人员中毒、窒息。据统计，火灾人员伤亡80%以上不是直接烧死的，而是吸入有毒的烟雾窒息而死。

一般火灾会产生二氧化碳、一氧化碳以及其他一些有毒气体和水蒸气、灰分等。主要危害人体的是一氧化碳和二氧化碳。

一氧化碳(CO)为不完全燃烧产物，其毒性和中毒原因见 3.2.2 节。空气中含有 1%的 CO 时，就会使人中毒死亡。在灭火抢险中，要注意防止 CO 中毒和 CO 遇新鲜空气形成爆炸性混合物而发生爆炸。

二氧化碳(CO_2)是无色无味、毒性小的气体，密度比空气略大。高浓度的二氧化碳会抑制和麻痹人的呼吸中枢，引起酸中毒。火灾中，燃烧导致空气中的氧气被消耗，同时二氧化碳浓度升高。因此，火灾会造成现场人员二氧化碳中毒，同时还伴随缺氧危害。

4.1.2 火灾

在人类发展的历史长河中，火不但燃尽了茹毛饮血的历史，还点燃了现代社会的辉煌。正如传说中所说的那样，火是具备双重性格的“神”。火给人类带来文明进步、光明和温暖。但是，有时它是人类的朋友，有时它是人类的敌人。失去控制的火，就会给人类造成灾难。

火灾是指在时间或空间上失去控制的燃烧所造成的灾害。火灾是从小到大发展的，根据可燃物性质以及可燃物的多少而不同，火灾的发展可能非常缓慢也可能瞬间增大。掌握火灾发展的规律性可以帮助在火灾的不同发展阶段做出正确的应对决策。

1. 火灾的发展阶段

火灾的发展阶段包括初起阶段、发展阶段、猛烈和充分燃烧阶段、下降阶段、熄灭阶段。

(1) 初起阶段：火灾的引燃阶段。刚起火时的火灾范围较小，可燃物刚达到燃烧的临界温度，不会产生高热辐射及高强度的气体对流，烟气不大，燃烧所产生的有害气体尚未蔓延扩散，是最佳灭火和逃生阶段。

(2) 发展阶段：如果火灾没有得到及时控制，可燃物会继续燃烧，这个阶段为火灾增长阶段。这个阶段的特点是火灾持续燃烧速度加快，温度升高，而且不断生成大的热烟气。在此阶段，应立即采取一定防护措施，马上逃生。

(3) 猛烈和充分燃烧阶段：火灾由初期的增长阶段向充分发展阶段转变的过渡阶段，它的持续时间一般较短。当室内的温度达到 600 ℃以上时，室内绝大多数可燃物均会突发性地引起全面燃烧，这种强烈燃烧现象也称轰燃。一旦着火房间发生轰燃，火灾即进入充分燃烧阶段。此阶段为最危险阶段，对扑救人员和被困人员的生命安全威胁最大。

(4) 下降阶段：随着可燃物质燃烧、分解，其数量不断减少，火灾将呈下降趋势。此时，气体对流逐渐减弱，但仍要注意“死灰复燃”。

(5) 熄灭阶段：当可燃物质全部燃尽后，火便自然熄灭，火场温度随之逐渐下降。

2. 火灾分类和等级划分

1) 火灾的分类

《火灾分类》(GB/T 4968—2008)于 2008 年 11 月 4 日发布，2009 年 4 月 1 日实施。火灾根据可燃物的类型和燃烧特性，分为 A、B、C、D、E、F 六大类。

A 类火灾：固体物质火灾。这种物质通常具有有机物性质，一般在燃烧时能产生灼热的余烬，如木材、棉、毛、麻、纸张等火灾。

B 类火灾：液体或可熔化的固体物质火灾，如汽油、煤油、柴油、原油、甲醇、乙醇、沥青、石蜡等火灾。

C 类火灾：气体火灾，如天然气、煤气、甲烷、氢气等火灾。

D 类火灾：金属火灾，如钾、钠、镁、铝等火灾。

E 类火灾：带电火灾，如物体带电燃烧的火灾。

F 类火灾：烹饪器具内的烹饪物(如动植物油脂)火灾。

2) 火灾等级划分

根据 2007 年 6 月 26 日公安部下发的《关于调整火灾等级标准的通知》，新的火灾等级标准由原来的特大火灾、重大火灾、一般火灾三个等级调整为特别重大火灾、重大火灾、较大火灾和一般火灾四个等级。

特别重大火灾：指造成 30 人以上死亡，或者 100 人以上重伤，或者 1 亿元以上直接财产损失的火灾。

重大火灾：指造成 10 人以上 30 人以下死亡，或者 50 人以上 100 人以下重伤，或者5 000 万元以上 1 亿元以下直接财产损失的火灾。

较大火灾：指造成 3 人以上 10 人以下死亡，或者 10 人以上 50 人以下重伤，或者 1 000 万元以上 5 000 万元以下直接财产损失的火灾。

一般火灾：指造成 3 人以下死亡，或者 10 人以下重伤，或者 1000 万元以下直接财产损失的火灾。[①]

与其他的灾害不同,大多数火灾事故都是人为过失引起的。我国某省的火灾事故原因统计资料显示,人为原因、管理原因和物质原因造成火灾的比例为5∶4∶1。由此可见,要避免火灾事故的发生,控制好人的不安全行为是至关重要的。要远离火灾就必须提高全员的消防安全素质,提高社会的消防文明程度。

3. 火灾致人死亡的原因

(1) 有毒气体。一般情况下,导致火灾死亡的有毒气体主要是一氧化碳。在死者身上检查出的其他有毒气体,几乎不会直接造成死亡。

(2) 缺氧。由于氧气被燃烧消耗,火灾中的烟雾常呈低氧状态,人吸入后会因缺氧而死亡。

(3) 烧伤。由于火焰或热气流损伤大面积皮肤,引起各种并发症而致人死亡。

(4) 吸入热气。如果在火灾中受到火焰的直接烘烤,就会吸入高温的热气,从而导致气管炎症和肺水肿等窒息死亡。

4.1.3 爆炸

爆炸是物质在外界因素下发生的物理化学变化,瞬间释放出巨大的能量和大量气体,发生剧烈的体积变化的现象。也就是说,物质迅速发生变化,瞬间以机械功的形式放出巨大能量和发出声响,或者气体在瞬间发生剧烈膨胀的现象。爆炸可分为物理爆炸和化学爆炸。

物理爆炸是由某些介质中温度或压力急剧升高而引发的。例如,一些机械的高速运转与其他器材发生碰撞而产生巨大的能量,地震是地壳运动或者是板块间发生的碰撞,强电火花、雷电现象等都属于物理爆炸现象。化学爆炸是指物质在一定条件下发生化学反应,导致能量的释放剧烈而引发的爆炸。例如,TNT的爆炸、甲烷与空气混合产生爆炸等。核爆炸是核裂变或者核聚变反应所释放的核能,核爆炸的能量最具有破坏和杀伤力。无论是哪一种爆炸都是在极短的时间内释放能量,而且爆炸的过程都会产生气体,产生的气体处于高压、高密度态,才会膨胀向外做功。

爆炸发生的四个基本因素是:温度、压力、爆炸物的浓度和点火源。温度和压力是爆炸发生的前提条件,气体或粉尘混合物处在爆炸极限内和具有点火能是爆炸发生的决定因素。引起爆炸性混合物燃烧爆炸需要的最小能量为最小点火能。最小点火能越小,说明该物质越容易被引燃。爆炸发生的点火能往往非常小,可能的形式包括电火花、摩擦热、静电,甚至是光波。

爆炸发生会造成多大的影响往往取决于爆炸产生的压力。可燃气体、可燃液体蒸汽或可燃粉尘与空气的混合物、爆炸物品在密闭容器中爆炸产生的压力称为爆炸压力。爆炸压力可以根据燃烧反应方程式或气体的内能进行计算,但通常是靠测量出来的。物质不同,爆炸压力也不同,即使是同一种物质因周围环境、原始压力、温度等不同,其爆炸压力也不同。最大爆炸压力愈高,最大爆炸压力时间愈短,最大爆炸压力上升速度愈快,说明爆炸威力愈大,该混合物或化学品愈危险。

若点燃空气中的气体或粉尘,则气体或粉尘可能会引爆,或者会很快停止。究竟会发生

① 注:“以上”包括本数,“以下”不包括本数。该火灾等级标准从2007年6月1日起执行。

哪种情况，是由气体或粉尘在空气中的浓度来决定的。当气体或粉尘浓度太低时，没有足够的燃料来维持爆炸；当气体或粉尘浓度太高时，没有足够的氧气燃烧。气体只有在两个浓度之间才可能引爆，这两个浓度称为爆炸下限（LEL）、爆炸上限（UEL），一般以百分比表示。它们是气体的爆炸极限（又称爆炸界限）。气体或蒸汽的爆炸极限是以可燃性物质在混合物中所占体积的百分比（%）来表示的，如氢与空气混合物的爆炸极限为 4%～75%。可燃粉尘的爆炸极限是以可燃性物质在混合物中所占体积的质量比（g/m^3）来表示的，如铝粉的爆炸极限为 40 g/m^3。气体或粉尘的爆炸危险性可用爆炸极限来衡量，爆炸极限越低，范围越大，危险性越大，在这个界限以外，即便有火源的存在，也不会发生燃烧。表 4-1 所示的是常见气体的爆炸极限。未装满易燃液体的容器比装满的更危险，因为容器中形成的蒸气更容易与空气结合成爆炸混合物。

表 4-1　常见气体的爆炸极限

气体名称	化学式	下限/（%）	上限/（%）
氢气	H_2	4.0	75.0
硫化氢	H_2S	4.3	45.0
甲烷	CH_4	5.0	15.0
甲醇	CH_3OH	5.5	44.0
氨气	NH_3	15.0	30.2
一氧化碳	CO	12.5	74.0

在一定的条件下，高浓度或者纯的可燃气体可以在空气中安静的燃烧，不会发生爆炸，也不会熄灭。这是因为燃烧反应是发生在气体与空气的接触界面上，可燃气体的燃烧通常是将可燃气体按照一定的流速从出口释放到空气中进行燃烧反应的，接触界面只有出口处的可燃气体与空气接触，燃烧释放的热量相对较少，不会在短时间内聚集大量的热而发生爆炸。

爆炸极限不是一个固定的值，随外界各个因素的影响而变化。影响爆炸极限的因素主要有以下几种。

1. 初始温度

爆炸性混合物的初始温度越高，混合物分子内能越大，燃烧反应越容易进行，则爆炸极限范围就越宽。所以，温度升高使爆炸性混合物的危险性增加。表 4-2 所示的是初始温度对煤气爆炸极限的影响。

表 4-2　初始温度对煤气爆炸极限的影响

初始温度/（℃）	下限/（%）	上限/（%）
20	6.0	13.4
100	5.5	13.5
200	5.1	13.8
300	4.4	14.3
400	4.0	14.7
500	3.7	15.4
600	3.4	16.4

2. 初始压力

爆炸性混合物初始压力对爆炸极限影响很大，一般爆炸性混合物初始压力在增压的情况下，爆炸极限范围扩大这是因为压力增加，分子间碰撞概率增加，燃烧反应更容易进行。表 4-3 所示的是初始压力对甲烷爆炸极限的影响。一般情况下，随着初始压力增大，爆炸上限明显提高，在已知的可燃气体中，只有一氧化碳是随着初始压力的增大，爆炸极限范围缩小。

表 4-3　初始压力对甲烷爆炸极限的影响

初始压力/MPa	下限/(%)	上限/(%)
0.1013	5.6	14.3
1.013	5.9	17.2
5.605	5.4	29.4
12.66	5.7	45.7

3. 容器的材质和尺寸

实验表明，容器管道直径越小，爆炸极限范围越小。对于同一可燃物质，管径越小，火焰蔓延速度越小。当管径小到一定程度时，火焰便不能通过。这一间距称作最大灭火间距，亦称作临界直径。当管径小于最大灭火间距时，火焰便不能通过而被熄灭。

容器大小对爆炸极限的影响也可以从器壁效应得到解释。燃烧是自由基进行一系列链锁反应的结果，只有自由基的产生数大于消失数时，燃烧才能继续进行。随着管道直径的减小，自由基与器壁碰撞被吸附的概率增加，有碍于新自由基的产生。当管道直径小到一定程度时，自由基消失数大于产生数，燃烧便不能继续进行。

容器材质对爆炸极限也有很大影响。例如，氢和氟在玻璃器皿中混合，即使在液态空气温度下，置于黑暗中也会产生爆炸。而在银制器皿中，在一般温度下才会发生反应。

4. 惰性介质

爆炸性混合气体中，随着惰性介质含量的增加，爆炸极限范围缩小。当惰性气体含量增加到某一值时，爆炸不再发生。在一般情况下，爆炸性混合物中惰性气体含量增加，对其爆炸上限的影响比对爆炸下限的影响更为显著。这是因为在爆炸性混合物中，随着惰性气体含量的增加，氧的含量相对减少，而在爆炸上限浓度下氧的含量本来就很小，故惰性气体含量稍微增加一点，爆炸上限就剧烈下降。

4.2　建筑消防设施、安全标志

4.2.1　建筑消防设施

建筑消防设施是建(构)筑物内用于防范和扑救建(构)筑物火灾的设备设施的总称。常见的消防设施包括自动报警、灭火设施，安全疏散设施，防火分隔物等。

1. 自动报警、灭火设施

1) 自动报警系统

自动报警系统一般由火灾探测器(烟感、温感、光感等)、区域报警器和集中报警器组成，也可以根据要求同各种灭火设施和通信装置联动，形成中心控制系统。火灾产生的烟雾、高温和火光，可通过探测器转变为电信号报警或启动自动灭火系统，及时扑灭火灾。

2）自动灭火系统

自动灭火系统主要有自动水灭火、自动气体灭火两大类。常用的为自动喷水灭火系统，由洒水喷头、报警阀组、水流报警装置（水流指示器或压力开关）等组件以及管道、供水设施组成，能在发生火灾时喷水灭火。

3）室内消火栓（箱）

室内消火栓（箱）安装在建筑物内的消防给水管路上，由箱体、消火栓头、消防接口、水枪、水带（高层建筑通常还有消防软管卷盘）及消火栓按钮设备等消防器材组成的具有给水、灭火、控制、报警等功能的箱状固定式消防装置。

室内消火栓一般设置在建筑物走廊或厅堂等公共空间的墙体内，箱体玻璃上标注醒目的“消火栓”红色字。

室内消火栓禁止被隔离在房间内。消火栓（箱）前禁止放置障碍物，以免影响消火栓门的开启。

4）火火器

灭火器是可携式灭火工具，是扑救初起火灾的重要消防器材。

灭火器按其移动方式可分为手提式和推车式；按驱动灭火剂的动力来源可分为储气瓶式、储压式、化学反应式；按所充装的灭火剂又可分为泡沫、干粉、卤代烷（对臭氧层有破坏作用，已禁止在非必要场所配置该型灭火器或灭火系统）、二氧化碳、酸碱、清水等。

常见的灭火器主要包括干粉灭火器、二氧化碳灭火器及泡沫灭火器等。

2. 安全疏散设施

建立安全疏散设施的目的，就是要当建筑物内发生火灾时，能使建筑物内的人员和物资尽快转移到安全区域（室外或避难层、避难间等），以减少损失，同时也为消防人员提供有利的灭火条件。

安全疏散设施包括安全出口、疏散楼梯、疏散走道、消防电梯、火灾应急广播、防排烟设施、应急照明和安全指示标志等。

1）安全出口

凡是可供人员安全疏散用的门、楼梯、走道等统称为安全出口。例如，建筑物的外门、房间的门、经过走道或楼梯能通向室外的门等。

安全出口遵循“双向疏散”的原则，即建筑物内的任意地点，均应有两个方向的疏散路线，以保证疏散的安全性。

每个防火分区的安全出口一般不得少于两个，对于人员密集的公共场所，则必须根据容纳的人数来确定。

安全出口的布置应分散，且有明显标志，易于查找。安全出口必须保证畅通，不得封堵，不能任意减少，使用时不得上锁。

2）疏散楼梯和楼梯间

疏散楼梯是在发生紧急情况的时候，用来疏散人群的通道。疏散楼梯包括普通楼梯、封闭楼梯、防烟楼梯及室外疏散楼梯等 4 种。楼梯间是指容纳楼梯的结构，包围楼梯的建筑部件。楼梯间分为敞开楼梯间、封闭楼梯间、防烟楼梯间。

(1) 敞开楼梯间是指建筑物内由墙体等围护构件构成的无封闭防烟功能，且与其他使用空间相通的楼梯间。这种普通楼梯在人员疏散时安全度最低，只允许在低层建筑物中使用。

(2) 封闭楼梯间是指用耐火建筑构件分隔，能防止烟和热气进入的楼梯间。封闭楼梯间的门应向疏散方向开启。

(3) 防烟楼梯间。当封闭楼梯间不能天然采光和自然通风时，应按防烟楼梯间的要求设置。防烟楼梯间应设置防烟或排烟设施和应急照明设施；在楼梯间入口处应设置防烟室、开敞式阳台或凹廊等。

(4) 室外疏散楼梯。当在建筑物内设置疏散楼梯不能满足要求时，可设室外疏散楼梯作为辅助楼梯。

3) 疏散走道

从建筑物着火处到安全出口的这段路线称为疏散走道，也就是指建筑物内的走廊或过道。

疏散走道不准放置物品，不准人为设门(防火分区的门除外)、台阶、门垛、管道等，以免影响疏散。疏散走道内应有疏散指示标志和应急照明。

4) 消防电梯

消防电梯是在建筑物发生火灾时供消防人员进行灭火与救援使用，并且具有一定功能的电梯。

普通电梯均不具备消防功能，发生火灾时禁止搭乘电梯逃生。消防电梯有备用电源，不受火灾时断电影响。

由于火灾并非经常发生，平时可将消防电梯与普通电梯兼用。

5) 火灾应急照明和疏散指示标志(发光)

建筑物发生火灾时，正常电源往往被切断，黑暗会使人产生惊恐，造成混乱。应急照明和疏散指示标志疏散逃生，可以帮助人们在黑暗或浓烟中，及时识别疏散位置和方向，迅速沿疏散指示标志疏散，避免造成伤亡事故。

应急照明一般设置在墙面或顶棚上，安全出口标志设在出口的顶部，疏散走道的指示标志设在疏散走道及其转角处距地面 1 m 以下的墙上。

6) 火灾应急广播

在人员比较集中的建筑物中，一旦发生火灾，影响很大。通过应急广播，能够使在场人员了解发生了什么事和该如何疏散，便于发生火灾时统一指挥，防止发生混乱，保障人员有秩序地快速疏散。事故广播系统可与火灾报警系统联动。

3. 防火分隔物

防火分隔物是指在一定时间内能够阻止火势蔓延，且能把整个建筑物内部空间划分出若干较小防火空间的物体。常用的防火分隔物有防火门、防火卷帘、防火墙、防火阀等。

1) 防火门

防火门也称防烟门，是用来维持走火通道的耐火完整性及提供逃生途径的门。防火门可阻隔浓烟及热力，其目的是要确保在一段合理时间内(通常是逃生时间)，保护走火通道内正在逃生的人免受火灾的威胁。防火门应常闭。

2）防火卷帘

防火卷帘是一种活动的防火分隔物，平时卷起在门窗上口的转轴箱中，起火时将其放下展开，用以阻止火势从门窗洞口蔓延。防火卷帘广泛应用于建筑的防火隔断区，除具有普通门的作用外，还有防火、隔烟、抑制火灾蔓延、保护人员安全疏散等特殊功效。

3）防火墙

防火墙是由不燃材料构成，具有隔断烟火及其热辐射，防止火灾蔓延的耐火墙体。它安装在通风、回风管道上，平时处于开启状态，火灾时当管道内气体温度达到 70 ℃时关闭，起阻隔烟火的作用。

4）防火阀

防火阀是安装在通风、空调系统的送、回风管路上，平时呈开启状态，发生火灾后，当管道内气体温度达到 70 ℃时自动关闭，能起隔烟阻火的作用。

4. 其他设施

1）防火分区

防火分区是指采用防火分隔措施划分出的、能在一定时间内防止火灾向同一建筑的其余部分蔓延的局部区域(空间单元)。建筑物一旦发生火灾，防火分区可有效地把火势控制在一定的范围内，减少火灾损失，同时可以为人员安全疏散、灭火提供有利条件。

2）防烟分区

防烟分区是指用挡烟垂壁、挡烟梁、挡烟隔墙等划分的可把烟气限制在一定范围的空间区域。发生火灾时，防烟分区可在一定时间内，将高温烟气控制在一定的区域之内，并迅速排出室外，以利于人员安全疏散，控制火势蔓延和减少火灾损失。

3）防火间距

防火间距是指相邻两栋建筑物之间，保持适应火灾扑救、人员安全疏散和降低火灾时热辐射的必要间距。也就是指一幢建筑物起火，其相邻建筑物在热辐射的作用下，在一定时间内没有任何保护措施情况下，也不会起火的最小安全距离。建筑防火间距一般为消防车能顺利通行的距离，通常为 7 m。

4）消防通道

消防通道是指消防人员实施营救和被困人员疏散的通道。

每个公民都应自觉保护消防设施，不损坏、擅自挪用、拆除、停用消防设施、器材，不埋压、圈占消火栓，不占用防火间距，不堵塞消防通道。

4.2.2　常见的消防安全标志

消防安全标志是由安全色、边框、图像、图形、符号、文字所组成，能够充分体现消防安全内涵、规模和消防安全信息的标志。

悬挂消防安全标志的目的是能够引起人们对不安全因素的注意，树立安全意识，预防发生事故。

1. 消防安全标志的颜色

红色表示禁止；黄色代表火灾或爆炸危险；绿色表示安全和疏散途径；黑色、白色主要表示文字。

2. 消防安全标志的内容

常见的消防安全标志如表 4-4 所示。

表 4-4　常见的消防安全标志

图　形	名　称	含　义
火灾报警装置		
	消防手动启动器	指示火灾报警系统或固定灭火系统等手动启动器
	发声报警器	指示该手动启动装置是启动发声警报器
	火警电话	指示在发生火灾时，可用来报警的电话及电话号码
火灾时疏散途径		
	紧急出口	指示在发生火灾等紧急情况下，可使用的一切出口
	滑动开门	指示装有滑动门的紧急出口，箭头指示该门的开启方向
	推开	本标志置于门上，指示门的开启方向
	拉开	本标志置于门上，指示门的开启方向
	击碎板面	指示：①拿到钥匙或开门工具；②制造一个出口
	禁止阻塞	表示阻塞(疏散途径或通向灭火设备道路等)会导致危险
	禁止锁闭	表示紧急出口、房门等禁止锁闭

续表

图　　形	名　　称	含　　义
灭火设备		
	灭火设备	指示灭火设备集中存放的位置
	灭火器	指示灭火器存放的位置
	水防水带	指示消防水带、软管卷盘或消火栓箱的位置
	地下消火栓	指示地下消火栓的位置
	地上消火栓	指示地上消火栓的位置
	水泵接合器	指示消防水泵接合器的位置
	水防梯	指示消防梯的位置
具有火灾、爆炸危险的地方或物质		
	当心火灾	易燃物质
	当心火灾	氧化物
	当心火灾	爆炸性物质
	禁止用水灭火	表示：①该物质不能用水灭火；②用水灭火会产生危险

续表

图　形	名　称	含　义
	禁止吸烟	—
	禁止烟火	表示吸烟或使用明火能引起火灾或爆炸
	禁止放易燃物	表示存放易燃物会引起火灾或爆炸
	禁止带火种	表示存放易燃易爆物质，不得携带火种
	禁止燃放鞭炮	—
方向辅助标志		
	疏散通道方向	指示紧急出口的方向，该标志亦可制成长方形
	灭火设备或报警装置的方向	指示灭火设备或报警装置的位置方向，该标志亦可制成长方形
文字辅助标志		
	火灾报警按钮	—
	安全楼梯	—
	灭火器	—

4.3　灭火常识与技术

4.3.1　室内火灾

1. 室内火灾的发展过程

根据室内火灾温度的变化特点，火灾发展过程可分为 3 个阶段。

1）火灾初起阶段

火灾最初只是起火部位及附近可燃物着火燃烧，此时的燃烧范围不大，火势发展速度较慢。除燃烧区域温度较高，室内其他部位平均温度较低。该阶段是扑灭火灾和疏散人员的最佳时间段，应及时组织人员尽快将火灾扑灭。

2）火灾发展阶段

火灾发展阶段包括发展阶段和猛烈燃烧阶段。火灾初起阶段后期，燃烧范围迅速扩大，形成火灾的发展阶段。火灾发展时间因着火源、可燃物的分布及通风条件的影响，有很大差异。当室内火灾达到一定温度值时，房间内所有可燃物瞬时都被引燃，产生"轰燃"，形成火灾的猛烈燃烧阶段。"轰燃"是室内火灾最显著的特征之一，若火场人员在"轰燃"时尚未疏散，则有生命危险。

3）火灾熄灭阶段

随着室内可燃物及其挥发物的减少，火灾的燃烧速度减慢。当室内平均温度逐渐下降至最高值的 80%时，火灾进入熄灭阶段，直至可燃物全部烧尽，火灾结束。火灾熄灭前期，燃烧仍然剧烈，温度仍然较高，建筑构件会由于被烧损，出现掉落、倒塌现象，仍然会威胁人员安全。

2. 室内火灾蔓延的途径

当室内火灾发展到轰燃后，就会通过可燃物的直接燃烧、热传导、热辐射和热对流等方式向其他空间蔓延。建筑物内火灾蔓延的途径主要有如下几种。

1）内墙门

起火房间的房门处于开启状态，或被烧穿，从门口喷涌出来的火焰、高温烟气，会将火蔓延到其他房间或区域。

2）外墙窗口

从起火房间窗口喷出的烟气和火焰，由窗口向上蹿跃，烧毁上部楼层窗户，并引燃房间内的可燃物，使火灾蔓延。

3）各种竖井管道和楼板的孔洞

建筑物内的电梯井、管道井、通风井、排烟井等各种竖井管道林立。如果防火设计不完善，这些竖井在发生火灾时会产生"烟囱效应"，火势通过这些竖井向上蔓延。实验研究表明，高温烟气在竖井内向上蔓延的速率为 3～5 m/s。

4）房间隔墙

房间隔墙采用可燃材料，或采用非燃、难燃材料而耐火性很差时，会被高温火势烧损，失去隔火作用。

5）穿越楼板、墙壁的穿孔缝隙和管线

火势会通过未用不可燃材料封堵的管道穿孔缝隙向其他区域蔓延；金属管线会通过热传导方式将热量传递到其他区域，将接触管线的可燃物引燃。

6）闷顶

闷顶是指吊顶与屋面板或上部楼板之间的空间。不少闷顶内为连通空间，没有防火分隔墙，一旦起火极易在内部蔓延，且难以及时发现，导致灾情扩大。

7）楼梯间

有些建筑的封闭楼梯间，起封闭作用的门未采用防火门，或人为造成防火门处于开启状态，未做到“防火门常闭”，不能有效阻止烟火，使火灾蔓延至通道，甚至造成人员伤亡。

4.3.2　灭火器及室内消火栓的使用方法

扑灭初起火灾可以减少火灾损失，杜绝火灾伤亡。火灾初起阶段的燃烧面积小、火势弱，在场人员如能采取正确扑救方法，就能在灾难形成之前迅速将火扑灭。据统计，以往发生火灾的70%以上是由在场人员在火灾形成的初起阶段扑灭的。因此，掌握灭火器材的使用，懂得扑灭初起火灾的方法是非常必要的。

实验室常用的灭火器材有干粉灭火器、二氧化碳灭火器和室内消火栓。

1. 灭火器的使用方法

1）手提式干粉灭火器（见图4-1）

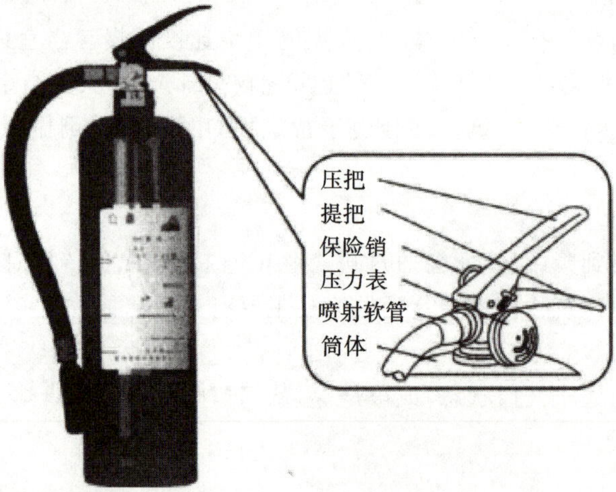

图4-1　干粉灭火器

（1）灭火原理：干粉灭火器利用二氧化碳气体或氮气气体作动力，将干粉灭火剂喷出灭火。对有焰燃烧的化学抑制作用是其灭火的基本原理，同时还有窒息、冷却的作用。

（2）适用范围：碳酸氢钠干粉（BC类）灭火器适用于易燃、可燃液体、气体及电气设备的初起火灾；磷酸铵盐干粉（ABC类）灭火器除可用于上述几类火灾外，还可扑救固体类物质的初起火灾。但是，干粉灭火器不能扑救金属燃烧火灾。

（3）使用方法：使用前先将灭火器上下颠倒几次，使筒内干粉松动，然后将食指伸入保险销环，并拧转拔下保险销。一只手握住启闭阀的压把，另一只手握住皮管，将喷嘴对准起火点，用力压下压把，即可灭火。

2）手提式二氧化碳灭火器（见图 4-2）

（1）灭火原理：二氧化碳具有不能燃烧，也不能支持燃烧的性质，通过压力将液态二氧化碳压缩在灭火器钢瓶内，灭火时再将其喷出，有降温和隔绝空气的作用。

（2）适用范围：主要用于扑救贵重设备、档案资料、仪器仪表、600 V 以下电气设备及油类的初起火灾。CO_2 在高温下可与一些金属发生燃烧反应，因此不能用它扑灭金属火灾，也不能用于扑救硝化棉、赛璐珞、火药等本身含有氧化基团的化学物质火灾。

（3）使用方法：拔出灭火器的保险销，把喇叭筒往上扳 70°～90°。一只手托住灭火器筒底部，另一只手握住启闭阀的压把。将喇叭筒近距离对准起火点，用力压下压把，即可灭火。

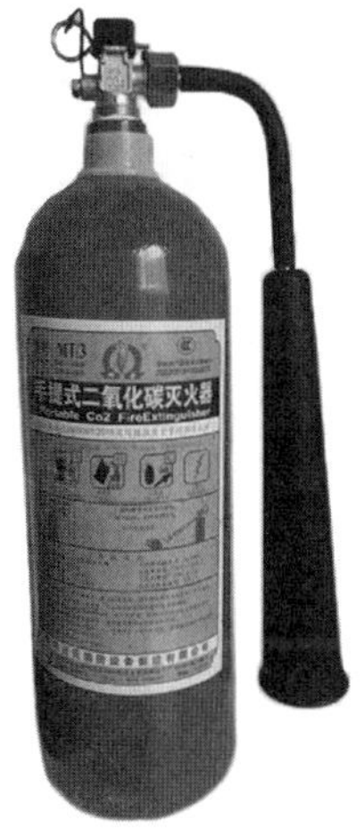

图 4-2　二氧化碳灭火器

3）手提式泡沫灭火器

（1）灭火原理：通过筒体内酸性溶液与碱性溶液混合发生化学反应，将生成的泡沫压出喷嘴，黏附在燃烧物上，使之与空气隔绝，达到灭火的目的。

（2）适用范围：主要用于扑救一般 B 类火灾，如油制品、油脂等火灾，也可用于扑救木材、纤维、橡胶等 A 类火灾。但它不能扑救带电设备和醇、酮、酯、醚等有机溶剂的火灾。泡沫灭火剂的喷射距离远，连续喷射时间长，可用来扑救较大面积的储槽或油罐车等的初起火灾。

（3）使用方法：将灭火器提至火场，一只手握住提环，另一只手扶住筒体的底圈，将灭火器颠倒过来，喷嘴对准火源根部，用力摇晃几下，灭火剂即喷出。使用者应逐渐向燃烧区靠近，将喷出的泡沫覆盖在燃烧物上，直至火灭。

（4）使用手提式灭火器的注意事项。

室内灭火器要放置在明显处，取用方便且不影响安全疏散，注意防止高温或暴晒。

由于干粉或二氧化碳灭火器的射流短，使用者不可离火太远，要侧身站立，上身后倚，以防烟火熏烤；要前伸灭火器，将喷嘴近距离对准火焰根部喷射，不要对着火苗或烟雾；在灭火过程中，应始终压紧压把，手松开喷射就会中断。

使用二氧化碳灭火器时，切勿直接用手抓握金属连线管，以防手被冻伤；在室内狭小空间使用后，要及时撤离，以防缺氧窒息。

泡沫灭火器在使用前，筒体不可过分倾斜，更不可横拿或颠倒，以免筒内药剂混合而提前喷出；在使用过程中，要始终保持倒置状态，防止喷射中断。

如在室外灭火，一定要站在上风位置，避免在下风处被烟火熏烤。

扑救流散液体火灾时，应对准火焰根部，由近而远左右扫射，将火压灭。扑救容器内液体火灾时，不要垂直喷射液面，避免灭火剂强力冲击液面，造成液体外溢而扩大火势。

要根据火灾现场灭火器的数量，组织人员同时使用，迅速把火扑灭。若只由一个人灭火，可能会延误时机。

火被扑灭后，要仔细检查现场，防止着火部位存在炽热物引发复燃。直至确认不会再发生燃烧，方可离开。

2. 室内消火栓的使用方法

掌握室内消火栓(见图 4-3)的使用方法很有必要。手提式灭火器的药剂含量少，喷射距离短，只适合扑救初起火灾。因此，当火势较大时，就需要使用室内消火栓扑救。遇到交通拥堵的高峰期，消防车不能及时赶到，如果火场人员不会使用消火栓，就可能延误最佳灭火时机，就会使火势迅速蔓延，从而酿成大的火灾事故。

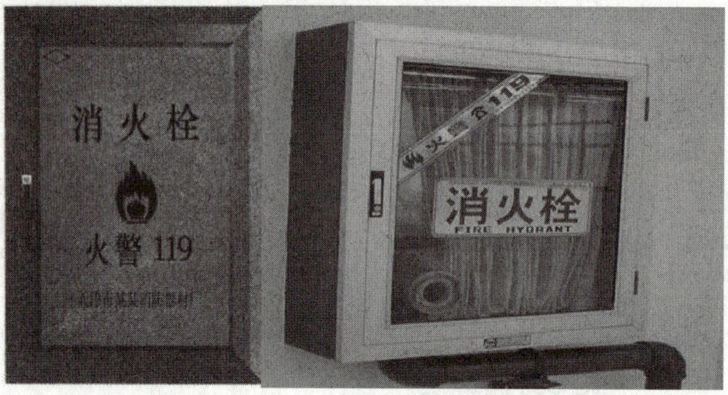

图 4-3　室内消火栓

1) 使用方法

遇有火警时，按下弹簧锁，拉开箱门，连接水枪与水带接口、水带与消火栓接口，如有加压泵，要击碎加压泵启动按钮玻璃。一个人持连接好的枪头奔向起火点，另一个人在前者到达火场后，将栓头手轮逆时针旋开，即可喷水灭火。

消防软管卷盘如图 4-4 所示。如果消火栓箱内有消防软管卷盘(能迅速展开软管，操作简便，机动灵活，可单人使用)，扑救火灾时，可将消防软管全部拉出散放于地上，逆时针拧开进水控制阀门，将软管喷头牵引到火场，打开喷头阀门开关，将水喷向起火部位。

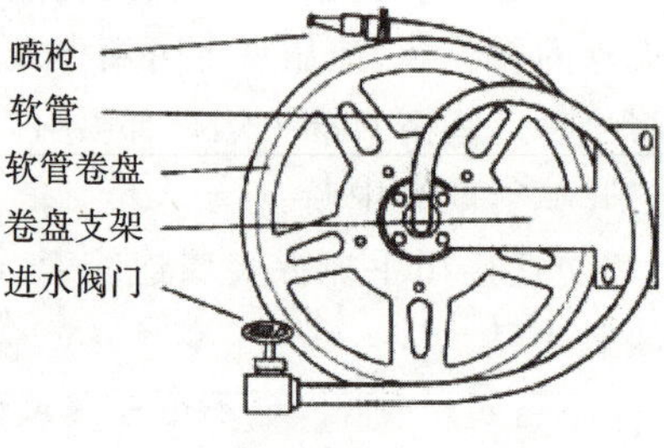

图 4-4　消防软管卷盘结构示意

2) 注意事项

出水前，要将水带展开，防止打结造成水流不畅。灭火人员要抓紧水枪，或二人持握，防止因水压大造成枪头舞动脱手伤人。

如果距离火场远，一盘水带不够长时，应快速从另一消火栓箱内取出水带并连接上。

扑救室内火灾时，要先将房顶和开口部位(门、窗)的火势扑灭后，再扑救起火部位。

当火灾较小时，应使用灭火器扑救，不宜使用室内消火栓。

要提前关闭火场区域范围线路电源，防止灭火时触电。

不可用消防水枪扑救带电设备、比水轻的易燃液体、实验室遇水起化学反应药品的火灾。

3. 其他实验室灭火物品

除灭火器、室内消火栓外，一般还可以用灭火毯、沙土和自来水扑救实验室的初起火灾。使用自来水灭火要先断电，防止触电或电气设备爆炸伤人。不宜用水灭火的实验室，应配备灭火毯或沙土箱。发生火灾时，可用灭火毯覆盖燃烧物使燃烧窒息，或用沙土倾洒在燃烧物上压灭火苗。

4.3.3　火灾和爆炸的预防及扑灭方法

火灾的预防首先是加强宣传教育，提高全民的防火意识，普及消防知识，提高群众的报警意识；其次是对消防器材的维修和保护；最后是加强消防灭火的演练，最大限度地减少火灾的发生。

防火措施包括控制可燃物，隔绝助燃物和消除或控制着火源，这三种措施的目的是防止燃烧的 3 个必要条件一起出现。

(1) 控制可燃物。例如，以难燃或不燃材料替代可燃或易燃材料，用防火材料浸涂可燃材料。

(2) 隔绝助燃物。对遇空气能自燃和火灾危险性大的物质应采取隔绝空气储存的方式。例如，将钠存放在煤油中、黄磷存放在水中等。

(3) 消除或控制着火源。例如，严禁吸烟，禁止使用伪劣插座，有易燃易爆气体的室内，不要放置电冰箱等电气设备。实验用电吹风不要放置在木质桌面上，不用时要拔掉插头。

此外，还需要防止火势蔓延。一旦发生火灾，防止新的燃烧条件形成，将着火和爆炸限制在较小的范围。例如，合理放置实验室室内设备、物品，做到分区隔离。

灭火的方法也是基于燃烧三要素，包括：隔离法、窒息法、冷却法和抑制法。

(1) 隔离法。

将燃烧的物体或其周围的可燃物隔离或移开，燃烧会因缺少可燃物而终止。例如，搬离靠近火源的可燃、易燃、易爆和助燃的物品；把着火的物体移至安全地带；掩盖或阻挡流散的易燃液体；关闭可燃气体、液体管道的阀门，阻断可燃物进入燃烧区域等。

(2) 窒息法。

阻止空气进入燃烧区域或用不燃物降低燃烧区域的空气浓度，使燃烧缺氧而熄灭。例如，用灭火毯、沙土、湿帆布等不燃或难燃物覆盖燃烧物；封闭着火房间门窗、设备的孔洞等。二氧化碳灭火剂就有通过隔绝空气，起到灭火的作用。

(3) 冷却法。

将灭火剂直接喷射到燃烧物上，以降低燃烧物的温度至燃点以下，使燃烧终止；或者将灭火剂喷洒在火源附近的可燃物上，防止热辐射引燃周边物质。例如，用水或二氧化碳扑灭一般固体的火灾，通过大量吸收热量，迅速降低燃烧物温度，使火熄灭。

(4) 抑制法。

该方法基于燃烧链式反应机理，将化学灭火剂喷射至燃烧区，参与燃烧的化学反应，使燃烧反应过程中产生的游离基消失，链传递中断，造成燃烧反应终止。干粉灭火剂具有一定的抑制火势的作用。

对于特殊的燃烧材料，如自燃物料只要点燃一下，就会完全燃烧光，这种反应一旦发生就极难控制。而对于普通的燃烧，只需要足够的氧气来维持，我们就可以从控制燃烧的 3 个必要条件进行灭火。

扑救火灾的一般原则包括以下几个。

(1) 报警早、损失小。

报警应沉着冷静，及时准确，简明扼要地报出起火部门和部位、燃烧的物质、火势大小；如果拨打 119 火警电话，还必须讲清楚起火单位名称、详细地址、报警电话号码，同时派人到消防车可能来到的路口接应，并主动及时地介绍燃烧的性质和火场内部情况，以便迅速组织扑救。

(2) 边报警，边扑救。

在报警的同时，要及时扑救，在初起阶段由于燃烧面积小，燃烧强度弱，放出的辐射热量小，是扑救的有利时机，只要不错过时机，可以用很少的灭火器材(如一桶黄沙)或少量水就可以扑灭，所以，就地取材，不失时机地扑灭初起火灾是极其重要的。

(3) 先控制，后灭火。

在扑救火灾时，应首先切断可燃物来源，然后争取灭火一次成功。

(4) 先救人，后救物。

在发生火灾时，如果人员受到火灾的威胁，应贯彻执行救人第一，救人与灭火同步进行的原则，先救人后疏散物资。

(5) 防中毒，防窒息。

在扑救有毒物品时要正确选用灭火器材，尽可能站在上风向，必要时要佩戴面具，以防中毒或窒息。

(6) 听指挥，莫惊慌。

平时加强防火灭火知识学习，并积极参与消防训练，才能做到一旦发生火灾不会惊慌失措。

4.3.4　火灾扑救的注意事项

1. 沉着冷静

发现起火时，切忌慌张、不知所措，要沉着冷静，根据防火课和灭火演练学到的消防知识，组织在场人员利用灭火器具，在火灾的初起阶段将其扑灭。如果火情发展较快，要迅速逃离现场。

2. 争分夺秒

使用灭火器进行扑救火灾时，可按灭火器的数量，组织人员同时使用，迅速把火扑灭。避免只由一个人使用灭火器的错误做法。要争分夺秒，尽快将火扑灭，防止火情蔓延。切忌惊慌失措、乱喊乱跑，延误灭火时机，将小火酿成大灾。

3. 兼顾疏散

发生火灾时，现场能力较强人员组成灭火组负责灭火，其余人员要在老师带领下或自行组织疏散逃生。疏散过程要有序，防止发生踩踏等意外事故。

4. 及时报警

发生火灾要及时扑救，同时应立即报告火警，使消防车迅速赶到火场，将火尽快扑灭。遵循“报警早，损失小”的原则。

5. 生命至上

在灭火过程中，要本着“救人先于救火”的原则，如果有火势围困人员，首先要想办法将受困人员抢救出来；如火情危险难以控制，灭火人员要确保自身安全，迅速逃生。

6. 断电断气

电气线路、设备发生火灾时，首先要切断电源，然后再考虑扑救。如果发现可燃气体泄漏，不要触动电器开关，不能用打火机、火柴等明火，也不要在室内打电话报警，避免产生着火源。要迅速关闭气源，打开窗门，降低可燃气体浓度，防止燃爆。

7. 慎开门窗

救火时不要贸然打开门窗，以免空气对流加速火势蔓延。如果室内着火，打开门窗，会加速火势蔓延；如果室外着火，烟火会通过门窗涌入，容易使人中毒、窒息死亡。

4.3.5 火灾报警

《中华人民共和国消防法》第五条规定：“任何单位和个人都有维护消防安全、保护消防设施、预防火灾、报告火警的义务。任何单位和成年人都有参加有组织的灭火工作的义务。”所以一旦失火，要立即报警，全国统一规定使用的火警电话号码为“119”。

1. 发生火灾报告火警时，应注意以下几点。

(1) 拨打“119”电话时不要慌张以防打错号码，延误时间。

(2) 讲清火灾情况，包括起火单位名称、地址、起火部位、什么物资着火、有无人员围困、有无有毒或爆炸危险物品等。消防队可以根据火灾的类型，调配居高车、云梯车或防化车。

(3) 要注意指挥中心的提问，并讲清自己的电话号码，以便联系。

(4) 电话报警后，要立即在着火点附近路口等候，引导消防车迅速到达火灾现场。

(5) 迅速疏通消防车道，清除障碍物，使消防车到火场后能立即进入最佳位置灭火救援。

(6) 如果着火区域发生了新的变化，要及时报告，使消防队能及时改变灭火战术，取得最佳效果。

2. 报警注意事项

(1) 报警电话要避免信息不全。例如，消防队常接到说完“家里起火了”“某单位起火了”就挂断的电话。这样报警，消防队无法了解火灾地点、情况，也无法核实其真实性。

(2) 避免误报火警。应先确定是“火灾”，再报警。例如，某人饭后散步时，抬头发现楼上一厨房窗口有烟，遂报火警，后经消防队了解，是做饭产生的油烟。由于消防车数量有限，误报火警往往会影响其他地方火灾的扑救工作。

(3) 严禁谎报火警。谎报火警是违法行为，消防部门会通过技术手段直接将谎报者电话锁定，并依据《中华人民共和国消防法》的相关规定进行处罚。

4.4 火灾时的逃生与自救

除了火灾产生的高温、有毒烟气威胁着火场人员生命安全，火灾的突发性、火情的瞬息变化也会严重考验火场人员的心理承受能力,影响他们的行为。被烟火围困人员往往会在缺乏心理准备的状态下,被迫瞬间做出相应的反应,一念之间决定生死。火场上的不良心理状态会影响人的判断和决定,可能导致错误的行为,造成严重后果;只有具备良好的心理素质,准确判断火场情况,采取有效的逃生方法,才能绝处逢生。

4.4.1 熟悉环境,有备无患

平时应树立遇险逃生意识,居安思危,防患未然。要熟悉所处环境,熟记疏散通道、楼梯及安全出口的位置和走向,确保遇到火灾能够沿正确的逃生路线及时逃离火场,避免伤亡。

4.4.2 初起火灾,及时扑灭

火灾刚刚发生时,属于初起阶段,还难以对人构成威胁。这时如果发现火情,应立即利用室内、通道内放置的灭火器,或通道内的消火栓及时将小火扑灭。切忌惊慌失措,不知所为,延误时间,使小火酿成大灾。

4.4.3 通道疏散,勿乘电梯

目前我国的消防规范禁止使用普通电梯逃生,“电梯不能作为火灾时疏散逃生的工具”的规定也是国际惯例。

发生火灾从高层建筑疏散时,千万不要乘坐电梯,要走楼梯通道。因为火灾时往往会断电,使得电梯卡壳或因火灾高温变形,造成救援困难;浓烟毒气涌入电梯竖井通道会形成烟囱效应,威胁被困电梯人员的安全,极易酿成伤亡事故。

应根据火灾现场情况,确定逃生路线。一般处在着火层的应向下层逃生,着火层以上的应向室外阳台、楼顶逃生。如果疏散通道未被烟火封堵,处在着火层以上的也可以向下逃生。

4.4.4 毛巾捂鼻,低姿逃生

烟雾是火灾的第一杀手,如何防烟是逃生自救的关键。因此,在穿过火场烟雾时,如果没有防毒面具,可用湿毛巾(含水量不宜过高,以免呼吸困难;干毛巾可多折几层)捂住口鼻,降低吸入烟雾的浓度。火灾发生时,烟气大多聚集在上部空间,在逃生过程中应尽量将身体压低,弯腰或匍匐靠墙前进,按照疏散标志指示方向逃出。

4.4.5 防止烧伤,棉被护体

当距离安全出口较近,逃生通道有火情,可将身体用水浇湿,用浸湿的毛巾、棉被、毯子等物裹严,再冲出火场逃至安全地带。

4.4.6 身上着火,切忌惊跑

如果发现身上衣物被火点燃,切忌惊跑或用手拍打,而要用水浇灭;在没有水源情况下,尽快撕脱衣服或就地滚动将火压灭。禁止直接向身上喷射灭火剂(清水除外),以防伤口感染。

4.4.7　被困室内,隔离烟火

当被烟火困在室内,逃生无路时,首先应关紧迎火的门窗,打开背火的门窗,用湿毛巾、湿布条塞堵门缝,防止烟气侵入。若门烫手,可泼水降温,固守在房内等待救援。2000 年洛阳大火中,曾有 4 人被困包间内,发现火情后立即关紧屋门,推掉墙上的空调让室外空气进入得以生存。

若逃生通道被烟火封堵时,也可将卫生间、水房等有水源的地方作为临时避难场所,等待救援人员到达。1994 年,克拉玛依友谊馆发生火灾,在逃生无路的情况下,就有一位老师急中生智,带着三个学生躲进厕所,得以生还。

4.4.8　难以呼吸,结绳脱困

如果房间充满浓烟造成呼吸困难,既不能沿通道撤离,又无法在室内立足,只有沿窗口逃生时,可利用绳索,或将床罩、被单撕成条拧成绳,从窗口顺绳滑下。如果绳子不够长,可用其一头捆住腰,一头固定在室内火焰侵袭不到地方,将自己悬在窗外。洛阳大火,有一位女职工就是采用这种"外悬法"获救的。当室内充烟、没条件结绳,可骑坐在窗外空调机上。如果窗外墙上有突出物可供踩踏,可以翻出窗外,扒住窗檐,紧贴外墙站立以待救援。

4.4.9　跳楼有方,切记谨慎

火灾事实表明,楼层在 3 层以上选择跳楼逃生的,生存概率极低。处于这种场合,要积极寻找其他逃生途径。只有当所处楼层较低,逃生无路,室内烟熏火烤,不得已的情况下,才能采取跳楼逃生。跳楼逃生时,可先往地上抛下棉被等物增加缓冲,俯身用手拉住窗台,头上脚下滑跳,确保双脚先着地,准确地跳在缓冲物上。切勿站在窗台上直接跳下。

4.4.10　莫贪钱财,生命为本

"人死不能复生"。身处险境,应尽快撤离,不要把逃生时间浪费在寻找、搬离贵重物品上;已经逃离险境的人员,切莫为取出遗忘的钱财而重返火海。

4.4.11　制造信号,寻求援助

被烟火围困暂时无法逃离的人员,应尽量待在阳台、窗口等易于被人发现和能避免烟火近身的地方。白天可以向窗外晃动鲜艳衣物,或外抛轻型晃眼的东西;晚上可以用手电筒不停地在窗口闪动或者敲击东西,及时发出有效的求救信号,引起救援者的注意。

4.5　实验室火灾预防

4.5.1　实验室常见火灾的原因

实验室管理不到位,导致发生违反安全防火制度的现象。例如,违反规定在实验室吸烟并乱扔烟头;不按防火要求使用明火,引燃周围易燃物品。

配电不合理、电气设备超负荷运转,造成电路故障起火,电气线路老化造成短路等。

易燃、易爆化学品储存或使用不当。

违反操作规程，或实验操作不当引燃化学反应生成的易燃、易爆气体或液态物质。

仪器设备老化或未按要求使用。

实验室未配置相应的灭火器材，或缺乏维护造成失效。

实验期间脱岗，或实验人员缺乏消防技能，发生事故时不能及时处理。

4.5.2 火灾典型案例

1. 使用明火造成火险

使用明火潜藏着巨大的火灾隐患，如在实验过程中确需使用明火，最好在实验台上铺一层玻璃、瓷砖或金属薄板等不可燃材料确保消防安全，明火未熄灭前要有人照看。

事故案例：2021 年 2 月 16 日，山东禹城市一蛋糕房发生火灾，经过消防部门全力扑救，先后救出 8 名被困群众，其中 7 人经抢救无效死亡，1 人生还。经勘查发现，该起火灾的起火点位于蛋糕店一层北门西侧立柱上方壁挂式神龛处，起火原因为酥油斗烛引燃神龛及周围可燃物所致。

2. 电源插座引发火灾

多用途拖线电源插座，给我们带来许多方便。但为图方便、省事，不加选择地将多种电器插头插在同一插座上，会使插座发热、烫手，甚至燃烧。要杜绝电源插座一插座多插头的现象，更不要使用劣质插座，实验室人员还应做到人走断电，避免发生电气线路火灾。

事故案例：2020 年 7 月 2 日，广东湛江市遂溪县一居民楼着火，火灾过火面积约 240 m^2，造成 5 人死亡。经调查认定，起火的直接原因是客厅插座线路短路，引燃下方沙发等可燃物。

3. 线路老化造成短路

电线老化会造成绝缘性能下降，容易发生短路。尤其遇到潮湿天气，电线外表虽然完整，绝缘能力已大大降低，水分浸入金属导体，使其短路可引起电气线路火灾。另外，导线与导线、插头与插座的接插部位等接点处相接不实、发生锈蚀或存在氧化层会造成接触电阻过大，产生电弧、火花，也会引起火灾。

事故案例：2019 年 8 月 27 日，常州市金坛区三方医药原料有限公司，危化品原料仓库、储罐及停产的厂房装置发生火灾。消防员赶赴现场后将火扑灭。事故发生原因或为电气线路老化短路引发相邻的配电房、锅炉房位置着火，进而相继引发库房、储罐区着火。

4. 工作期间脱岗造成火灾

生产期间可能会产生安全问题，如果无人在场，就不能保证及时发现并采取有效措施，往往会造成大的事故。因此，要坚决杜绝工作期间脱岗现象。

事故案例：2021 年 5 月 7 日，位于武汉市东西湖区朝阳路 99 号的茂永祥物流园一栋五层仓库的四、五层部分仓室发生火灾。当月 9 日，武汉消防通报，该物流园消控室值班员李某工作期间脱岗，未履行值班人员职责，实际负责人严某、安全生产负责人郭某因消防安全责任落实不到位，均被东西湖区公安分局分别以重大责任事故罪立案并刑事拘留。

5. 违规过量存放易燃化学药品

化学品严禁超剂量购买和长期存放。实验室内的危险化学药品要分类存放，保持通风，远离火种，并做好防热、防潮工作。

事故案例：2019 年 9 月 12 日，肇庆市居都邦化学工业有限公司化学品 D 仓库（甲类仓库）发生火灾，过火面积约 500 平方米。事故发生后，消防迅速出动，经过 4 个多小时奋力扑救，明火被彻底扑灭，该起事故未造成人员伤亡。经初步调查判断，库存超量用塑料大桶堆垛存放苯乙烯，在仓库没有采取有效控温措施、阻聚剂失效的情况下，发生自聚放热，引发火灾。

4.5.3　火灾的预防

公安部消防局公布了近些年的全国火灾事故统计，如表 4-5 所示。

表 4-5　2018—2022 年火灾统计数据表

时间/年	火灾起数/万起	死亡人数/人	受伤人数/人	直接财产损失/亿元
2022	82.5	2053	2122	71.6
2021	74.8	1987	2225	67.5
2020	25.2	1183	775	40.09
2019	23.3	1335	837	36.12
2018	23.7	1407	798	36.75

从表 4-5 的火灾统计数据可以看出，全国每年的火灾事故都会造成巨大的财产损失和人员伤亡。残酷的火灾现实给我们带来了惨痛的教训，这就要求我们要把消防安全工作放在首位，作为各项工作的重中之重落实好。只有落实了安全、稳定，发展才能有保障。

消防工作的方针是“预防为主，防消结合”。“预防为主”是消防安全的基础和保障，要保障消防安全，必须落实好预防工作，及时排除各类火灾隐患，切实做到防患于未然。

1. 火灾隐患

火灾隐患是指在生产和生活活动中可能直接造成火灾危害的各种不安全因素。火灾隐患通常包含以下 3 层含义。

(1) 增加了发生火灾的危险性。例如，违反规定生产、储存、运输、销售、使用易燃易爆危险品，违反规定用火、用电、用气等。

(2) 一旦发生火灾，会增加对人身、财产的危害。例如，建筑防火分隔、建筑结构防火设施等被随意改变，失去应有的作用；建筑物内部装修、装饰违反规定，使用易燃、可燃材料；建筑物的安全出口疏散通道堵塞；消防设施、器材不能完好有效等。

(3) 一旦发生火灾会严重影响灭火救援行动。例如，缺少消防水源，消防车通道堵塞，消火栓、水泵接合器等消防设施不能正常使用或不能正常运行等。

2. 遵守实验室防火制度，消除火灾隐患，做好预防工作

为加强学校实验室的消防安全管理，预防和减少火灾危害，各实验室要组织师生学习并遵守学校的相关制度和规定。所有参加实验的人员都必须严格执行实验室安全操作规程，落实防火措施，严格遵守下列安全规定。

(1) 实验人员要严格执行“实验室十不准”，即①不准吸烟；②不准乱放杂物；③不准实验时人员脱岗；④不准堵塞安全通道；⑤不准违章使用电热器；⑥不准违章私拉乱接电线；⑦不准违反操作规程；⑧不准将消防器材挪作他用；⑨不准违规存放易燃药品、物品；⑩不准做饭、住宿。

(2) 实验人员要清楚所用实验物质的危险特性和实验过程中的危险性。

(3) 实验时，疏散门、疏散通道要保持通畅。

(4) 易燃易爆钢瓶必须放置在室外。

(5) 实验室内特殊的电气、高温、高压等危险设备必须有相应的防护措施，应严格按照设备的使用说明及注意事项使用。

(6) 实验人员必须熟知“四懂四会”，即懂本岗位火灾危险性、懂预防措施、懂扑救方法、懂逃生的方法；会报警、会使用灭火器材、会处理险肇事故、会逃生。

(7) 实验人员在实验过程中不得脱岗，要随时检查实验仪器设备、电路、水、气及管道等设施有无损坏和异常现象，并做好安全检查记录。

(8) 从事易燃易爆设备操作的人员须经公安消防部门培训，考核合格后持证上岗。

(9) 实验室必须配有防火、防爆、防盗、防破坏的基本设施；危险化学品应分类存放；贵重物品不得在室内随意摆放。

(10) 实验室使用剧毒物品要严格执行“五双”管理制度，并存放在保险柜内。

(11) 实验人员使用药品时，应确实了解药品的物性、化性、毒性及正确使用方法，严禁将化学性质相抵触的药品混装、混放。实验剩余的药品必须按规定处理，严禁随意乱放、丢弃垃圾箱内或倒入下水道。要针对实验过程中可能发生的危险，制定安全操作规程，采取适当的防护措施，必要时应参考“材料安全性数据表”进行操作。

(12) 严禁摆弄与实验无关的设备和药品，特别是电热设备。

(13) 冰箱内不得存放易燃液体，普通烘干箱不准加温加热易燃液体。

(14) 严禁闲杂人员特别是儿童进入实验室，防止因外人的违章行为导致火灾。

(15) 实验结束后，应对各种实验器具、设备和物品进行整理，并进行全面仔细的安全检查，清除易燃物，关闭电源、水源、气源，确认安全后方可离开。

4.6 思考题

(1) 燃烧的条件是什么？

(2) 火灾的分类和等级分别是什么？

(3) 灭火的方法有哪些？

(4) 报火警的注意事项有哪些？

(5) “实验室十不准”有哪些？实验人员必须熟知的“四懂四会”是什么？

第 5 章　高校实验室电气安全

高校实验室电气环境是指为实验室提供用电支持与应用的各种设备和条件的总称，通常分为强电系统、弱电系统和空间电磁系统 3 大类。随着高校理、工、艺术等学科的不断发展，各学科专业实验室越来越多样化，电气设备已经成为进行科学实验的基本条件。若电气设备安装不当、使用不规范、损坏损伤后维护不及时、管理不善等因素，不仅可能造成人员触电或设备损坏，还可能引起火灾、爆炸等重大事故，甚至危及人的生命安全。若操作不当，会导致严重的电气事故，因此，实验室人员了解电气常识和掌握电气事故的特点，对做好实验室安全工作具有十分重要的意义。

5.1　实验室电气基础知识

实验室种类繁多、功能不同，所需供配电系统和使用的用电设备也各有异同。实验室供配电系统的设计，首先是以不同实验室的具体情况和使用要求为依据，来确定电力负荷总量、电力类型、电能质量要求和电力负荷等级等；然后根据这些要求和负荷情况，以及国家技术经济政策、技术标准、规程规范，进行相应的设计，构建满足实验室要求的供配电系统，做到安全可靠、节能环保、技术先进、经济合理、美观实用、维护管理方便。这是实验室电气环境的基础，也是实验室电气安全的保障。

实验室用电有强弱之分，一般按电压等级来分，工作电压在 50 V 以上为强电，其处理对象是能源（电力），一般用作动力能源。常用的照明灯具、冰箱、电视机、空调等家用电器均为强电电气设备。工作电压在 50 V 以下为弱电，其处理对象主要是信息，一般用于信息传递。例如，监控系统、计算机网络、消防报警系统、音视频系统等属于弱电系统。

5.2　电气安全技术规范

5.2.1　采用安全电压

人体与电接触时，对人体各组织（如皮肤、心脏、呼吸器官和神经系统）不会造成任何损害的电压叫安全电压。安全电压的规定各国有所不同，我国根据具体条件规定为：在无高度触电危险的建筑物中为 65 V；在有高度触电危险的建筑物中为 36 V；在有特别触电危险的建筑物中为 12 V。凡是工作地点狭窄、行动不便，以及周围有大面积接地导体的环境（如金属容器内、隧道内）下使用手提照明灯，应采用 12 V 电压。

5.2.2　保证电气设备的绝缘性能

实验室的电气设备不可以全部使用安全电压，即便是安全电压，人体也不要直接接触裸露在外的导体部分。为了安全使用，电气设备必须是用绝缘物将导体封闭起来的，一般使用的绝缘物有陶瓷、云母、胶木、橡胶、塑料(电绝缘用塑料)、布、纸、矿物油等。衡量电气设备的绝缘性能的最基本指标有以下几个。

(1) 绝缘电阻,用体积电阻率表示,只有体积电阻率大于 $10^9\ \Omega/\text{cm}$ 才可达到绝缘材料的要求。

(2) 介电强度,又称击穿强度、击穿电压及耐压强度,是衡量绝缘材料绝缘性能的指标之一。

(3) 介电常数,原外加电场(真空中)与最终介质中电场的比值,又称诱电率。

(4) 耐电晕性,绝缘材料经受电晕放电作用能够抵抗质量下降的性质。

(5) 耐电弧性,用来评价绝缘材料经受电弧作用后其绝缘性能,在电弧的作用下只能选用耐电弧性好的材料才能保证安全。

(6) 热性能,有时也指耐热性,有几个级别。一般 PVC 及 PE 电缆材料的耐热等级只能达到 Y 级。PVC 选用耐热增塑剂后可达到 A 级。高的耐热等级只有选用其他塑料材料如氟塑料、聚酰亚胺、有机硅聚苯硫醚及氯化聚酯等。电绝缘用塑料耐热等级,如表 5-1 所示。

表 5-1 电绝缘用塑料的耐热等级

耐热等级	温度/(℃)	耐热等级	温度/(℃)
Y	90	B	130
A	105	F	150
E	120	H	180

用绝缘电阻衡量电气设备的绝缘性能,是最基本的一个指标。足够量的绝缘电阻能把电气设备的泄漏电流限制在很小的范围内,可以防止漏电引起的事故。此外,工作人员在作业时还应正确使用绝缘用具,穿绝缘靴或鞋。

5.2.3 采用屏护

屏护就是利用金属或非金属材料制成护栏、箱匣、护盖、护罩等,把危险的带电导电体与外界隔离,以减少人触电的可能性。屏护主要用于电气设备不便于绝缘或绝缘不足以保证安全的场所,如电气开关的移动部分,配电房中的高、低压母线槽,配电箱,隔离护栏等。对于高压设备,由于进行全部绝缘有困难,因此,不论高压设备是否有绝缘,均要求加装屏护装置。例如,室内、室外安装的变压器应装有完善的屏护装置。

5.2.4 保证安全距离

电气安全距离是指人体、物体等接近带电体会发生危险的距离。为了防止人体触及或接近带电体,也为了防止火灾、过电压放电和各种短路事故,我们在带电体与地面之间、带电体与带电体之间、带电体与人体之间、带电体与其他设备和设施之间等,均应保持一定的安全距离。安全距离的大小由电压的高低、设备的类型及安装方式等因素决定。另外还要兼顾操作方便,也要符合人—机工效学的要求。

5.2.5 合理选用电气装置

为了减少触电和火灾爆炸事故的发生,必须合理选用电气设备。电气设备主要根据使用的环境来选择，如在干燥少尘的环境中，可采用开启式和封闭式；在潮湿和多尘的环境中，应采用封闭式；在有腐蚀性气体的环境中，必须采取密封式；在有易燃易爆危险的环境中，必须采用防爆式。

导体的截面积是根据导体的安全载流量来选择的，导体安全载流量是指允许持续通过导体内部的电流量。持续通过导体的电流如果超过了安全载流量，导体就会发热，发热量一旦超过允许值，会导致导线的绝缘损坏，引起漏电甚至火灾。实验室内常发生一个接线板上插入多个大功率的用电设备，使总的电流超过接线板的额定电流，引起导线过热、绝缘层熔化、短路甚至因燃烧引发火灾。实验室的总电源包括各分路电源，从线路和开关等在设计和施工都按一定的规范完成的，特别是隐蔽工程，一般不要做大的改动。在使用中一定要考虑到其容量不要超过设计容量。

5.2.6　装设漏电保护装置

装设漏电保护装置主要目的是，防止由于线路或电气设备漏电引起的人身伤害。此外，它还可以防止由于漏电引起的设备火灾，以及监视、切除电源一相接地故障。有的漏电保护器还有欠电压和缺相保护等功能，能切除二相电机缺相运行等故障。漏电保护器是指当电路中发生漏电或触电时，能够自动切断电源的保护装置，包括各类漏电保护继电器、带漏电保护的组合电器等。合理选用漏电保护器是人身安全、电气设备正常安全运行的重要保证。

5.2.7　保护接地与接零

保护接地就是把用电设备的金属外壳与接地体连接起来，使用电设备与大地紧密连通。在电源为三相三线制中性点不直接接地或单相制电力系统中应设保护接地线称为 IT 系统。其中，I 表示电网不接地或经高阻抗接地，T 表示电气设备外壳接地。保护接地是最早的安全措施。保护接地是将故障中可能呈现危险对地电压的金属部分经接地线、接地体同大地紧密连接起来，以防止或减少电击伤害的安全措施。

5.3　用电安全要求

5.3.1　电气安全标志

实验室应设置明确统一的标志，这是保证用电安全的一项重要措施。标志分为颜色标志和图形标志(如图 5-1、图 5-2 所示的常见颜色和图形安全标志)。颜色标志常用来区分各种不同性质、不同用途的导线，或用来表示某处安全程度。图形标志一般用来告诫人们不要去接近有危险的场所。为保证安全用电，必须严格按有关标准使用颜色标志和图形标志。一般采用的安全色有以下几种。

(1) 红色：用来标志禁止、停止和消防，如信号灯、信号旗、机器上的紧急停机按钮等都是用红色来表示“禁止”的信息。

(2) 黄色：用来标志注意危险，如“当心触点”“注意安全”等。

(3) 蓝色：一般用来标志强制执行和命令，如“必须戴安全帽”“必须验电”等。

(4) 绿色：一般用来标志安全无事，如“在此工作”“在此攀登”等。

图 5-1　常见禁止类安全标志

图 5-2　注意安全标志

(5) 黑色：一般用来标注文字、符号和警示标志的图形等。

(6) 白色：一般用于安全标志红、蓝、绿色的背景色，也可用于安全标志的文字和图形符号。

(7) 黄色与黑色间隔条纹：一般用来标志警告、危险，如“防护栏杆”。

(8) 红色与白色间隔条纹：一般用来标志禁止通过、禁止穿越等。

5.3.2　安全接线

(1) 选用以颜色区分的标准导线。按照规定，为便于识别、防止误操作、确保运行和检修人员的安全，必须采用不同颜色来区别。在供电方面，国内 220 V 电源线中的火线，一般使用红色或棕色，因为这两种颜色都是热门颜色。零线使用蓝色、绿色或黑色。接地线使用黄色和绿色的双色线；三相电火线使用黄色、绿色和红色，分别表示交流电 A、B 和 C 的三相。

(2) 选择合适的导线尺寸和材质。设计实验室供配电系统时，应根据用电设备运行情况并结合容量要求，选择合适的导线，以免超负荷运行导致导线过热引起漏电、短路和火灾等事故。

(3) 布线和排线应规范、安全、合理。实验室的布线和排线对确保师生实验安全十分重要，应做到符合行业规范，不要乱拉、乱接电线。用于走暗线的套管一定要选用合格的 PVC 阻燃管，切记不能直接从泡沫板中穿线。因为普通泡沫板是易燃材料，而电线用久之后会发热，容易引起火灾事故。

5.3.3　特殊场所电气安全的技术要求

(1) 存储、生产以及使用可燃、助燃、易燃(爆)等物体的场所或区域内的用电产品，其阻燃或防爆等级要求应符合特殊场所的标准规定。

(2) 在潮湿的场所中应有特殊的用电安全措施，以保证在任何情况下人体不触及用电产品的带电部分；如果用电产品发生漏电、过载、短路或人员触电等事故，应有自动切断电源的保护措施。

5.3.4　实验室人员的用电安全要求

为确保实验教学顺利进行，必须首先保证师生的人身安全，规范用电安全应该切实做到以下几点。

(1) 实验时，应先检查线路连接是否正确，确认无误后才能接通电源；不得用潮湿的手去触摸电器；实验结束时，应按流程切断电源。

(2) 电源裸露带电部分应有绝缘装置，如电线接头处应裹上绝缘胶布等。

(3) 修理或安装电器时，应先切断电源；不能用测电笔去测试高压电；使用高压电源应有专门的防护措施。

(4) 测电笔和万用电表是用来判别物体是否带电以及辨别火线和零线的电工工具。使用时必须正确握持，拇指和中指握住电笔绝缘处，食指压住笔端金属帽上，如图 5-3 所示。

5.3.5　用电设备的安全使用要求

1. 弄清仪表设备的规格和状态

(1) 先了解实验使用的电器仪表要求的电源类型(是交流电还是直流电，是三相电还是单相电)和电压的大小(380 V、220 V、110 V 或 6 V)以及操作规程。

(2) 接通电源前，应先检查电源开关、电机和设备各部分是否良好。若有故障，应先排除后，方可接通电源。

(3) 弄清电器功率是否符合要求及直流电器仪表的正、负极。

2. 正确使用设备仪器的要领

(1) 启动或关闭电器设备时，必须将开关扣严或拉妥，防止似接触又非接触的状况。

(2) 电源或电器设备的保险丝烧断时，应先查明原因排除故障后，再按原负荷选用规格

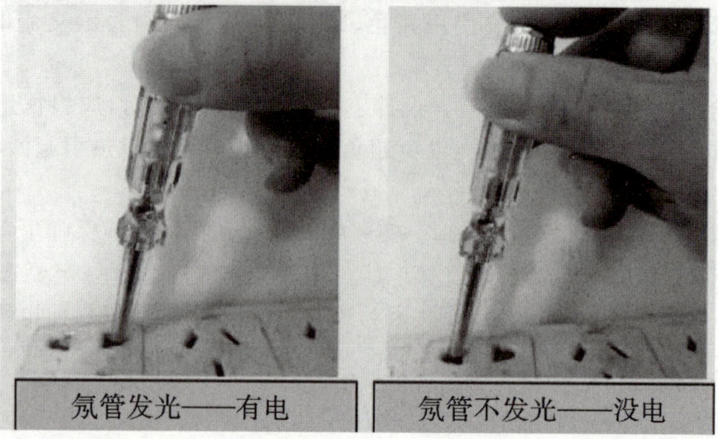

图 5-3 试电笔的使用

相符的保险丝进行更换，不得随意加入或用其他金属线代替。

(3) 定碳、定流、硅碳棒箱或炉的棒端，均应设置安全罩；需要加接地线的设备，要妥善接地，以防止触电事故发生。

(4) 注意保持电线和电器设备的干燥，防止线路和设备受潮漏电；使用电子仪器设备时，若发现有不正常声响、发生过热现象或嗅到异味，应立即切断电源，停止实验并上报指导教师。

(5) 不得擅自更换电器设施，或随意拆修电器设备。若要改动，则需要在教师指导下进行。

3. 用电设备的环境要求

(1) 实验室内不应有裸露的电线头；电源开关箱内，不准堆放物品，以免触电或燃烧；如遇电线起火，切勿用水或导电的酸碱泡沫灭火器灭火，应立即切断电源，用砂或二氧化碳灭火器灭火。

(2) 要警惕实验室内发生电火花或静电，尤其是实验室内存有氢气、煤气等易燃易爆气体以及使用可能构成爆炸混合物的可燃性气体时，需要特别注意。

(3) 使用高压动力电时，应按照安全规定，穿戴好绝缘胶鞋、手套，或用安全杆操作。

(4) 操作人员较长时间离开房间或电源中断(如突然停电)时，要切断电源开关，尤其是要注意切断加热电器设备的电源开关。

5.4 电气危害的特征

电气危害是现代生产生活中普遍存在而又极易爆发的危害，具有以下特性。

(1) 隐蔽性。电是一种看不见的物理存在。一个电路，如果没有指示仪器，是看不出是否有电的，因此，行业内有一个规定：在未搞清楚电路状况的情况下，一律认为其有电。

(2) 瞬时性。电气危害的瞬时性表现为不管是人体触电、电路短路还是绝缘击穿等，都是瞬时发生，并且由强大的冲击状态开始，使人没有任何理性的反应时间。

(3) 累积性。电气危险或危害也具有累积性，如电气设备老化和温升导致的设备老化加速，均会造成电气危险和危害，这个过程是逐渐积累产生的。

(4) 传导性。电气危害的传导性表现为：当电路中一个设备发生故障时，可能导致其他设备发生故障；一个危害点，可能引发多个危害点同时或先后出现。

5.5　实验室电气火灾和爆炸原因及防火防爆措施

5.5.1　实验室电气火灾原因

电气火灾一般是指由于电气线路、用电设备、器具以及供配电设备出现故障性释放的热能；如高温、电弧、电火花以及非故障性释放的能量；如电热器具的炽热表面，在具备燃烧条件下引燃本体或其他可燃物而造成的火灾，也包括由雷电和静电引起的火灾。据统计，由于电气原因引发的火灾，占全部火灾的 40%左右，且近年来一直呈上升趋势，故电气火灾不容忽视。2011 年至 2016 年，我国共发生电气火灾 52.4 万起，造成 3261 人死亡、2063 人受伤，直接经济损失 92 亿余元，占全国火灾总量及伤亡损失的 30%以上；其中重特大电气火灾 17 起，占重特大火灾总数的 70%。

电气设备运行时总是要发热的，设计正确、施工正确以及运行正常的电气设备，其最高温度和周围环境的温度差(即最高温升)都有允许范围。例如，裸导线和塑料绝缘线的最高温度一般不超过 70 ℃；橡胶绝缘线的最高温度一般不超过 65 ℃；变压器的上层油温不得超过 85 ℃；电力电气容器外壳温度不得超过 65 ℃；电动机定子绕组的最高温度，对于所采用的 A 级、B 级或 E 级的绝缘材料分别为 95 ℃、105 ℃和 110 ℃，定子铁芯分别为 100 ℃、115 ℃和 120 ℃等。也就是说，电气设备正常发热是允许的，但当电气设备的正常运行遭到破坏时，发热量增加，温度升高，在一定条件下会引起电气火灾。引起电气设备过热的不正常运行包括以下几种情况。

1. 短路

发生短路时，线路中的电流增加为正常时的几倍甚至几十倍，而产生的热量又和电流的平方成正比，使得线路的温度急剧上升，可能超过允许范围。如果温度达到可燃物的自燃点，即引起燃烧，从而导致火灾。

(1) 当电气设备的绝缘层老化变质，或受到高温、潮湿或腐蚀的作用而失去绝缘能力时，即可能引起短路。

(2) 绝缘导线直接缠绕，钩挂在铁丝上时，由于磨损或者铁锈腐蚀，很容易使绝缘层破坏而形成短路。

(3) 由于设备安装不当或工作疏忽，可能使电气设备的绝缘层受到机械损伤而形成短路。

(4) 由于雷击等过电压的作用，电气设备的绝缘可能遭到击穿而形成短路。

(5) 此外，在安装和检修工作中，由于接线和操作的错误，也可能造成短路事故。

2. 过载

过载会引起电气设备发热，造成过载的原因大体上有以下两种情况：一是设计时选用的线路或设备不合理，以致在额定负载下产生过热；二是使用不合理，即线路或设备的负载超过额定值，或者连续使用时间过长，超过线路或设备的设计能力，由此造成过热。

3. 接触不良

接触部分是电路的薄弱环节，是发生过热的一个重点部位。

(1) 不可拆卸的接头连接不牢、焊接不良或接头处混有杂质，都会增加接触电阻而导致接头过热。

(2) 可拆卸的接头连接不紧密或者因震动而松弛，从而导致接头发热。

(3) 活动接头，如闸刀开关的接头、插销的触头、灯泡和灯座的接触处等活动触头，如果没有足够的接触电压或接触表面粗糙不平，会导致触头过热。

(4) 对于铜铝接头，由于铜和铝电性不同，接头处易因为电解作用而腐蚀，从而导致接头过热。

4. 铁芯发热

变压器、电动机等设备的铁芯，如铁芯绝缘损坏或承受长时间过电压，将增加涡流损耗和磁滞损耗而使设备发热。

5. 散热不良

各种电气设备在设计和安装时都考虑有一定的散热或通风措施，如果这些措施受到破坏，就会造成设备过热。

此外，电灯和电炉等直接利用电流进行工作的电气设备，工作温度都比较高，如安装或使用不当，均有可能引起火灾。

5.5.2 电气爆炸的原因

电火花是电极间的击穿放电，电弧是由大量的电火花汇集而成的。一般来说，电火花的温度都很高，特别是电弧，温度可达到 6000 ℃。因此，电火花和电弧不仅能引起可燃物燃烧，还可能引起金属熔化、飞溅，构成危险的火源。在有爆炸危险的场所，电火花和电弧更是引起火灾和爆炸的一个十分危险的因素。

在生产和生活中，电火花是经常见到的。电火花大体包括工作火花和事故火花两类。

(1) 工作火花是指电气设备正常工作或在正常操作过程中产生的火花。例如，直流电机电刷与整流子滑动接触处，交流电机电刷与滑环滑动接触处电刷后方的微小火花、开关或接触器开合时的火花、插销拔出或插入时的火花等。

(2) 事故火花是指线路或设备发生故障时出现的火花。例如，发生短路或接地时出现的火花、绝缘损坏时出现的闪光、导线连接松脱时的火花、保险丝熔断时的火花、过电压放电火花、静电火花、感应电火花以及修理工作中错误操作引起的火花等。

此外，电动机转子和定子发生摩擦(扫膛)或风扇与其他部件碰撞也都能产生火花，这都是由碰撞引起的机械性质的火花。当灯泡破碎时，炽热的灯丝有类似火花的危险作用。

电气设备本身，除多油断路器可能爆炸外，电力变压器、电力电容器、充油套管等充油设备也可能爆裂，但一般不会出现爆炸事故。以下情况可能引起空间爆炸：一是周围空间有爆炸性混合物，在危险温度或电火花作用下引起爆炸；二是充油设备的绝缘油在电弧作用下分解和气化，喷出大量油雾和可燃气体，引起爆炸。

事故案例：2010 年 5 月 26 日，昆明理工大学莲华校区矿业大楼 6 楼一实验室突发火情。事故原因是学生做完实验出门时忘记关电路引发火灾，所幸无人受伤。2013 年 4 月 30 日，南京理工大学实验室发生爆炸。爆炸造成 1 人死亡，3 人重伤，房屋倒塌面积达到 34 平方米。爆炸系因外来施工人员用明火切割的方式私拆金属构件引起的。2011 年 3 月 31 日，青岛四方区郑州路某高校内的化学实验楼一楼的一间实验室突然着火，5 辆消防车扑救半小时才将大火扑灭。学生怀疑，可能是实验仪器夜间未断电导致起火。2011 年 4 月 14 日，四川大学江安校区第一实验楼 B 座 103 化工学院一实验室三名学生在做常压流化床包衣实验过程中，实验物料意外发生爆炸，3 名学生受伤。2011 年 9 月 20 日，某实验室员工用马弗炉做中药材灰分实验，操作时，不慎将药物直接撒入 650 ℃马弗炉中，药物立即着火，浓烟引起报警，随后实验室员工立即用干粉灭火器将火扑灭。

5.5.3　实验室电气防火防爆措施

1. 加强电气设备的维护和管理

(1) 正确选用电气设备，具有爆炸危险的场所应按国家标准《爆炸性环境电气现行标准》(GB 3836—2010)规范选择防爆电气设备，防爆电气设备的公用标志为“Ex”，防爆电气设备的各种类型和相应标志如表 5-2 所示。

表 5-2　防爆电气设备的类型和标志

类　型	防爆原理	标　志
隔爆型	具有一个足够牢固的外壳，不仅能防止爆炸火焰的传出，而且壳体可承受一定的过压	d
增安型	采用一系列安全措施，使设备在最大限度内不致产生电火花、电弧或危险温度；或者采用有效的保护元件使其产生的火花、电弧或温度不能引燃爆炸性混合物，以达到防爆的目的	e
无火花型	这是一种在正常运行时不产生火花和危险高温，也不会产生引爆故障的电气设备	n
正压型	保证内部保护气体的压力高于周围以免爆炸性混合物进入外壳，或足量的保护气体通过外壳使内部爆炸性混合物的浓度降至爆炸下限以下	P
充砂型	充砂型是在外壳内充填砂粒或其他规定特性的粉末材料，使之在规定的使用条件下，壳内产生的电弧或高温均不能点燃周围爆炸性气体环境的结构	q
浇封型	将可能引起爆炸性混合物爆炸的火花、电弧或危险温度的电气部件浇封在浇封剂中，使其不能点燃周围爆炸性混合物	m
本质安全型	在正常运行或在标准实验条件下所产生的火花或放热效应均不能点燃爆炸性混合物	i
防爆充油型	全部或部分部件浸在油中，使设备不能点燃油面以上的或外壳以外的爆炸性混合物	o
防尘防爆型	外壳能阻止粉尘进入，或虽然不能完全阻止但是能控制粉尘进入量，不妨碍电机安全运行，且内部粉尘堆积不易产生点燃危险的电气设备	DIP A DIP B
特殊型	结构上不属于上述类型而采取其他防爆型式的设备	s

(2) 合理选择安装位置,保持必要的安全间距。

(3) 加强电气设备的维护、保养、检修,以保持正常运行,包括保持电气设备的电压、电流、温升等参数不超过允许值,保持电气设备足够的绝缘能力,保持电气连接良好等。

(4) 保证设备通风良好,防止设备过热。

(5) 必须按规定接地。爆炸危险场所的接地,较一般场所要求高。为防止打雷闪电和漏电引起的火花,所有金属外壳、设备都要有可靠的接地。

(6) 杜绝设备超负荷运行和"故障"运行。输电线路和用电设备超负荷运行,易导致负荷过载、导线发热、保护措施或控制失灵、电热短路、电火花点燃等危险因素,从而导致火灾、爆炸事故的发生。

(7) 采用耐火设施,提高实验室装置、器械、家具的耐火性能,室内必须配备灭火装置。

(8) 在有爆炸危险的场所,必须保证通风良好以降低爆炸性混合物的浓度。

2. 排除燃爆危险隐患

保证高危设备与易燃易爆物质的安全间隔;保持良好通风,将易燃易爆的气体、粉尘浓度降低到不致引起火灾和爆炸的安全限度内;加强密封,减少和防止易燃易爆物质的泄漏;经常巡视,检测易燃易爆物质的浓度,检查设备、储存容器、管道接头和阀门的密封性等。

5.6 电气火灾的扑救要点

5.6.1 及时切断电源

切断电源时,最好用绝缘的工具操作,并注意安全距离。电容器和电缆在切断电源后,仍可能有残余电压,为了安全起见,不能直接接触或搬动电缆和电容器,以防发生触电事故。

5.6.2 不能直接用水冲浇电气设备

因为水有导电性,进入带电设备后易引起触电,会降低设备绝缘性能,甚至引起设备爆炸,从而危及人身安全。

5.6.3 使用安全的灭火器具

选择不导电的灭火器,如二氧化碳、1211、1301、干粉等灭火器进行灭火。绝对不能用酸碱或泡沫灭火器,因其灭火药液有导电性,手持灭火器的人员会触电。而且,这种药液会强烈腐蚀电气设备,事后不易清除。

5.6.4 变压器、油断路器等充油设备

发生火灾后,可把水喷成雾状灭火,迅速降低火焰温度。

5.6.5 带电灭火的注意事项

如果不能迅速断电,必须在确保安全的前提下进行带电灭火。应使用不导电的灭火剂,不能直接用导电的灭火剂,否则会造成触电事故。使用小型灭火器灭火时由于其射程较近,

要注意保持一定的安全距离，对 10 kV 及以下的设备，该距离不应小于 40 cm。在灭火人员穿戴绝缘手套和绝缘靴、水枪喷嘴安装接地线情况下，可以采用喷雾水灭火。若遇带电导线落于地面，则要防止跨步电压触电，扑救人员在进入灭火前，必须穿上绝缘鞋。

5.7 思考题

(1) 高校实验室中引起电气火灾的火源主要有哪些？分析火源的具体起因，并提出预防电气火灾的措施。

(2) 安装插座时，错误地将电源相线接在单向三极插座的保护接地极上，会发生什么严重的后果？

(3) 照明电源开关应该接在火线上还是零线上？为什么？

(4) 为什么电气设备停电检修时要进行验电、放电？

(5) 学校实验室电气设备的接地应采取哪些措施？

(6) 在雷雨天，实验室应如何有效地防止雷击？采取的方法有哪些？

(7) 电气火灾的特点有哪些？

(8) 电气火灾的原因有哪些？

(9) 电气火灾的扑救要点有哪些？

第6章 高校机械设备安全

在机械类实践教学中，涉及的机械设备的种类和数量较多，常见的有各类钳工设备、普通机床、数控机床、激光雕刻机、电火花加工机床、加工中心、工业机器人等，这些设备主要集中在学校的工程训练中心和机械学科的各个专业实验室。为了培养工匠型创新型人才，很多高校强调学生的主动参与，并向着学生自主安排训练时间、内容，自行设计实验方案的研究性、综合性和创新性全开放学习模式发展。针对课程教学要求和训练内容，要求学生在有限的训练时间内，独立完成比较复杂的机器设备操作训练或者相关实验项目。而大多数学生进入工程训练课程时，往往缺乏基本的机械安全常识和基本技能，因此，对学生进行安全心理教育并制定与课程相适应的安全保障体系，使初学者快速掌握基本安全知识要点，确保师生安全和实践教学的有序进行，是十分必要的。

6.1 机械的组成

机械是机构和机器的总称。机构是各组成部分间具有一定相对运动的装置，如车床的齿轮机构、走刀机构，起重机的变幅机构等；而机器是用来转换或利用机械能的机构，如车床、铣床、钻床、磨床等。机器的种类繁多，应用目的和实现的功能也各不相同。从机器最基本的特征入手，把握机器组成的基本规律后可以发现，从最简单的千斤顶到复杂的现代化机床，机器组成的一般规律：由原动机将各种形式的动力能变为机械能输入，经过传动机构转换为适宜的力或速度后传递给执行机构，通过执行机构与物料直接作用，完成作业或服务任务，而组成机械的各部分借助支承装置连接成一个整体。图 6-1 所示的是摇臂钻床，该钻床中包括原动机、执行机构、传动机构三大部分，此外还包括控制操纵系统、支撑装置等辅助部分。

(1) 原动机。原动机是提供机械工作运动的动力源。常用的原动机有电动机、内燃机、人力或畜力(常用于轻小设备或工具，或作为特殊场合的辅助动力)等。图 6-1 中的摇臂钻床的电动机安装在主轴的上方，铣床的电动机安装在机床的后部。

(2) 执行机构。执行机构是通过刀具或其他器具与物料的相对运动或直接作用来改变物料的形状、尺寸、状态或位置的机构。机械应用的主要目的是通过执行机构来实现，机器种类不同，其执行机构的结构和工作原理就不同。执行机构是一台机器区别于另一台机器的最有特性的部分。执行机构及其周围区域是操作者进行作业的主要区域，称为操作区。钻床上用于安装钻头的主轴、铣床上用于安装工件的工作台即为执行机构。

(3) 传动机构。传动机构是将原动机和执行机构联系起来，传递运动和力(力矩)，或改变运动形式的机构。一般情况是将原动机的高转速、小扭矩，转换成执行机构需要的较低速度和较大的力(力矩)。传动机构包括除执行机构之外的绝大部分可运动零部件，常见的有齿轮传动、带传动、链传动、曲柄连杆机构等，它是各种不同机器具有共性的部分。因此，机器不同，传动机构可以相同或类似。机床的传动系统非常复杂，机床的机箱中包含了大量传

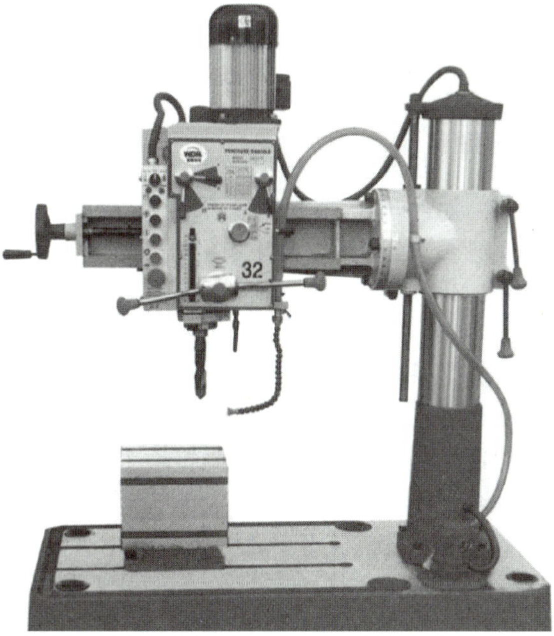

图 6-1　摇臂钻床

动元件(如齿轮、传动轴等)组成的传动系统。

(4) 控制操纵系统。控制操纵系统是用来操纵机械的启动、制动、换向、调速等运动和控制机械的压力、温度、速度等工作状态的机构系统,包括各种操纵器和显示器。人通过操纵器(如操纵杆、手柄等)来控制机器;显示器或手轮上的刻度盘可以把机器的运行情况适时反馈给人,以便及时、准确地控制和调整机器的状态,从而保证作业任务的顺利进行并防止事故发生。控制操纵系统是人机接口环节,安全人机学的要求在这里得到集中体现。

(5) 支承装置。支承装置是用来连接、支承机器的各个组成部分,承受工作外载荷和整个机器重量的装置。它是机器的基础部分,分为固定式和移动式两类。固定式与地相连(如机床的基座、床身、导轨、立柱等),移动式可带动整台机床相对地面运动(如可移动机床的金属结构、机架等)。支承装置的变形、振动和稳定性不仅影响加工质量,还直接关系到作业的安全。图 6-1 中摇臂钻床的床身即为支撑装置。

6.2　机械的状态及其安全问题

机器在按规定的使用条件下执行其功能的过程中,以及在运输、安装、调整、维修、拆卸和处理时,可能对人员造成损伤或对健康造成危害。这种危害在机器使用的任何阶段和各种状态下都有可能发生。

(1) 正常工作状态。这是机器在状态完好的情况下,完成预定功能的正常运转过程。由于在此状态时,存在着多种完成预定功能所必须具备的运动要素,而有些要素可能产生危害后果。例如,大量形状各异的零部件的相互运动,刀具锋刃的切削,起吊重物、机械运转的噪声等。

(2) 非正常工作状态。非正常工作状态是指在机器运转过程中,由于各种原因(可能是人员的操作失误，也可能是动力突然丧失或外界的干扰等）引起的意外状态。例如，意外启动、运动或速度变化失控，外界磁场干扰使信号失灵，瞬时大风造成起重机倾覆倒地等。

(3) 故障状态。故障状态是指机械中的某部分的机械结构或系统丧失了规定功能的状态。例如，当机器的动力源或某零部件发生故障时，使机器停止运转，处于故障保护状态；由于电器开关故障，会产生不能停机的危险；砂轮轴的断裂，会导致砂轮飞甩的危险；速度或压力控制系统出现故障，会导致速度或压力失控的危险等。

(4) 非工作状态。在正常情况下，机器停止运转处于静止状态时，一般呈现为安全状态。但并不排除处于此状态时由于各种原因，导致人员与机械悬吊部分的碰撞，结构垮塌，室外机械在风力作用下的滑移或倾覆，堆放的易燃易爆原材料的燃烧、爆炸等事故的发生。

(5) 检修保养状态。检修保养状态是指机器进行维护和修理作业时（包括保养、修理、改装、翻建、检查、状态监控和防腐润滑等）所处的状态。尽管检修保养一般在停机状态下进行，但有些作业的特殊性往往迫使检修人员采用一些超常规的做法。例如，攀高，钻坑，将安全装置短路，进入正常操作时不允许进入的危险区进行抢险等，使维护或修理有可能出现在正常操作时不易发生的各种危险。

6.3 机械的危害及原因

由机械产生的危险，是指存在于机械本身和机械运行过程中产生的危险。它可能来自机械自身、机械的作用对象、人对机器的操作以及机械所在的场所等。有些危险是显现的，有些危险是潜在的，有些危险是单一的，还有些危险是交错在一起，它表现出复杂、动态、随机的特点。因此，必须把由人、机、环境等要素组成的机械加工系统看作一个整体，用安全系统的观点和方法来识别和描述机械在使用过程中可能产生的各种危险、危险状态以及预测可能发生的危险事件，为学习安全操作机器、设计安全的机器、制定有关机械安全标准，以及对机械系统进行安全风险评价提供依据。

6.3.1 机械产生的危险

机械产生的危险包含机械危险和非机械危险，主要包括以下几个方面。

1. 机械危险

由于机械设备及其附属设施的构件、工件、零件、工具或飞溅的固体和流体物质等的机械能（动能和势能）作用，可能产生伤害的各种因素以及与机械设备有关的滑绊、倾倒和跌落等危险。

2. 电气危险

电气危险的主要形式是电击、燃烧和爆炸。其产生条件可以是人体与带电体的直接接触，人体接近高压电体，带电体绝缘不充分而产生漏电、静电现象，短路或过载引起的熔化粒子喷射热辐射和化学效应等。

3. 温度危险

一般将 29 ℃以上的温度称为高温，－18 ℃以下的温度称为低温。温度危险产生的条件有环境温度、热源辐射或接触高温物（材料、火焰或爆炸物）等。高温会引起燃烧或爆炸，会对人体产生高温生理反应，如高温烧伤、烫伤等；低温会对人体产生低温生理反应、低温冻伤等。

4. 噪声危险

噪声危险的形式主要有机械噪声、电磁噪声和空气动力噪声等，其造成的危害如下。

(1) 对听觉的影响。根据噪声的强弱和作用时间不同，可能造成耳鸣、听力下降或者永久性听力损失甚至爆震性耳聋等。

(2) 对生理、心理的影响。通常分贝(dB)为 A 级以上的噪声对神经系统、心血管系统等都有明显的影响，而低噪声则会使人产生厌烦、精神压抑等不良心理反应。

(3) 干扰语言通信和听觉信号而引发其他危险。

5. 振动危险

振动对人体可造成生理和心理影响，造成损伤和病变。最严重的振动(或长时间不太严重的振动)可能产生生理严重失调，如血脉失调、神经失调、骨关节失调、腰痛和坐骨神经痛等。

6. 辐射危险

辐射的危险是杀伤人体细胞和机体内部的组织，轻者会引起各种病变，重者会导致死亡。

7. 材料和物质产生的危险

材料和物质产生的危险有因接触或吸入有害物所导致的危险，火灾与爆炸危险，生物与微生物危险等。例如，构成机械设备、设施自身的各种物料，加工使用、处理的物料，生产过程中产生、排放的余料和废弃的物料等。

8. 人的能力与所处环境产生的危险

当机械设计或环境条件不符合要求时，有可能出现与人的能力(这里指以生理或心理为特征)不协调的情况。例如，承担的负荷(体力负荷、听力负荷、视力负荷或其他负荷等)超过人的生理范围；长期静态或动态型操作姿势，劳动强度过大或过分用力；对机械进行操作、监视或维护而造成精神负担过重，准备不足、紧张等而产生的危险，因操作偏差或失误以及不符合卫生要求的气温、湿度、气流、照明等作业环境而导致的危险等。

9. 综合性危险

这类危险存在于机械设备及生产过程中，其危害因素的涉及面很宽，既有设备自身造成的危害，又有材料和物质产生的危险，也有生产过程中人的不安全因素，还有工作环境恶劣、劳动条件差(如超负荷工作)等原因带来的危险，表现为复杂、多样、动态、随机的特点。有些单一危险看起来微不足道，但当它们组合起来时，就可能发展为严重危害。

6.3.2　机械危险的主要伤害形式

机械危险的伤害实质上是机械能(动能和势能)的非正常做功、流动或转化，导致对人员的接触性伤害。由此可见，这类伤害大量出现在操作人员与可运动物件的接触过程中，其主要伤害形式有以下几种。

1. 卷绕和绞缠

这类伤害主要来自做回转运动的机械零件，主要类型如下。

(1) 轴类零件。例如，联轴器、主轴、丝杠以及其他传动轴等。

(2) 回转件上的凸出物和开口。例如，轴上的凸出键、调整螺栓或销、圆轮形状零件(链轮、带轮、皮带轮)的轮辐、手轮上的手柄等。

(3) 未按安全要求着装。回转零件运动时,将人的头发、饰物(如项链)、肥大衣袖或下摆卷缠引起的伤害。

2. 卷入和碾压

这类伤害主要来自相互配合的运动副。卷入伤害通常发生在运动副啮合部位的夹紧点、皮带与皮带轮的夹口,机械中常用的运动副有相互啮合的一对齿轮或齿轮与齿条、链条与链轮等。碾压伤害通常发生在两个做相对回转运动的辊子之间以及滚动的旋转件,如轮子与轨道、车轮与路面等。

3. 挤压、剪切和冲撞

这类伤害主要来自做往复直线运动的零部件。生产现场和实验室中常见的挤压伤害通常发生在大型机床(如龙门类大型机床)的纵向移动的工作台和垂直移动的升降台、运动部件与静止部分之间,这是由于安全距离不够产生的夹挤。剪切伤害常常发生在剪切机刀片与压料装置之间,造成手部伤害。做直线运动的部件限位不准、突然失去平衡等都有可能出现冲撞伤害。

4. 飞出物打击

机械零部件发生断裂、松动、脱落或弹性势能等机械能释放,会使失控的零部件飞出或反弹出去,对人造成伤害。例如,轴的破坏引起装配在其上的皮带轮、飞轮、齿轮或其他运动零部件坠落或飞出,螺栓的松动或脱落引起被它紧固的运动零部件脱落或飞出,高速运动的零件破裂碎块甩出,切屑飞溅等。另外,弹性元件的势能释放也会引起弹射,如弹簧、皮带等的断裂;在压力、真空下的液体或气体内会引起高压流体喷射等。

5. 物体坠落打击

处于高位置的物体具有势能,当它们意外坠落时,势能转化为动能,造成伤害。例如,高处掉下的零件、工具或其他物体;悬挂物体的吊挂零件(如挂钩等)破坏或夹具夹持不牢引起物体坠落;由于零部件质量分布不均衡,重(中)心不稳,在外力作用下发生倾翻、滚落;运动部件运行超过行程、脱轨导致的伤害等。

6. 切割和擦伤

切削刀具的锋刃、零件表面的毛刺、工件或切屑的锋利飞边,以及机械设备的尖棱、利角和锐边或粗糙的表面(如砂轮、毛坯)等,无论物体的状态是运动的还是静止的,这些由于锋利形状产生的危险都会构成伤害。

7. 操作人员的碰撞、跌倒以及坠落

(1) 机械结构上的凸出、悬挂部分(如起重机的支腿、吊杆及机床的手柄等)以及大尺寸加工件伸出机床的部分等,无论是处于静止状态还是运动状态,都有可能与人体产生碰撞的危险。

(2) 由于地面堆物无序、地面凸凹不平或摩擦力过小,都有可能导致人员磕绊跌倒、打滑等危险。如果再引起二次伤害,那么后果将会更严重。

(3) 人从高处失足、误踏入坑井、电梯悬挂装置损坏、轿厢超速下行撞击坑底,都会对人员造成坠落伤害。

6.3.3 机械事故产生的原因

机械事故的根源多存在于机器的设计、制造、运输、安装、使用、报废、拆卸及处理等多个环节的安全隐患之中。它的发生往往是多种因素综合作用的结果，采用安全系统的认识观点，可以从物的不安全状态、安全管理缺陷、人的不安全行为和不安全的心理状态找到原因。

1. 物的不安全状态

物的安全状态是保证机械安全的重要前提和物质基础。这里，物包括机械设备、工具、原材料、中间与最终产成品、排出物和废料等。物的不安全状态将构成生产中的客观安全隐患和风险，是引发事故的直接原因。

例如，机械设计不合理，未满足人机安全要求，计算错误，安全系数不够，使用条件不足；制造时零件加工超差、以次充好、偷工减料；运输和安装中的野蛮作业使机械及其部件受到损伤而埋下隐患等。

近些年来，大量境外的机械设备进入国内，其中有些设备由于不符合中国人的人体测量参数以及有些已被淘汰的垃圾设备非法进入我国而引发伤害；国内少数没有生产许可证的企业生产的缺少安全装置的不合格机械产品流入市场，成为安全隐患的源头。同时，零部件润滑保养不良或报废后未及时更换、缺少必要的安全防护等，造成大量因使用环节不合格而产生的机械伤害事故。

此外，超过安全极限的作业条件或卫生标准不良的作业环境，直接影响人的操作意识水平，使身体健康受到损伤，造成机械系统功能降低甚至失效。

2. 安全管理缺陷

安全管理水平包括安全意识水平、对设备（特别是对危险设备）的监管、对人员的安全教育和培训、安全规章制度的建立和执行等。安全管理缺陷是事故发生的间接原因。

3. 人的不安全行为

在机械使用过程中，人的行为受到生理、心理等各种因素的影响，其表现是多种多样的。缺乏安全意识和安全技能差（安全素质低下）等不安全行为是引发事故的主要原因，其常见的表现有不了解所使用机械存在的危险、不按安全规程操作、缺乏自我保护和处理意外情况的能力、指挥失误（或违章指挥）、操作失误、监护失误等。在日常工作和实验室进行学习时，人的不安全行为大量表现在不安全的工作习惯上。例如，工具或量具随手乱放，测量工件时不停机，站在工作台上装卡工件，越过旋转刀具取送物料，随意攀越大型设备以及不走安全通道等。

4. 不安全的心理状态

大多数学生都是第一次接触机械加工设备，他们在实习实训中的心理状态对于安全操作有着非常重要的影响。如果拥有一个良好健康的心理，情绪和行为就不容易受外界的客观因素的影响，有利于安全操作；反之，就容易受外界环境的影响，引发一些不安全的行为。对于学生来说，常见的有侥幸心理、麻痹大意、盲目自信、逞能等不安全心理状态，这些都可能造成不可逆的安全事故。

6.4　机械实验室安全防护

1. 安全操作的主要规程

要避免进行机械类实验时发生危害和事故，不仅需要机械设备本身要符合安全要求，而且更重要的是要求操作者严格遵守安全操作规程。当然，机械设备的安全操作规程因其种类不同而内容各异，下面的规程适用于大多数机械设备的安全操作。

1）开机前的安全准备

(1) 正确穿戴好个人防护用品。操作人员必须按照安全要求着装，如机械加工时要求女生必须戴工作帽，操作机床时所有人员不得戴手套，以免旋转的工件或刀具将头发或手套绞进去，造成人身伤害。

(2) 设备状态的安全检查。先要空车运转设备，对其进行安全检查，确认正常后才能进行操作运行。生产和实验中，严禁设备带故障运行，以防发生事故。

2）机械设备工作时的安全规范

(1) 正确使用机械安全装置。操作人员必须按规定正确使用仪器和设备上的安全装置，绝不能任意将其拆掉。例如，车床的安全保护器，必须将专用卡盘扳手插入后再开动车床，切不可用其他物件替代。

(2) 工件及工夹具的安装。在工作过程中，随时观察有紧固要求的物件（如正在加工的刀具、工夹具以及工件等）是否由于振动而松动，如果有松动，必须立刻关停机床，重新紧固，直至其牢固可靠。

(3) 操作人员的安全要求。机械设备运转时，严禁操作者用手调整，也不得进行各种测量或润滑、清扫杂物等工作，如果必须进行，则应先关停机械设备。与此同时，操作者不得离开工作岗位，以防发生问题时无人处置。

(4) 实验结束后的安全事项。首先，应关闭仪器设备的电源开关；其次，把刀具和工件从工作位置退出，与零件、工装夹具等一并摆放整齐，打扫机械设备的卫生、进行润滑并清理好实验场地；最后，实验指导教师要注意检查实验场地的电源总开关是否断开以及门窗是否关好。

2. 常见的安全装置

机械装置在设计时，应根据其工作特点选择合适的安全装置。机械安全装置通常按照控制方式或作用原理分类，常见的类型如下。

(1) 固定安全装置。这类装置用于防止操作者接触机器危险部件，它应满足机器的运行环境和条件等技术要求，符合国家标准或行业规范对常用机械做出的相应规定。例如，与危险部件保持一定距离且固定可靠，留出足够的运行空间和进出口等。这类装置所提供的保护标准最高，在机械正常运转无需人进入危险区域时，要尽可能选用固定安全装置。

(2) 连锁安全装置。这类装置的工作原理：只有当安全装置关合时，机器才能运转；而只有当机器的危险部件停止运动时，安全装置才能开启。这类装置常见的有机械、电气、液压、气动或组合的形式。例如，车床安全保护器，只有当卡盘扳手从卡盘体上取下并放入保护器中后，车床电气控制系统才能启动主轴带动卡盘旋转进行加工。如果没有安装安全保护器，当学生在操作时，一旦忘记将卡盘扳手从卡盘体上取下就启动车床，卡盘扳手将会从旋转的卡盘体中飞出，导致伤人的危险发生。

(3) 自动安全装置。当操作者的身体或着装误入危险区域时，自动安全装置可使机器停止工作，直到操作者离开危险区域，以确保操作者安全。例如，当有衣物靠近车床传动丝杠时，车床会停止运转；当操作者的手部进入冲床冲头区域时，冲床会自动停止工作。

(4) 可调安全装置。在无法实现对危险区域进行固定隔离（如固定的栅栏等）的情况下，可以使用可调安全装置。这类装置须对操作者进行适当的培训并合理使用和维护，才能起到安全保护作用。图 6-2 所示的是数控铣床，只有在活动舱门关闭后才能启动。

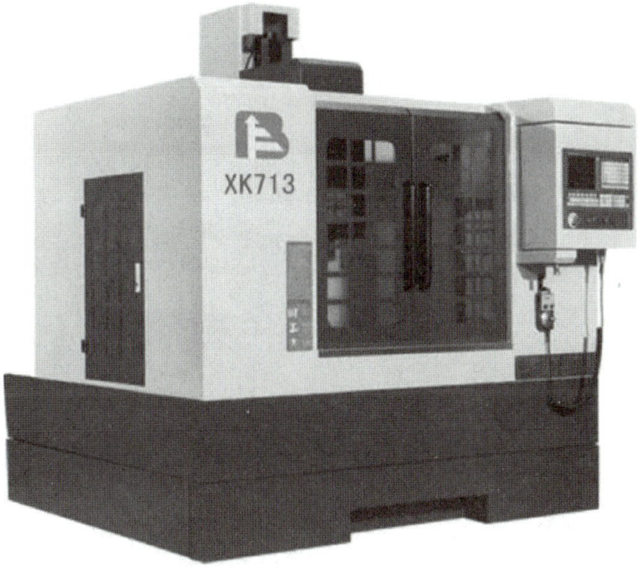

图 6-2　数控铣床

(5) 跳闸安全装置。该装置的作用是在设备操作接近危险点时，自动使机器停止或反向运动，它要求机器有敏感的跳闸机构，并能够迅速停止。

需要注意的是，一般在机械系统正常运行，操作者不需要进入危险区域的情况下，通常安装的是固定安全装置、隔离安全装置、跳闸安全装置等。如果操作者必须进入危险区域，则一般应安装联锁安全装置、跳闸安全装置、可调安全装置以及双手控制安全装置。另外，为保证操作者的安全操作，还应提供相应的个人防护用品和专业防护用品。

3. 附加预防措施

附加预防措施主要包括涉及紧急状态有关的措施和为改善机器安全而采取的一些辅助性预防手段。

(1) 急停装置。每台机械都应装备一个或个急停装置，以使操作者能迅速关机，避免危险状态。急停装置一般应非常明显，便于识别，操作者能迅速接近并完成手动操作，能尽快控制危险过程，避免进一步产生其他危害。急停装置启动后应保持关闭状态，直至手动解除急停状态。急停后并不一定能解除危险，也不一定能挽回损失。急停是一种避免危害继续扩大的紧急措施。

图 6-3 所示的是数控机床控制面板，醒目的急停按钮清晰可见，在遇到紧急事故时迅速按下，可避免更大的损害。

(2) 陷入危险时的躲避和救援保护措施。例如，在可能使操作者陷入各种危险的设施中，应备有逃生通道和必要的屏障；机器应装备能与动力源断开的技术措施和泄放残存能量的措施，并保持断开状态以及当机器停机后，可用手动操作解除断开状态等基本功能。

(3) 重型机械及零部件的安全搬运措施。对于不能通过人力搬运的大型重型机械或零部件，除了应该在机械和零部件上标明重量外，还应装有适当的附件调运装置，如吊环、吊钩、螺钉孔以及方便叉车定位的导向槽等。

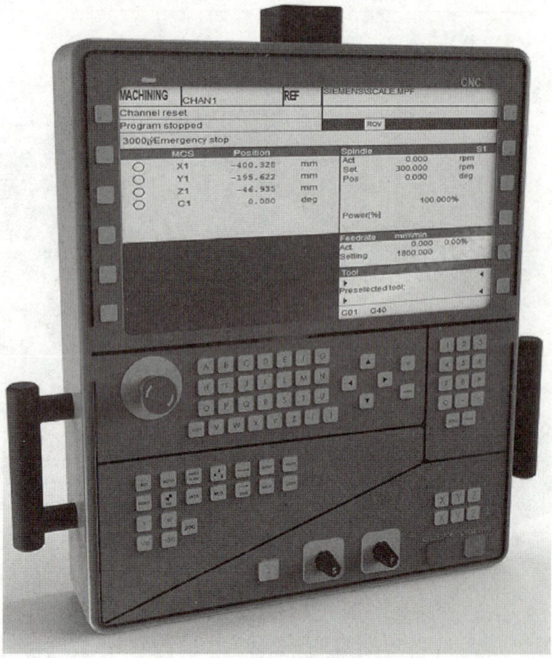

图 6-3　数控机床控制面板

6.5 思　考　题

（1）什么是机械安全？

（2）机械会产生哪些危险？

（3）对机械设备的安全有哪些基本要求？

第 7 章 高校实验室仪器设备使用安全

高校实验室常用的仪器设备有玻璃仪器、高温低温设备、高压设备、高能设备、机械加工设备以及一些分析测试仪器等(见表 7-1)。这些设备在操作时都具有危险性,如果操作错误,可能会引起大的安全事故,导致人员伤害或仪器受损,所以在使用这些仪器设备时必须做好充分的预防措施并谨慎操作。

表 7-1 实验室常用仪器设备及引发的事故种类

设备类型	事故种类	设备示例
玻璃器具	割伤、烫伤	烧瓶、冷凝管
高温设备	烧伤、烫伤	马弗炉、烘箱
低温设备	冻伤	冷冻干燥机、超低温冰箱
高压设备	由气体、液体的压力所造成的伤害,继而发生火灾、爆炸等事故	高压钢瓶、高压反应釜
高能设备	触电、辐射	激光器、微波设备
高速设备	绞伤	离心机
机械设备	绞伤	机床、车床等
大型精密仪器设备	损坏、火灾、爆炸	万分之一天平、气相色谱仪、二氧化碳超临界萃取设备

使用实验室仪器设备的注意事项如下。

(1) 须按仪器设备操作规程和使用说明来使用。

(2) 使用的能量越高,其设备的危险性就越大。使用高温、高压及高速设备时,必须做好充分的防护措施,谨慎地进行操作。

(3) 对不了解其性能的设备,使用前要认真进行准备,尽可能逐个核对设备的各个部分的功能和操作要领,在掌握其基本操作之后,才能进行操作。

(4) 设备使用后要收拾妥善。如果发现有不妥当的地方,必须马上进行检查和修理,或者把情况报告管理者。

7.1 玻璃仪器使用安全

7.1.1 玻璃仪器安全使用通则

我们在实验过程中经常使用玻璃仪器,但玻璃仪器造成的事故很多,且大多数为割伤和烫伤。为了防止这类事故的发生,我们必须充分了解玻璃的性质。

玻璃仪器(见图 7-1)按玻璃的性质不同可以简单地分为软质玻璃仪器和硬质玻璃仪器

两类。软质玻璃承受温差的性能、硬度和耐腐蚀性都比较差，但透明度比较好，一般用来制造不需要加热的仪器。硬质玻璃是一种硼硅酸盐玻璃，具有良好的耐受温差变化的性能，用它制造的仪器可以直接加热。

图 7-1　玻璃仪器

硬质玻璃的硬度较高，质脆，抗压力强但抗拉力弱，且导热性差，稍有损伤或局部施加温差都易断裂或破碎，其裂纹呈贝壳状，像锋利的刀具一样危险。所以在使用玻璃仪器时容易出现意外破损，需采取适当的安全防范措施，将危险性降至最低。

(1) 玻璃仪器在使用前要仔细检查，避免使用有裂痕的仪器。特别是用于减压、加压或加热操作的场合，更要认真进行检查。

(2) 壁薄的玻璃仪器在往台面上放置时要使用双手，轻拿轻放，在进行搅拌操作时避免局部过力。

(3) 剪切或加工玻璃管及玻璃棒时，必须戴防割伤手套。

(4) 玻璃管及玻璃棒的断面要用锉刀锉平或用喷灯熔融，使其断面圆滑，然后再使用，避免造成割伤。

(5) 连接橡胶管和玻璃管，或将温度计插入橡胶塞时，先用水、甘油或润滑脂等润滑一下，边旋转边插入，如果感觉过紧可用锉刀等工具扩孔后再插。

(6) 在组装烧瓶等实验设备时，不要过于用力，也要防止夹具拧得过紧使玻璃容器破损。

(7) 洗涤烧杯、烧瓶时，不要局部勉强用力或冲击。

(8) 加热和冷却时，要避免骤热、骤冷或局部加热。加热和冷却后的玻璃仪器不能用手直接触摸，以免烫伤和冻伤。

(9) 不能在玻璃瓶和量筒内配制溶液，以免配制溶液产生的溶解热使容器破损。

(10) 不能使用壁薄和平底的玻璃容器进行加压或抽真空实验。

(11) 一般情况下，不允许给密闭的玻璃容器加热。

(12) 打开封闭管或紧密塞着的容器时，因其有内压，会发生喷液或爆炸事故，应小心慢慢打开。

(13) 玻璃碎片要及时清理并丢弃在指定的垃圾桶内。

事故案例：将玻璃管插入橡皮塞，或者把橡皮管套入玻璃管以及在试管上塞橡皮塞时，因玻璃破碎、容器内药品溅出而导致实验者受伤的现象在实验室中很常见。

7.1.2　旋转蒸发仪

旋转蒸发仪又叫旋转蒸发器（见图 7-2），是实验室中常用的设备，由马达、蒸馏瓶、加热锅、冷凝管等部分组成，一般跟真空泵配合使用，主要用于减压条件下连续蒸馏易挥发性溶剂，在化学、化工、生物医药等领域应用广泛。

(1) 各接口、密封面、密封圈以及接头安装前，都需要涂一层真空脂。

(2) 加热槽通电前必须加水，不允许无水干烧。

(3) 蒸馏瓶内溶液不宜超过容量的 50%。贵重溶液应先做模拟试验，确认本仪器适用后再正式使用。

(4) 如果真空度太低，应注意检查各接头、真空管和玻璃瓶的气密性。

(5) 使用时要先抽真空（约至 0.03 MPa），再开始旋转，以防蒸馏烧瓶滑落；停止时，应先停旋转，手扶蒸馏烧瓶，通大气，待真空度降至 0.04 MPa 左右时再停止真空泵，以防蒸馏瓶脱落及溶液倒吸。

(6) 根据溶剂沸点设定水浴温度，减压蒸馏过程中要有人在场，以便在发生暴沸时进行减压。

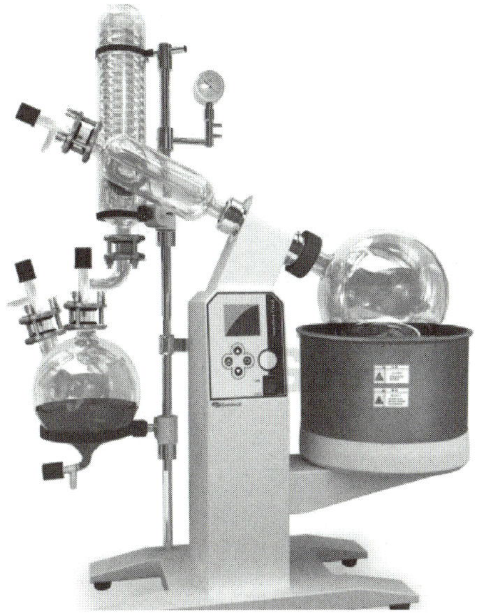

图 7-2　旋转蒸发仪

(7) 连续进样时，须先通大气，待真空度降至 0.04 MPa 左右时，再缓慢增加真空度连续进样。

(8) 如果样品黏度比较大，应放慢旋转速度，从而形成新的液面，利于溶剂蒸出。

(9) 在排气口接一个氮气瓶，先通一阵氮气，排出旋转蒸发仪中的空气，再接上样品瓶旋蒸。蒸完后先放氮气升压，再关泵，最后取下样品瓶封好。

7.2　高温设备使用安全

在化学实验中，使用高温或低温设备的机会很多，并且还常常与高压、低压等严酷的操作条件组合。在这样的条件下进行实验，如果操作错误，除了会发生烧伤、冻伤等事故外，还会引起火灾或爆炸之类的危险。因此，操作时必须十分谨慎。

使用高温设备的一般事项包括如下几点。

(1) 注意防护高温对人体的辐射。

(2) 熟悉高温设备的使用方法，并细心地进行操作。

(3) 使用高温设备的实验，要求在防火建筑内或配备有防火设施的室内进行，并保持室内通风良好。

(4) 按照实验性质，配备最合适的灭火设备，如粉末、泡沫或二氧化碳灭火器等。

(5) 将高温炉之类高温设备置于耐热性差的实验台上进行实验时，设备与台面之间要保留 1 cm 以上的间隙，以防台面着火。

(6) 按照操作温度的不同，选用合适的容器材料和耐火材料。但是，在选定时亦要考虑到所要求的操作环境及接触的物质的性质。

(7) 高温实验禁止接触水。如果高温物体中一旦混入了水，水急剧汽化，会发生水蒸气爆炸。高温物质落入水中时，也同样会产生大量爆炸性的水蒸气而四处飞溅。

使用高温设备时的人体安全防护知识包括如下几点。

(1) 由于衣服有被烧着的可能，因此要选用能简便脱除的服装。

(2) 要使用干燥的手套。如果手套潮湿，其导热性会增大。同时，手套中的水分汽化变成水蒸气会有烫伤手的危险，故最好用难于吸水的材料做手套。

(3) 需要长时间注视炽热物质或高温火焰时，要戴防护眼镜。使用视野清晰的绿色防护眼镜比用深色的好。

(4) 对于发出很强紫外线的等离子流焰及乙炔焰的热源，除使用防护面具保护眼睛外，还要注意保护皮肤。

(5) 处理熔融金属或熔融盐等高温流体时，穿上皮靴之类的防护鞋。

7.2.1 马弗炉

马弗炉是一种通用的加热设备，依据外观形状可分为箱式炉、管式炉、坩埚炉，广泛应用于医药、分析化学、煤质分析等实验，其加热的最高温度接近 2000 ℃。

(1) 马弗炉(见图 7-3)应放于坚固、平稳、不导电的平台上。通电前，先检查马弗炉电气性能是否完好，接地线是否良好，并注意是否有断电或漏电现象。

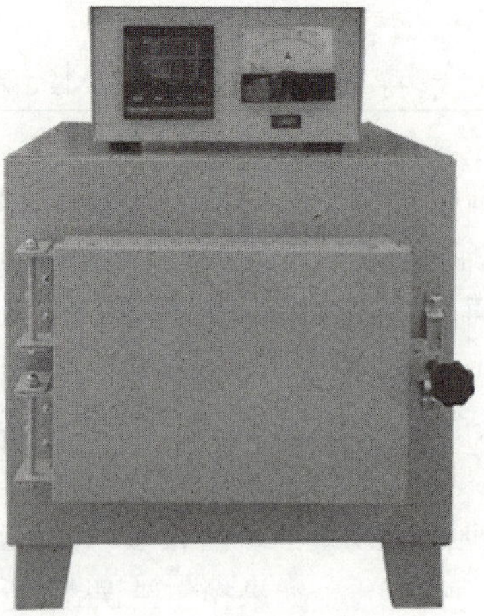

图 7-3　马弗炉

(2) 使用温度不得超过马弗炉最高使用温度的下限。

(3) 灼烧沉淀时，按规定的沉淀性质所要求的温度进行，不得随便超过。

(4) 保持炉膛清洁，及时清除炉内氧化物之类的杂物；熔融碱性物质时，应防止熔融物外溢，以免污染炉膛；炉膛内应垫一层石棉板，以减少坩埚的磨损及防止炉膛污染。

(5) 热电偶不要在高温状态或使用过程中拔出或插入，以防外套管炸裂。

(6) 不得连续使用 8 h 以上。

(7) 要保持炉外清洁、干燥；炉子周围不要放置易燃易爆及腐蚀性物品。

(8) 禁止向炉膛内灌注各种液体及易溶解的金属。

(9) 不用时应开门散热，并切断电源。

(10) 马弗炉内热电偶所反映的指示温度，应做定期校正。

7.2.2 水浴锅

当加热的温度不超过 100 ℃时，使用水浴锅(见图 7-4)加热较为方便。但是必须指出的是，当用到金属钾、钠的操作以及无水操作时，绝不能在水浴上进行，否则会引起火灾。

使用水浴时勿使容器触及水浴器壁和底部，防止局部受热。

由于水浴的不断蒸发，适当时要添加热水，使水浴中的水面经常保持稍高于容器内的液面。

图 7-4　水浴锅

7.2.3 油浴锅

当加热温度在 100 ℃～200 ℃时，宜使用油浴锅(见图 7-5)，其优点是使反应物受热均匀，反应物的温度一般低于油浴温度 20 ℃左右。使用油浴的注意事项如下。

(1) 甘油，可以加热到 140 ℃～150 ℃，温度过高时则会炭化。

(2) 植物油如菜油、花生油等，可以加热到 220 ℃，常加入 1%的对苯二酚等抗氧化剂，便于储存。若温度过高，植物油会分解，达到闪点时可能燃烧起来，所以在使用时要小心。

(3) 液状石蜡，可以加热到 200 ℃左右，温度稍高时不会分解，且较易燃烧，一般用于 150 ℃以下的油浴导热剂。

(4) 硅油，在 250 ℃时仍较稳定，透明度好、安全，是目前实验室里较为常用的油浴之一。

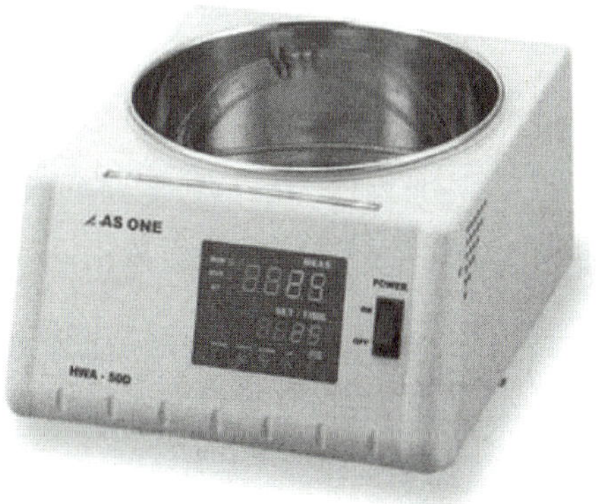

图 7-5　油浴锅

使用油浴加热时要特别小心，防止着火，当油浴受热冒烟时，应立即停止加热。油浴中应挂温度计观察油浴的温度和有无过热现象，同时便于调节控制温度，其温度不能过高，否则受热后有溢出的危险。

使用油浴时要防止产生可能引起油浴燃烧的因素。

加热完毕取出反应容器时，要用铁夹夹住反应器离开油浴液面悬置片刻，待容器壁上附着的油滴完后，再用纸片或干布擦干器壁。

7.2.4　沙浴锅

沙浴锅，如图 7-6 所示，一般用铁盆装干燥的细海沙(或河沙)，把反应器埋在沙中，特别适用于加热温度在 220 ℃以上的反应物。

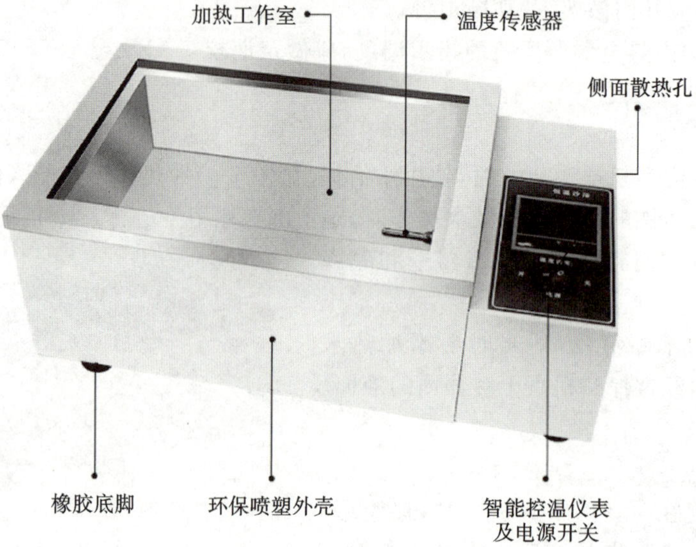

图 7-6　沙浴锅

由于沙浴传热慢，升温较慢，且不易控制。因此，沙层要薄一些，沙浴中应插入温度计，温度计的水银球要靠近反应器。

7.2.5　电热套

电热套(见图 7-7)是用玻璃纤维包裹着电热丝织成帽状的加热器，由于不是使用明火，因此不易着火，并且热效应高，加热温度由调压变压器控制，最高温度可达 400 ℃左右，是有机实验室中常用的一种简便、安全的加热设备。需要强调的是，如果易燃液体(如酒精、乙醚等)洒在电热套上，仍有引起火灾的危险。

7.3　低温设备使用安全

在低温操作的实验中，作为获得低温的手段，有采用冷冻机和使用适当的冷冻剂两种方法。例如，将冰与食盐或氯化钙等混合构成的冷冻剂，大约可以冷却到－20 ℃的低温，且没有大的危险性。但是，采用－80 ℃～－70 ℃的干冰冷冻剂以及－200 ℃～－180 ℃的低温液化气体时，则有相当大的危险性。因此，我们在操作时必须十分注意。

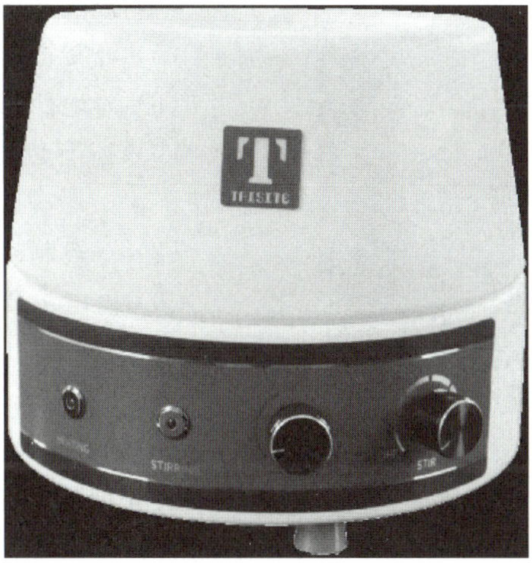

图 7-7　电热套

7.3.1　冷冻干燥机

使用冷冻机(图 7-8)的注意事项如下。

(1) 操作室内，禁止存放易燃易爆等化学危险品，并严禁烟火。

(2) 冷冻系统所用阀门、仪表、安全设备必须齐全，并定期校正，保证经常处于灵敏、准确状态，水、油、氨管道必须畅通，不得有漏水、漏油、漏氨的现象。

(3) 机器在运行中，操作者应经常观察各压力表、温度表、氨液面、冷却水情况，并监听机器运转声音是否正常。

(4) 机器运转过程中，不准擦拭、抚摸运转部位和调整紧固承受压力的零件。

(5) 机器运转过程中，若发现严重缺水或特殊情况时，应采取紧急停车。先立即按下停止按钮，迅速将高压阀关闭，然后关上吸气阀、节流阀，15 min 后停止冷却水，并找有关人员检查处理。

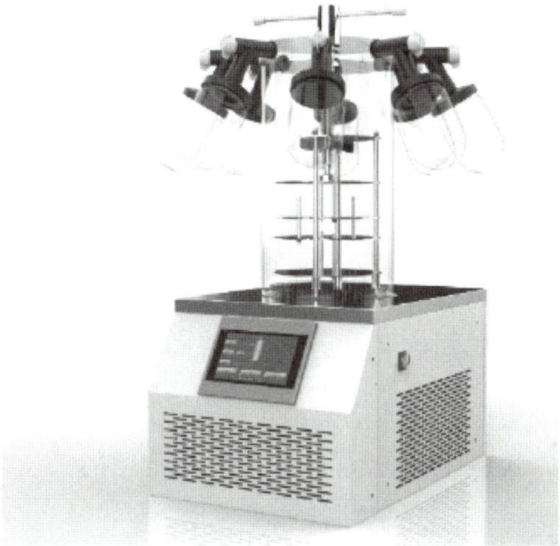

图 7-8　冷冻干燥机

7.3.2　超低温冰箱

超低温冰箱(见图 7-9)，又称超低温冰柜、超低温保存箱，包括：可适用金枪鱼的保存、电子器件、特殊材料的低温试验及保存血浆、生物材料、疫苗、生物制品、化学试剂、菌种、生物样本等低温保存。

(1) 室内温度：5 ℃～32 ℃，相对湿度为 80%(室温 22 ℃)。

(2) 距离地面大于 10 cm，海拔 2000 m 以下。

(3) 由 20 ℃降至－80 ℃需要 6 小时。

图 7-9　超低温冰箱

(4) 强酸及腐蚀性的样品不宜冷冻。

(5) 经常检查外门的封闭胶条。

(6) 落地四脚平稳，水平。

(7) 当有断电提示时，按下停止鸣叫按钮。

(8) 一般制冷温度设置在－60 ℃。

(9) 供电电压 220 V(AC)要稳定，供电电流要保证在 15 A(AC)以上。

(10) 当发生停电事故时，必须关闭冰箱后面的电源开关和电池开关，等到恢复正常供电时先把冰箱后面的电源开关打开，然后再打开电池开关。

(11) 由于散热对冰箱非常重要，要保持室内通风和良好的散热环境，环境温度不能超过 30 ℃。

(12) 夏天把设定温度调到－70 ℃，注意平时设定也不要太低。

(13) 存取样品时不得将门开得过大，存取时间尽量要短。

(14) 注意经常要存取的样品请放在上面两层，需要长期保存不经常存取的样品请放在下面两层，这样可保证开门时冷气不过度损耗，温度不会上升得太快。

(15) 注意过滤网每个月必须清洗一次(先用吸尘器吸一下，吸好后用水冲洗，最后晾干复位)，内部冷凝器必须每两个月用吸尘器吸一下上面的灰尘。

(16) 不要在门上锁的情况下用力去开门，避免门锁被撞坏。

(17) 除霜时只能切断冰箱电源并且把门打开，当冰和霜开始融化时必须在冰箱内每一层放上干净和易吸水的布把水吸收且擦干净(注意水会很多)。

7.3.3　低温液体容器

低温液体定义为正常沸点在－150 ℃以下的液体。氩、氦、氢、氮和氧都是在低温以液体状态运输、操作和储存的最常用的工业气体。

1. 低温液体的潜在危险

所有低温液体都可能涉及来自下列性质的潜在危险。

(1) 所有低温液体的温度都极低。低温液体和它们的蒸气能够迅速冷冻人体组织，而且能导致许多常用材料，如碳素钢、橡胶和塑料变脆甚至在压力下破裂。容器和管道中的温度在低于液化空气沸点(－194 ℃)的低温时能够浓缩周围的空气，导致局部的富氧空气。极低温液体(如氢和氦)甚至能冷冻或凝固周围空气。

(2) 所有低温液体在蒸发时都会产生大量的气体。例如，在标准大气压(101325 Pa)下，单位体积的液态氮在 20 ℃时蒸发成 694 个单位体积的氮气。如果这些液体在密封容器内蒸发，它们会产生能够使容器破裂的巨大压力。

(3) 除了氧以外，在封闭区域内的低温液体会通过取代空气导致窒息。在封闭区域内的液氧蒸发会导致氧富集，能支持和大大加速其他材料的燃烧，如果存在火源，则会导致起火。

2. 使用液化气体及液化气体容器的注意事项

(1) 操作必须熟练，一般要由两人以上进行实验。初次使用时，必须在有经验人员的指导下一起进行操作。

(2) 一定要穿防护衣，戴防护面具或防护眼镜，并戴皮手套等防护用具，以免液化气体直接接触皮肤、眼睛或手脚等部位。

(3) 使用液态气体时，液态气体经过减压阀应先进入一个耐压的大橡皮袋和气体缓冲瓶，再由此进入要使用的仪器中。这样可以防止液态气体因减压而突然沸腾汽化、压力猛增而发生爆炸的危险。

(4) 使用液化气体的实验室，要保持通风良好。实验的附属用品要固定。

(5) 液化气体的容器要放在没有阳光照射、通风良好的地点。

(6) 处理液化气体容器时，要轻快、稳重。

(7) 新的装冷冻剂的容器容易破裂，特别是真空玻璃瓶，注意不要把脸靠近容器的正上方。

(8) 液化气体如果沾到皮肤，要立刻用水洗去；如果沾到衣服，要马上脱去衣服。

(9) 发生严重冻伤时，要请专业医生治疗。

(10) 如果实验人员窒息了，要立刻把他移到空气新鲜的地方进行人工呼吸，并迅速找医生抢救。

(11) 由于发生事故而引起液化气体大量汽化时，要采取与相应的高压气体场合的相同措施进行处理。

3. 使用不同低温液化气体的注意事项

(1) 使用液态氧时，绝对不允许与有机化合物接触，以防燃烧。

(2) 使用液态氢时，对已汽化放出的氢气必须极为谨慎地把它燃烧掉或放入高空，因在空气中含有少量氢气(约 5%)也会发生猛烈爆炸。

(3) 使用干冰时，由于二氧化碳在钢瓶中是液体，先在钢瓶出口处接一个既保温又透气的棉布袋，将液态二氧化碳迅速且大量地放出时，因压力降低，二氧化碳在棉布袋中结成干冰，然后再将其他液体混合使用。

将干冰与某些物质混合，能得到－80 ℃～－60 ℃的低温。但是，与干冰混合的大多数物质为丙酮、乙醇之类的有机溶剂，因而要求有防火的安全措施。并且，在使用中不小心用手摸到用干冰冷冻剂冷却的容器时，往往皮肤会粘冻在容器上而不能脱落，从而导致冻伤。

(4) 充氨操作时应将氨瓶放置在充氨平台上，氨瓶嘴与充氨管接头连接时，必须垫好密封垫。连接好后，检查有无漏氨现象，打开或关闭氨瓶阀门时，必须先打开或关闭输氨总阀。充氨量不能超过充氨容积的 80%。冷冻机房必须配备氨用防毒面具，以备氨泄漏时使用。

7.4　高压设备使用安全

高压设备一般是指各种单元器械组合而成的联合体，如表 7-2 所示。

表 7-2 常见高压设备及其单元器械

高压设备名称	单元器械
高压发生源	气体压缩机、高压气体容器
高压反应器	高压釜、各种合成反应管及催化剂填充管
高压流体输送器	循环泵、管道及流量计
高压器械	压力计、各种阀门
安全器械	安全阀、逆火防止阀

高压设备一旦发生破裂，碎片会以高速度飞出，气体急剧冲出形成冲击波，使人身和实验设备等受到重大损伤，同时还会引燃所用的煤气或放置在其周围的药品，引起火灾或爆炸等严重的二次灾害。因此，在使用高压设备时，必须严格遵守有关的安全操作规定。有关高压设备的结构、安全管理等详细信息请参见 9.1 节。

7.4.1 气体钢瓶

气体钢瓶是储存压缩气体的特制的耐压钢瓶（见图 7-10）。使用时，通过减压阀（气压表）有控制地放出气体。由于钢瓶的内压很大（有的高达 15 MPa），而且有些气体易燃或有毒，所以在使用钢瓶时要特别注意安全。

图 7-10 气体钢瓶

(1) 气体钢瓶要放在专用的移动车中或直立固定好，存放在阴凉、干燥、远离热源（如阳光、暖气、炉火）处，避免阳光暴晒和剧烈振动。

(2) 可燃性气体钢瓶必须与氧气钢瓶分开存放，并远离明火（距离至少为 10 m）。

(3) 使用气体钢瓶中的气体时，要用专用的减压阀（气压表）。各种气体的气压表不得混用，以防爆炸。

(4) 开启气体钢瓶时，人要站在气体钢瓶主气门的侧面，以防高压冲伤皮肤。

(5) 绝不可使油或其他易燃性有机物沾在气瓶上（特别是气门嘴和减压阀）；也不得用棉、麻等物堵漏，以防燃烧引起事故。

(6) 不可将气体钢瓶内的气体全部用完，一定要保留 0.05 MPa 以上的残留压力（减压阀表压）。可燃性气体（如乙炔气）钢瓶应剩余 0.2 MPa～0.3 MPa 的压力。

气体钢瓶的种类及标志请参见 9.2 节。

7.4.2 高压釜

实验室中进行高压实验时，使用最广泛的是高压釜（见图 7-11）。高压釜除高压容器主体外，往往还与压力计、高压阀、安全阀、电热器及搅拌器等附属器械构成一个整体。高压釜属于特种设备，应放置在符合防爆要求的高压操作室内。若实验室中装备多台高压釜，应分开放置，每间操作室均应有直接通向室外或通道的出口，高压釜应有可靠的接地。高压釜在使用时应注意以下几点。

(1) 查明刻在主体容器上的试验压力、使用压力及最高使用温度等条件，要在其容许的条件范围内使用。

(2) 压力计使用的压力，最好在其标明压力的二分之一以内使用。并经常要把压力计与标准压力计进行比较，加以校正。

(3) 氧气用的压力计，要避免与其他气体用的压力计混用。

(4) 反应开始后要密切关注反应中各参数(压力、温度、转速)的变化，尤其是压力的变化，一旦发现异常，应马上关闭加热开关。若温度过高，可以通过冷却盘管接冷却水降温处理；若压力过高，可以进行降温或从排气阀放空(氢气放空时一定要通过管道排到室外)。

(5) 温度计要准确地插到反应溶液中。

(6) 物料进入高压釜后，不可超过其有效容积的三分之一。

(7) 高压釜内部及衬垫部位要保持清洁。

(8) 盖上盘式法兰盖时，要将位于对角线上的螺栓一对对依次拧紧。

(9) 测量仪表破裂时，多数情况是其玻璃面的前后两侧碎裂。因此，操作时不要站在这些有危险的地方。预计将会出现危险时，要把玻璃卸下，换上新的。

图 7-11　高压釜

(10) 安全阀及其他的安全设备，要使用经过定期检查符合规定要求的器械。

7.4.3　循环水真空泵和油泵

在有机化学实验室里常用的真空泵有水泵(见图 7-12)和油泵(见图 7-13)两种。水泵能抽到的最低压力理论上相当于当时水温下的水蒸气压力。例如，水温 25 ℃、20 ℃和 10 ℃时，水蒸气的压力分别为 3192 Pa、2394 Pa 和 1197 Pa。若不要求很低的压力时，可使用水泵。

若要求较低的压力时，就需要使用油泵。油泵能抽到的压力在 133.3 Pa 以下。油泵的好坏取决于其机械结构和油的质量，使用油泵时必须把它保护好。

如果蒸馏挥发性较大的有机溶剂时，有机溶剂会被油吸收，结果增加了蒸气压，从而降低了抽空效能；如果是酸性气体，会腐蚀油泵；如果是水蒸气，则可能会使油变成乳浊液而使真空泵受损。因此，真空泵在使用时应注意如下几点。

(1) 减压系统必须保持密不漏气，所有的橡皮塞的大小和孔道要合适，橡皮管要用真空用的橡皮管。磨口玻璃涂上真空油脂。

(2) 用水泵抽气时，应在水泵前装上安全瓶，以防水压下降，水流倒吸；停止抽气前，应

图 7-12　循环水真空泵

图 7-13　油泵

先放气，然后关水泵。

(3) 如果能用水泵抽气，则尽量用水泵，若蒸馏物质中含有挥发性物质，可先用水泵减压除去挥发性物质，然后改用油泵。

(4) 在蒸馏系统和油泵之间，必须装有吸收设备。

(5) 蒸馏前必须用水泵彻底抽去系统中有机溶剂的蒸气。

7.4.4　高压蒸汽灭菌锅

高压蒸汽灭菌锅又叫做高压灭菌锅，是实验室用于实验用品灭菌的主要仪器，适用于实验室用品、器械、敷料、玻璃器皿、试剂溶液、培养基等进行消毒灭菌，也可用于带菌实验废弃物的无害化处理。高压灭菌锅主要由一个可以密封的腔体、压力表、排气阀、安全阀、电热丝等组成，主要可分为手提式灭菌锅(见图 7-14)和立式高压灭菌锅(见图 7-15)两种常见类型。

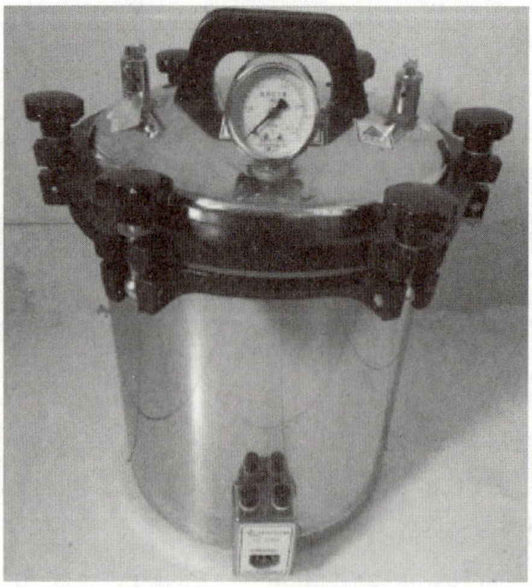

图 7-14　手提式高压灭菌锅

图 7-15　立式高压蒸汽灭菌锅

由于高压灭菌锅在工作时内部压力较大，若操作不当容易引发安全事故，所以高压灭菌锅的使用者必须经过系统培训。另外，高压灭菌锅还属于国家规定的 8 大类特种设备之一，灭菌体积大于 30 L 的高压灭菌锅，要求使用人员必须获得相应的特种设备操作证。

使用高压灭菌锅需注意如下几点。

(1) 高压灭菌锅属于特种设备，使用仪器前，操作者必须接受相关培训。体积大于 30 L 的高压灭菌锅，使用者应按国家规定取得相应的特种设备操作证书。

(2) 实验用高压灭菌锅，灭菌腔内用水必须为蒸馏水。灭菌物品为液体时，不能装满容器(烧瓶小于 3/4，试管小于 1/2)。

(3) 高压灭菌锅启动程序需满足条件：盖门完全关闭(闭盖指示灯和 ST-BY 灯亮)。检查确认后，按“Start”键启动。

(4) 高压灭菌锅在开盖前一定要检查压力是否为零、温度是否符合开盖条件，开盖后注意水蒸气，取物时应佩戴防护手套。

(5) 高压灭菌锅属于特种设备，出现错误代码或其他问题时，请立即联系仪器管理老师。

7.5　高能高速设备使用安全

7.5.1　激光器

激光器(见图 7-16)能放出强大的激光光线(可干涉性光线)，若用眼睛直接观看，会烧坏视网膜，甚至会失明，同时还有被烧伤的危险。

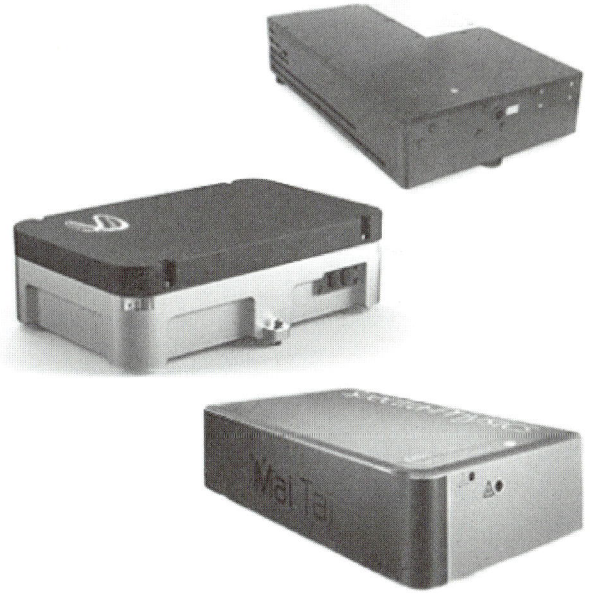

图 7-16　激光器

激光器在使用时应注意的事项包括如下几条。

(1) 使用激光器时，必须戴防护眼镜。

(2) 要防止意料不到的反射光射入眼睛。因此，要十分注意射出光线的方向，并同时查明确实没有反射壁面之类的东西存在。

(3) 最好能覆盖整个激光设备。

(4) 对放出强大激光光线的设备，要配备捕集光线的捕集器。

(5) 因为激光设备使用高压电源，所以在操作时必须加以注意。

7.5.2 微波设备

微波炉(见图 7-17)在使用时应注意的事项包括如下几条。

图 7-17　微波炉

(1) 当操作微波炉时，请勿在门缝处放置任何物品，特别是金属物体。

(2) 不要在炉内烘干布类、纸制品类，因其含有容易引起电弧和着火的杂质。

(3) 微波炉在工作时，切勿贴近炉门或从门缝观看，以防止微波辐射损坏眼睛。

(4) 切勿使用密封的容器于微波炉内，以防容器爆炸。

(5) 炉内应经常保持清洁。在断开电源后，使用湿布与中性洗涤剂擦拭，不要冲洗，勿让水流入炉内。

7.5.3 X 射线发生设备

X 射线发生设备的仪器包括 X 射线衍射仪、X 射线荧光分析仪等。长期反复接受 X 射线照射，会导致疲倦、记忆力减退、头痛、白细胞降低等。一般防护的方法就是避免身体各部位(尤其是头部)直接受到 X 射线照射，在操作时要注意屏蔽，屏蔽物常用铅玻璃。

X 射线发生设备在使用时应注意的事项包括如下几条。

(1) 在 X 射线实验室入口的门上，必须标明安置的机器名称及其额定输出功率。

(2) 对每周超出 30 mrem 照射剂量的危险区域(管理区域)，必须做出明确的标志。

(3) 在 X 射线实验室外的走廊里，安装表明 X 射线发生设备正在使用的红灯标志。当使用 X 射线发生设备时，即把红灯拨亮。

(4) 从 X 射线发生设备出口射出的 X 射线很强，因此，要注意防止在该处直接被照射。并且，确定 X 射线射出口的方向时，要选择向着没有人居住或出入的区域。

(5) 尽管已经对 X 射线发生设备充分加以屏蔽，但要完全防止 X 射线泄漏或散射是很困难的，必须经常检测工作地点 X 射线的剂量，发现泄漏时，要及时遮盖。

(6) 需要调整 X 射线的方向或试样的位置以及进行其他的特殊实验时，必须取得 X 射线发生设备负责人的许可，并遵照其指示进行操作。

(7) 使用 X 射线的人员要按照实验的要求，穿上防护衣及戴上防护眼镜等适当的防护用具。

(8) 使用 X 射线的人员要定期进行健康检查。

7.5.4　高速离心机

离心机是利用转子高速旋转产生的强大离心力，分离液体与固体颗粒或液体混合物中各组分的机器，在分子生物学实验中常用于微量样品的快速分离。由于离心机体积小、转速较高、离心力大，是对样品溶液中悬浮物质进行高纯度分离、浓缩、精制，提取各种样品进行研究的有效制备仪器。它广泛应用于生物、化学、医药等科研教育和生产部门，也是分子生物学、基因工程实验中使用频率最高的仪器之一（见图 7-18）。电动离心机转动速度快，要注意安全，特别要防止在离心机运转期间，因不平衡或吸垫老化，而使离心机边工作边移动，以致从实验台上掉下来，或因盖子未盖，离心管因振动而破裂后，玻璃碎片旋转飞出，造成事故。因此使用离心机时，必须注意以下操作。

（1）开机前应检查转头安装是否牢固，机腔有无异物掉入。

（2）样品应使用电子秤或天平进行两两配平，使用离心筒离心时，离心筒与样品应同时配平，其误差低于 0.1 g。

（3）挥发性或腐蚀性液体离心时，应使用带盖的离心管，并确保液体不外漏，以免腐蚀机腔或造成事故。

（4）冷冻离心机转子更换前要保证转子温度和转轴之间温差在 20 ℃以内。

（5）离心机运行时不要倚靠在离心机上，离心机周边不应放置杂物。

图 7-18　超高速离心机（贝克曼 Optima XE-100）

（6）使用完毕后清理离心机腔，擦拭冷冻离心机腔时动作要轻，以免损坏机腔内温度感应器。

（7）每次操作完毕应做好使用情况记录，并定期对机器各项性能进行检修。

（8）离心过程中若发现异常现象，应立即关闭电源，联系管理人员检修。

7.6　机械设备使用安全

使用机械工具的作业，常常给初学者带来意外的事故。因此，初学者必须在熟练操作者的指导下，熟悉其准确的操作方法，千万不可一知半解就勉强进行操作。

操作机械设备的注意事项如下。

（1）操作机床时，要穿好工作服，扣好纽扣，扎紧袖口；女生要戴安全帽，将发辫纳入帽内；禁止戴手套操作机床；禁止穿凉鞋、拖鞋、高跟鞋；颈部和腕部不要戴围巾、饰物；高速切削时要戴好防护眼镜等。

（2）工件、工具、机床附件应正确放置在工具箱中或指定的台面上，禁止堆放在机床床头箱体、进给箱或工作台面上。

（3）开车前检查各转动手柄是否放在空挡位置，以防开车时发生撞击而损坏车床或伤人；启动后主电机必须空转 1～2 min，使润滑油散布到各处润滑点。

（4）操作中需要改变主轴转速时，必须停车换挡；更换走刀箱手柄位置时，要在空挡或低速状态下进行；使用电器开关的机床不准用反转停车，以免打坏齿轮或损坏电器。

（5）下课前要搞好卫生，并对设备进行日常保养，如擦净机床、给润滑部位加油等。然后将各操作手柄放在空挡位置，并关闭机床总电源。

7.6.1　车床

图 7-19 所示的是普通车床，它主要用于加工各种回转体零件，如各种轴类和盘、套类零件，操作时的安全要领如下。

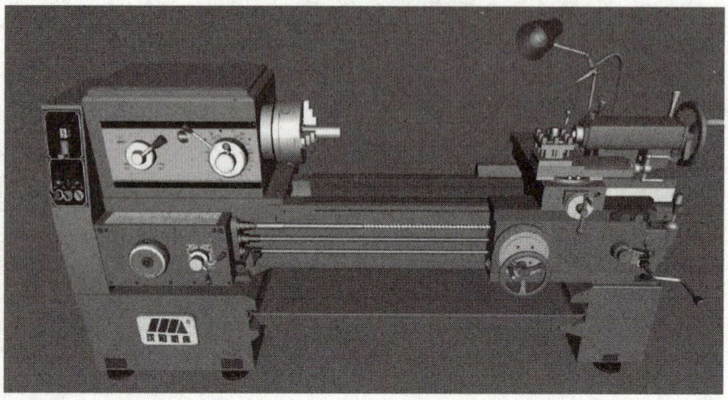

图 7-19　普通车床

（1）车床运转或停机时，操作者不准用手触摸工件和强行刹停转动的卡盘；车削加工时，不能站在三爪卡盘旋转面附近或对面，应站在侧面；清除切屑应使用铁钩，绝不允许用手直接拿，或用量具去钩。

（2）凡装夹工件、更换刀具、测量加工面时，应停机进行；为使工件和车刀装夹牢固，可用接长套筒扳手加力，使用完后切记将扳手取下，以防开机运转时扳手飞出伤人。

（3）加工细长工件要用顶尖、跟刀架。工件在主轴前面伸出部分不得超过工件直径的 50 倍；长工件穿过主轴孔在主轴后面伸出超过 300 mm 时，必须加托架，必要时装设防护栏杆。

（4）为了保护机床精度，不得随意敲击卡盘和床身导轨面；除车螺纹外，不得使用丝杠进行自动退刀；在装卸较大工件时，必须用拖板垫在床身导轨面上；快速移动拖板时，要注意左右观察，以防撞坏车床。

（5）车削加工时会产生细小微粒、灰尘的材料（如铸铁时），要先将床身导轨上的油擦净，以免微粒、灰尘与油混在一起造成清理困难，车削完毕后应将其清理干净。

（6）使用冷却液时，要先在机床导轨面上涂上润滑油，以防导轨被腐蚀，车削完毕后应将导轨面上的冷却液擦干净；使用的冷却液要定期更换。

（7）用锉刀锉光工件表面时，应右手在前，左手在后，手臂远离旋转的卡盘；车内孔时，不准用锉刀倒角；禁止用砂布裹住工件砂光，应比照用锉刀的姿势，将砂布拉成直条状压在工件上。

（8）攻丝或套丝必须使用专用工具，不准一只手扶攻丝架（或板牙架），另一只手开车。

（9）切断大尺寸工件时，不应直接完成，以免切断的工件掉下伤人或砸坏机床，应在直径方向上留出足够余量，将工件从车床上卸下后再切断；切断小尺寸工件时，不能用手直接去接。

(10) 操作结束后,应将溜板箱摇放在车床尾端。

7.6.2　铣床

如图 7-20 所示,立式铣床是生产中常用的设备,主要用于加工各种带有沟槽、平面、孔等型面的非回转体零件,如传动箱的箱体、机器的支承件等零件。其操作时的主要安全要领与车床相同,需要特别注意的事项如下。

(1) 装卸工具、挂挡、更换刀具、测量工件时必须停车进行,铣床正在工作时禁止用手去触摸工件和工具。

(2) 手动或机动方式快速移动工作台时,要左右观察,以防撞坏机床。

(3) 使用手动或机动进给时,相对应的夹紧手柄必须松开。

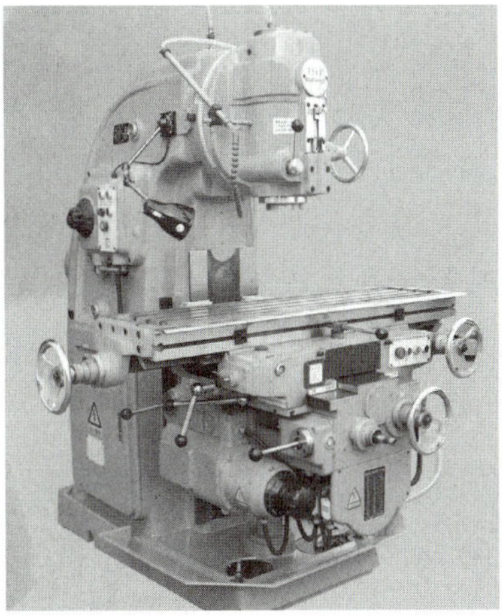

图 7-20　立式铣床

7.6.3　牛头刨床

图 7-21 所示的是牛头刨床,主要用于加工各种带有沟槽、平面等型面的非回转体零件。加工范围和精度与铣床相似,但不能加工零件上的孔。实训操作时的安全要领大致与车床相同,但由于刨削是断续切削,会产生很大的冲击力,需要特别注意的事项如下。

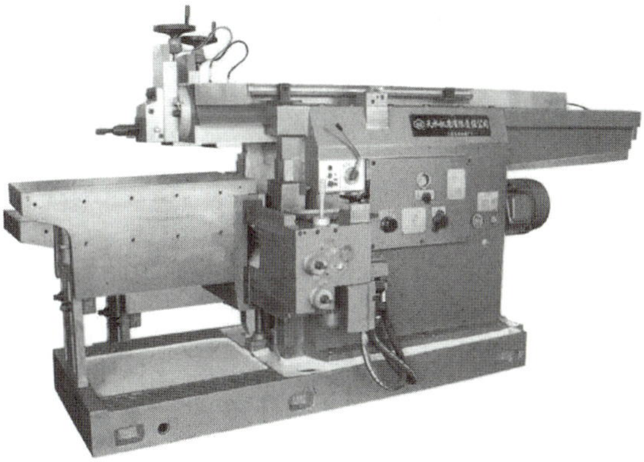

图 7-21　牛头刨床

(1) 牛头刨床在工作时,操作人员不得站在滑枕运动方向的前面,头和手部在任何情况下不能靠近刀具的行程之内,以免碰伤。

(2) 刀头伸出长度应尽可能短一些,以防刀具损坏或折断。

(3) 调整滑枕行程时,要注意行程的极限位置,以防滑枕冲出伤人或设备受损。

(4) 牛头刨床工作台或龙门刨床刀架作快速移动时,应将手柄取下或脱开离合器,以免手柄快速转动损坏或飞出伤人。

7.6.4　摇臂钻床

与车床主要是加工回转体工件中心部位的孔相比，摇臂钻床（见图 7-22）可加工盘套类、轴类、箱体支架类工件上多种形式和不同部位的孔，如轴承孔、连击孔、定位销孔等。钻削时，钻头做高速旋转运动，加上工件类型的多样性，很容易造成事故。在操作时，除了必须遵守金属切削机械的安全操作规程外，还要特别注意以下安全事项。

（1）切忌不能用手握住工件进行加工；不得用手去触摸旋转的钻夹头或钻头，不得用棉纱去擦拭沾在旋转钻头上的切屑。

（2）更换钻头时，要采用专用工具来松、紧钻夹头，不得用手锤敲击。

（3）摇臂升降、摇转以及钻夹头左右移动时，要松开锁紧手柄，以防损坏钻床。

7.6.5　电火花加工机床

图 7-23 所示的电火花加工机床，操作时的安全要领如下。

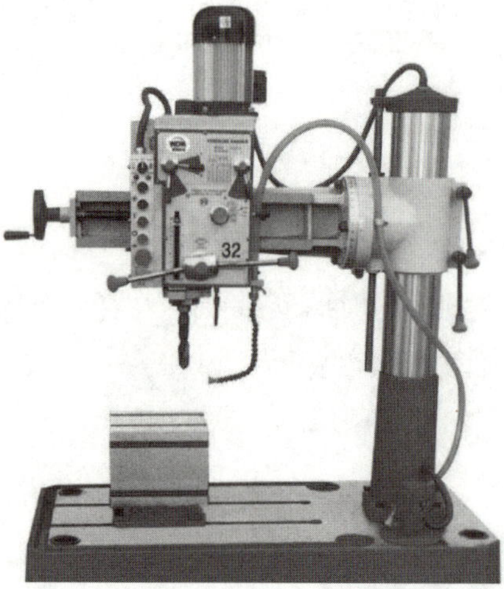

图 7-22　摇臂钻床

图 7-23　电火花加工机床

（1）开机前，要仔细阅读机床的使用说明书，在未熟悉机床操作前，切勿随意动机床，以免发生安全事故。

（2）加工前注意检查放电间隙，即必须使接在不同极性上的工具和工件之间保持一定的距离以形成放电间隙，一般为 0.01～0.1 mm。

（3）工具电极的装夹与校正必须保证工具电极进给加工方向垂直于工作台平面。

（4）保证加在液体介质中的工件和工具电极上的脉冲电源输出的电压脉冲波形是单向的。

（5）要有足够的脉冲放电能量，以保证放电部位的金属熔化或气化。

（6）放电时必须在具有一定绝缘性能的液体介质中进行。

（7）操作中要注意检查工作液系统过滤器的滤芯，如果出现堵塞时要及时更换，以确保工作液能自动保持一定的清洁度。

（8）对于采用易燃类型的工作液，使用中要注意防火。

(9) 做到文明生产，加工操作结束后，必须打扫干净工作场地、擦拭干净机床，并且切断系统电源后才能离开。

7.6.6　激光雕刻机

图 7-24 所示的是激光雕刻机，操作时的安全要领如下。

图 7-24　激光雕刻机

(1) 在操作激光雕刻机之前，首先要确保自己具备使用该设备的相关知识，并且熟悉设备的操作手册。

(2) 操作人员必须穿戴符合要求的个人防护装备，包括护目镜、防护服等。在操作过程中，不得穿戴宽松的衣物、饰品。

(3) 激光雕刻机应放置在平稳的工作台上，以确保稳定性和安全性。

(4) 激光雕刻机所在的工作场所应保持干净、整洁以及通风良好。不允许激光雕刻机周围存在易燃或易爆等危险品。

(5) 在操作激光雕刻机时，不得拆卸、更改或修理设备，若有故障应及时报告专业维修人员。

1. 操作步骤

(1) 打开电源：首先将机器的电源开关打开，观察设备是否正常启动。

(2) 固定工件：将待雕刻的工件放置在工作台上，并使用夹具或螺丝等工具进行固定，避免在雕刻过程中移动。

(3) 调整焦距：依据雕刻的工件高度，调整激光头的焦距，确保激光焦点准确。

(4) 设置参数：根据雕刻需求，设置激光功率、速度、频率等参数，确保雕刻效果符合要求。

(5) 开始雕刻：点击启动按钮，激光雕刻机将开始进行雕刻作业。在雕刻过程中，操作人员应保持专注，确保安全。

(6) 监控雕刻过程：在雕刻过程中，及时观察雕刻效果，若有异常或质量问题，应及时停机检查。

（7）操作完成：雕刻完成后，关闭电源开关，将雕刻机归位，并清洁工作区域。

2. 日常维护

（1）定期检查设备的电子线路、光学部件，确保其正常运行。若发现损坏或故障，应及时报告专业人员维修。

（2）定期清洁设备的工作台面、激光头等部件，避免灰尘进入设备影响正常工作。

（3）清洁激光雕刻机时，应先切断电源，并使用专门的清洁剂和软布进行清洁，避免使用腐蚀性或易燃的清洁剂。

（4）定期检查雕刻机的运动部件，如滑轨、导轨等，保持其干净、润滑，确保设备运行的顺畅。

（5）定期校准设备的参数设置，确保雕刻效果符合要求。

7.7 精密仪器设备使用安全

精密仪器设备是高校固定资产的重要组成部分，在教学、科研中有着十分重要的作用。精密仪器设备价格昂贵，属于贵重资产，一旦出现使用不当，就会造成重大损失。为确保精密仪器设备正常运行，必须加强其安全管理，师生在使用前必须充分了解设备的安全注意事项。

7.7.1 万分之一天平

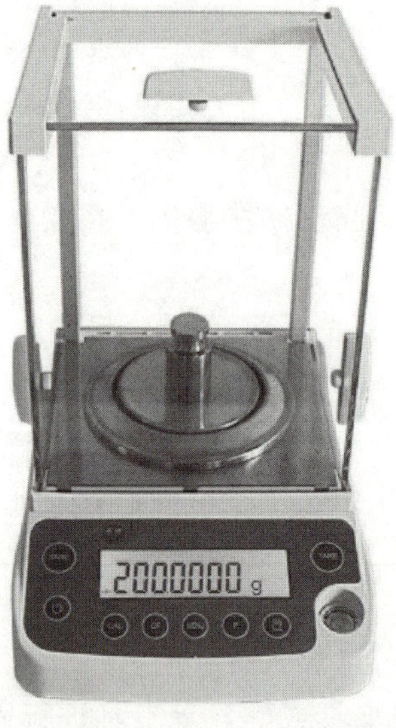

图 7-25 万分之一天平

电子天平的精度有相对精度分度值与绝对精度分度值之分，而绝对精度分度值达到 0.1 mg（即 0.0001 g）的电子天平称为万分之一天平（见图 7-25），一般采用应变式传感器、电容式传感器、电磁平衡式传感器。其中，应变式传感器的结构简单、造价低，但精度有限，目前不能做到很高的精度；电容式传感器称量速度快，性价比较高，但也不能达到很高的精度；采用电磁平衡传感器的电子天平，其特点是称量准确可靠、显示快速清晰，并且具有自动检测系统、简便的自动校准设备以及超载保护等设备，是高校实验室中最为常见的仪器设备之一。

（1）调水平：万分之一天平应放置在牢固平稳的水泥台或木台上，电子天平室内要求清洁、干燥及较恒定的温度，应避免光线直接照射到天平上。开机前，应观察天平后部水平仪内的水泡是否位于圆环的中央，否则通过天平的地脚螺栓调节，左旋升高，右旋下降。

（2）预热：天平在初次接通电源或长时间断电后开机时，至少需要 30 min 的预热时间。因此，在通常情况下，不要经常切断电源。天平若长时间不使用，则应定时通电预热，每周一次，每次预热 2 h，以确保仪器始终处于良好使用状态。

（3）天平称量时应从侧门取放物质，读数时应关闭箱门以免空气流动引起天平摆动。其前门仅在检修或清除残留物质时使用。

(4) 称量物不能直接放在称量盘内，根据称量物的不同性质，可放在纸片、表面皿或称量瓶内。注意，不能称超过天平最大载重量的物体。

(5) 同一称量过程中不能更换天平，以免产生相对误差。

(6) 天平箱内应放置吸潮剂（如硅胶），当吸潮剂吸水变色，天平应立即高温烘烤更换，以确保其吸湿性能。

(7) 挥发性、腐蚀性、强酸强碱类物质应盛于带盖称量瓶内称量，防止腐蚀天平。使用完毕后，须清理干净天平中残留药品。

7.7.2 气相色谱仪

气相色谱仪的操作流程（见图 7-26）涉及送气、加温、进样、检测等各个步骤，各个步骤的使用注意事项如下。

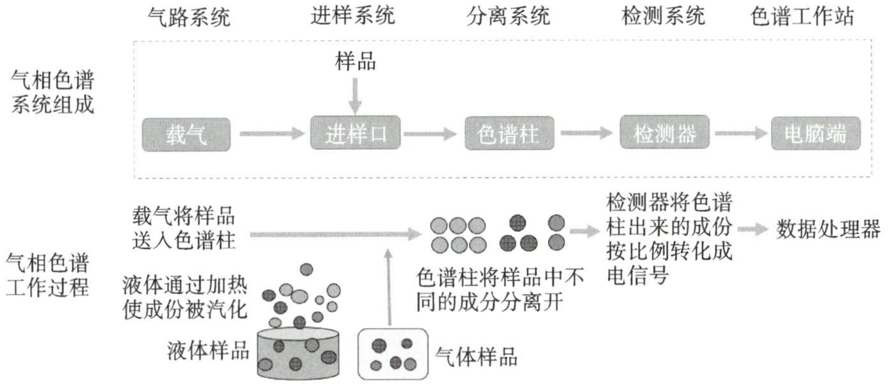

图 7-26　气相色谱仪流程图

1. 钢瓶使用注意事项

(1) 分清钢瓶种类，不同的气体钢瓶分开存放。

(2) 氢气钢瓶一定要与色谱仪存放在不同的房间。

2. 减压阀的使用及注意事项

在气相色谱分析中，钢瓶供气压力在 9.8 MPa～14.7 MPa。减压阀（见图 7-27）与钢瓶配套使用，不同气体钢瓶所用的减压阀是不同的。氢气减压阀接头为反向螺纹，安装时需小心；使用时需缓慢调节手轮，使用完后必须旋松调节手轮和关闭钢瓶阀门。关闭气源时，先关闭减压阀，然后关闭钢瓶阀门，再开启减压阀，排出减压阀内气体，最后松开调节螺杆。

图 7-27　减压阀

3. 热导检测器的使用及注意事项

(1) 开启热导检测器的电源前，必须先通载气，实验结束时，把桥电流调到最小值，再关闭热导检测器的电源，最后关闭载气。

(2) 气化室、柱箱和热导检测器各处升温要缓慢，防止超温。现在的气相色谱仪一般采用自动控制升温，需要事先设定好升温程序。

(3) 更换气化室密封垫片时，应将热导检测器的电源关闭。若流量计浮子突然下落到底，也应首先关闭该电源。

(4) 桥电流不得超过允许值。

4. 氢火焰检测器的使用及注意事项

(1) 通氢气后，待管道中残余气体排出后才能点火，并保证火焰是点着的。

(2) 使用氢火焰检测器时，离子室外罩须罩住，以保证良好的屏蔽和防止空气侵入。

(3) 离子室温度应大于 100 ℃，待柱箱温度稳定后，再点火，否则离子室易积水，影响电极绝缘而使基线不稳。如果离子室积水，可将端盖取下，待离子室温度较高时再盖上。在工作状态下，取下检测器罩盖，不能触及极化极，以防触电。

5. 微量注射器的使用及注意事项

(1) 微量注射器(见图 7-28)在使用前后都须用丙酮或丁酮等溶剂清洗，而且不同种类试剂要有不同的微量注射器分开取样，切不可混合使用，否则会导致试剂被污染。

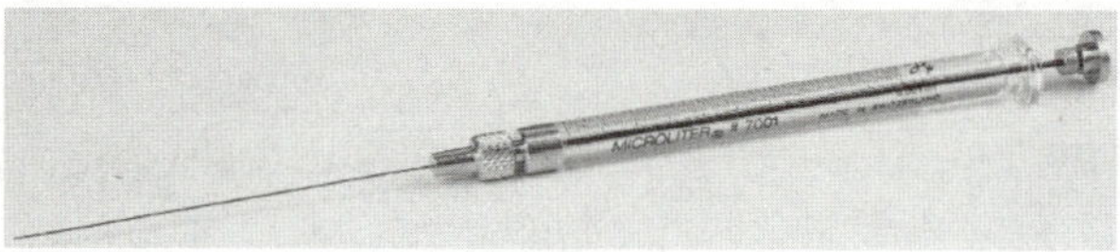

图 7-28　微量注射器

(2) 微量注射器是易碎器械，针头尖利，使用时应多加小心；不使用时要洗净放入包装盒内，不要随便玩弄。

对 10～100 μL 的注射器，如遇针尖堵塞，宜用直径为 0.1 mm 的细钢丝耐心穿通(工具箱中备有)，不能用火烧的方法。

7.7.3　质谱仪

质谱仪(见图 7-29)的使用注意事项包括如下几条。

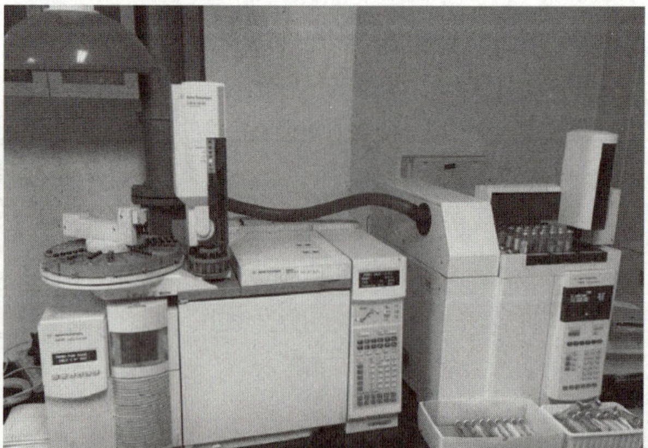

图 7-29　质谱仪

(1) 实验过程中，切勿用肥皂泡检查气路，且在检查气路时一定要与质谱仪接口断开。这点非常重要，很多质谱仪都因为学生采用肥皂泡检查气路使得四级杆污染无法继续使用。

(2) 因为质谱稳定需要 24 h 以上，频繁开关质谱仪也会加速真空污染。所以在一般情况下，质谱仪要保持运行状态，除非 15 天以上不用仪器，方可关闭。在预知停电的情况下，请提前关闭质谱仪。

(3) 泵油的更换。要经常观察泵油颜色，当变成黄褐色时应立即更换。如果仪器使用频繁且气体比较脏，则要求至少半年更换一次，加入泵油量不超过最上层液面。

(4) 散热过滤网应定期进行清洗（每两个月清洗一次），在夏天没有空调的房间使用时尽量打开上盖，以防影响仪器散热。

(5) 毛细管在不与外部仪器连接时，不要直接放置在较脏的桌面上，而应尽量悬空放置；毛细管内部的过滤器要定期清洗，在拆装过程中注意不要丢失部件。

(6) 在仪器运输过程中需要放出泵油，还需卸掉射频头，单独运输。

7.7.4　气相色谱—质谱联用仪

气相色谱—质谱联用仪如图 7-30 所示。

图 7-30　气相色谱—质谱联用仪

1. 载气系统

气体纯度必须达到 99.999%，并使用专用钢瓶灌装。载气纯度不够，或剩余的载气量不够时，会造成谱线丰度过大。根据所用载气质量，当气瓶的压力降低到几个兆帕时，应更换载气，以防止瓶底残余物对气路的污染。

一般载气进入色谱前都需经过净化，除去载气中的残留烃类氧、水等杂质，以提高载气的纯度，延长色谱柱使用寿命，减少色谱柱固定相流失，可以很大程度地降低背景噪声，使基线更加稳定。

2. 空气和真空泄漏的确认及检漏

气相色谱部分的空气泄漏通常会发生在内部的载气管接头、隔垫定位螺母、柱螺母等位置。

质谱真空是否出现空气泄漏，可从压力和空气/水的背景图谱进行判断。若漏气严重，此时要立即关掉灯丝，否则会造成灯丝断掉。

3. 进样系统

更换进样隔垫前应先将柱温降至 50 ℃以下，关掉进样口温度和流量。如果不关闭流量，当旋开进样口螺帽时，大量载气漏失，气相色谱的所有加温部分会自动关闭，需重新开机才能开启。更换进样隔垫时，注意进样口螺帽不要拧得太紧，否则进样隔垫被压紧，橡胶失去弹性，针扎下去会造成打孔效应，缩短进样隔垫的使用寿命。

衬管应视进样口类型、样品的进样量、进样模式、溶剂种类等因素来选用。尤其是分流、不分流衬管，注意不要混用，安装时上下不要装反。

衬管的洁净度直接影响到仪器的检测限，应注意对衬管进行检查，更换下来的衬管如果不太脏可以用无水甲醇或丙酮超声清洗，取出烘干后继续使用。

应使用硅烷化处理过的石英棉，未处理过的石英棉对分析物特别是极性化合物吸附严重。使用过的石英棉应丢弃，不能重复使用。

4. 开机和关机

开机时先开气相色谱，后开质谱，设定合适的离子源温度和传输线温度，同时不要忘记打开真空补偿，否则真空难以达到要求。实验前需先确定离子源是否到达指定温度，确认真空没有泄漏。关机前关闭传输线温度，离子源温度须降至 175 ℃以下，等待分子涡轮泵转速降下来后，方可关闭电源。

7.7.5 高效液相色谱仪

1. 高效液相色谱仪(见图 7-31)在使用过程中出现的问题

图 7-31　高效液相色谱仪

(1) 操作过程中若发现压力很低，则可能是管件连接有漏，需要检查。当出现错误警告时，一般为漏液。漏液故障排除后，擦干，然后再点击操作。

(2) 连接柱子与管线时，应注意拧紧螺丝的力度，过度用力可导致连接螺丝断裂。不同厂家的管线及色谱柱头结构有差异，最好不要混用，必要时可使用 PEEK 管及活动接头。

(3) 操作过程中若发现压力非常高，则可能管路已堵，应先卸下色谱柱，然后用分段排除法检查，确定何处堵塞后再解决问题。若是保护柱或色谱柱堵塞，可用小流量流动相或以小流量异丙醇冲洗，还可采用小流量反冲的办法，若还是无法通畅，则需换柱。

(4) 运行过程中若自动停泵，则可能为压力超过上限或流动相用完。

(5) 自动进样器的进样针未与样品瓶瓶口对准时，需重新定位。样品瓶中样品较少，自动进样器的进样针无法到达液面，可采用调低进样针进样高度的办法，注意设置时不要使进样针碰到瓶底。

(6) 泵压不稳或流量不准，可能是柱塞杆密封圈存在问题，需要更换。

(7) 基线漂移或者基线产生不规则噪声，可能是因为系统不稳定或没达到化学平衡、流动相被污染(需更换流动相,清洗储液器、过滤器,冲洗并重新平衡系统)、色谱柱被污染或者检测器不稳定。

2. 高效液相色谱仪的使用注意事项

(1) 使用中要注意各流动相所剩溶液的容积设定,若设定的容积低于最低限,仪器会自动停泵,注意洗泵溶液的体积,及时加液。

(2) 使用过程中要经常观察仪器工作状态,及时正确处理各种突发事件。

(3) 正式进样分析前 30 min 左右开启氘灯或钨灯,以延长灯的使用寿命。

(4) 使用手动进样器进样时,在进样前后都需用洗针液洗净进样针筒。洗针液一般选择与样品液一致的溶剂,进样前必须用样品液清洗进样针筒 5 遍以上,并排除针筒中的气泡。

(5) 溶剂瓶中的沙芯过滤头容易破碎,在更换流动相时注意保护,当发现过滤头变脏或长菌时,不可用超声洗涤,可用 5%稀硝酸溶液浸泡后再洗涤。

(6) 实验过程中不要使用高压冲洗色谱柱,防止固定相流失。

(7) 不要在高温下长时间使用硅胶键合相色谱柱。

(8) 实验结束后,一般先用水或低浓度甲醇水溶液冲洗整个管路 30 min 以上,再用甲醇冲洗。冲洗过程中关闭氘灯或钨灯。

(9) 关机时,先关闭泵、检测器等,再关闭工作站,然后关机,最后自下而上关闭色谱仪各组件及洗泵溶液的开关。

7.7.6 X 射线衍射仪

关于 X 射线辐射防护参见 10.5 节。X 射线衍射仪(见图 7-32)在使用时注意事项如下。

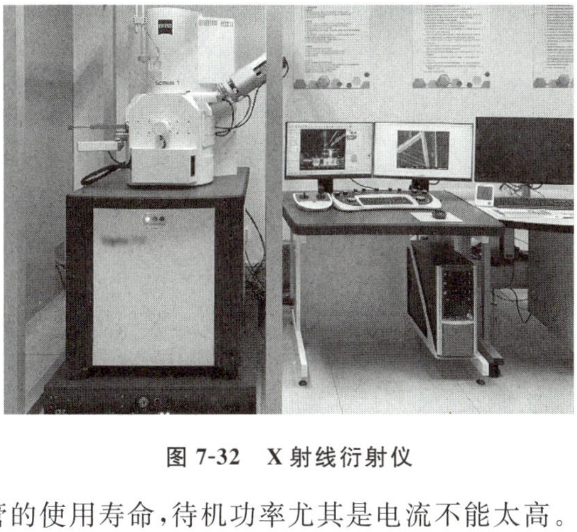

图 7-32　X 射线衍射仪

(1) 为延长 X 光管的使用寿命,待机功率尤其是电流不能太高。待机状态下,使用高电压没有问题,它能够有助于光管的稳定工作,以避免打火。

(2) X 射线衍射光管和 X 射线荧光管都希望始终处于工作状态(受热状态),并且保持良好的真空。

(3) 铍窗口是易碎且有毒的。在任何情况下,请不要触碰铍窗口,包括清洁时。要避免任何样品掉落到铍窗口。

(4) 冷却水的成分、温度及流量很重要。最佳的冷却水温度是 20 ℃～25 ℃。在较热和高湿环境下,冷却水温度也要较高,最好高于露点温度。

(5) 当超过1 h不用仪器时,可将X光管设定至待机状态;当超过两个星期不用仪器时,可将X光管高压关闭;当超过10个星期不用仪器时,可将X光管拆下。对新的X光管、超过100 h未曾使用和曾经从仪器上拆下的X光管,必须进行正常老化;对超过24 h但小于100 h未曾使用的X光管进行自动快速老化。

(6) 在升高压时,先升电压后升电流;在降高压时,先降电流后降电压。

(7) 在关闭高压后1～2 min内必须完全关闭水冷系统,千万不要通过关闭冷却水去关闭X光管高压。

(8) 不能随意丢弃X光管和探测器。可以将损坏的X光管和探测器寄回工厂进行合理处理。

(9) 如果X射线衍射仪门上的铅玻璃损坏,请立即停用仪器。

(10) 请在关门时,尽量避免过度用力以免影响安全系统。

7.7.7 紫外可见吸收光谱仪

紫外可见吸收光谱仪如图7-33所示,其使用注意事项如下。

(1) 开机前将样品室内的干燥剂取出,仪器自检过程中禁止打开样品室盖。

(2) 比色皿内溶液以皿高的2/3～3/4为宜,不可过满以防液体溢出腐蚀仪器。测定时应保持比色皿清洁,池壁上液滴应用镜头纸擦干,切勿用手捏透光面。测定紫外波长时,需选用石英比色皿。

(3) 测定时,禁止将试剂或液体物质放在仪器的表面上,如有溶液溢出或其他原因将仪器或样品槽弄脏,要尽可能及时清理干净。

(4) 实验结束后将比色皿中的溶液倒尽,然后用蒸馏水或有机溶剂冲洗比色皿至干净,倒立晾干。

(5) 关电源后将干燥剂放入样品室内,盖上防尘罩。

7.7.8 红外吸收光谱仪

红外吸收光谱仪如图7-34所示,其使用注意事项如下。

图7-33　紫外可见吸收光谱仪

图7-34　红外吸收光谱仪

(1) 测定时一般要求实验室的温度应在 15 ℃～30 ℃，相对湿度应在 65%以下。此外，仪器受潮会影响使用寿命。所以红外实验室应经常保持干燥，室内要配备除湿设备。

(2) 若所用的是单光束型傅里叶红外吸收光谱仪，实验室里的 CO_2 含量不能太高，因此实验室里的人数应尽量少，无关人员最好不要进入，还要注意适当通风换气。

(3) 测定用的样品在研细后置红外灯下烘几分钟使其干燥。加入 KBr 研磨好并在模具中装好后，应与真空泵相连抽真空至少 2 min，以使试样中的水分进一步被抽走。不抽真空可能会影响压片的透明度。

(4) 压片模具用后应立即把各部分擦干净，必要时用水清洗干净并擦干，置于干燥器中保存，以免锈蚀。

7.7.9　有机元素分析仪

(1) 有机元素分析仪(见图 7-35)加热炉的使用需要注意以下几点：①加热炉的温度不能超过操作说明中注明的最高温度；②加热炉不能在大于操作说明中注明的电源电压下使用；③长时间中断使用(5 天或更长)，加热炉应该关闭；④加热炉应加以保护，使它不受潮；⑤应确保螺旋形加热丝或热电偶的连接不短路，不要让螺旋形加热丝、热电偶和所有连接电路受到任何内力和外力的影响。

(2) 根据其操作模式，在一定的燃烧条件下，只适用于对可控制燃烧的大小尺寸样品中的元素含量进行分析。禁止对腐蚀性化学品，酸碱溶液、溶剂、爆炸物或可产生爆炸性气体的物质进行测试，这将对仪器产生破坏以及对操作人员造成伤害。

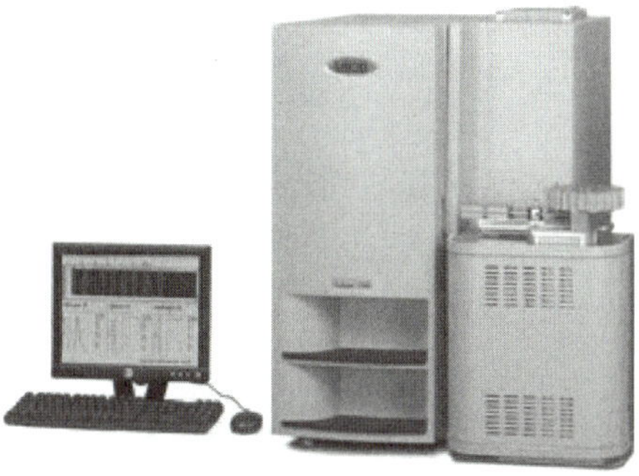

图 7-35　有机元素分析仪

(3) 含氟、磷酸盐或重金属的样品，会影响到分析结果或仪器部件的使用寿命。

(4) 元素分析仪是样品在高温下的氧气环境中经催化氧化使其燃烧，氧气的不足会降低催化氧化剂和还原剂的性能，从而减少它们的有效性和使用寿命。

(5) 不同的消耗品或者不合适的化学标准物不仅会导致分析结果的不正确，还会导致仪器的损坏。

(6) 如果电源电压中断超过 15 min，必须对仪器进行检漏。这是由于通风中断，不能散热，有可能造成炉室中的 O 形圈的损坏，必要时应更换。

7.7.10　原子吸收光谱仪

原子吸收光谱仪如图 7-36 所示，其使用注意事项如下。

(1) 气体的使用安全。火焰原子吸收光谱法常用到乙炔气，要确保所用气体充足。乙炔气瓶内有丙酮等溶剂，当乙炔气瓶压力小于 500 kPa 时，溶剂可能流出，损坏气路，所以要保证及时更换新的乙炔气体。

火焰原子吸收光谱法需用空气作助燃气，且一定要用干燥的空气。如果使用湿空气，水蒸气有可能附着在气体控制器的内部，从而影响正常操作。

图 7-36　原子吸收光谱仪

(2) 火焰原子化系统的雾化器和吸液管堵塞会引起喷雾故障，可以通过清洗或者更换雾化器来改善雾化效果。另外，为防止雾化器和吸液管堵塞，定容后的样品溶液最好用 0.22 的滤膜过滤后再进样。

(3) 应该经常检查废液出口处的水封。如果水封没有水，不但会造成气体压力发生波动导致测试不稳定，还可能因为气流速度小于燃烧速度造成回火，引起火灾或爆炸，所以要确保水封有水。

(4) 接触空心阴极灯的插座时，要注意电源电压，避免触电致伤。在安装或更换空心阴极灯时，一定要关闭电源。

(5) 防止灼伤。空心阴极灯表面温度很高，换灯前要关闭电流，并且使灯温度降低，冷却后再进行换灯。

(6) 在完成测量后，需要用蒸馏水冲洗进样管路至少 15 min，然后才能关闭火焰。

(7) 在测量有机样品后，一定要清洗燃烧器，当溶剂为疏水物时，用 1∶1 的乙醇、丙酮溶剂清洗，然后用蒸馏水冲洗，并确保水封溶剂用新的纯净水填满。

7.7.11　二氧化碳超临界萃取设备

二氧化碳超临界萃取设备(见图 7-37)利用超临界状态的二氧化碳代替有机溶剂提取化合物，在食品医药等行业有着重要应用。作为常用的萃取设备，了解操作时的注意事项可以减少操作失误，延长仪器使用寿命，还可以提高试验效率。

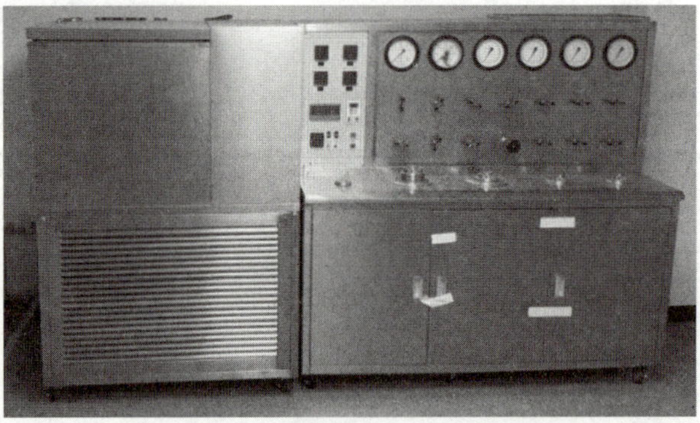

图 7-37　二氧化碳超临界萃取设备

(1) 图 7-37 中的二氧化碳超临界萃取设备为高压流动设备，只有熟悉系统流程的操作人员才可操作。

(2) 高压运转时操作人员不得离开岗位，若发生异常情况要立即停机关闭总电源检查。

(3) 泵系统启动前应先检查润滑的情况是否符合说明，填料压帽不宜过松或过紧。

(4) 电极点压力表操作前要预先调节所需值，否则会产生自动停泵或电极失灵超过压力的情况。

(5) 冷冻机采用 R22 制冷剂(氟利昂)制冷,开动前要检查冷冻机油,正常情况已调好,一般不要动阀门。

(6) 长时间不用设备就得回收氟利昂,具体操作为:关闭供液阀门开机 5 min 左右,低压表低于 0.1 MPa 停机即可。

(7) 要经常检查各连接部位是否松动。

(8) 泵在一定时间内要更换润滑油。

7.8 思考题

(1) 使用实验室仪器设备的注意事项有哪些?

(2) 使用高温设备的注意事项有哪些?

(3) 使用高压灭菌锅的注意事项有哪些?

(4) 机械加工实习中为什么要严格要求着装?

(5) 车工、铣工、刨工、钻工实习中需要注意哪些安全规则?

(6) 数控机床需要注意哪些安全操作规则?

第8章　高校化学实验操作安全

化学实验室中试剂种类繁多，各种仪器设备复杂多样，若没有理清化学实验室基本操作的注意事项以及操作规范，就极容易在实验过程中出现事故，轻者打碎仪器，严重者甚至会对自身安全造成损伤。因此，在实验之前，必须对所做实验有最基本的了解，明确每一步应该完成的任务，清楚实验室基本操作的操作安全，只有这样，才能保障自己在实验操作过程中不出现失误，并且得到准确的实验数据。本章主要讨论化学实验室基本操作中的注意事项及规范，从源头上阻止安全事故的发生。

8.1　化学实验安全操作规范

(1) 实验前应熟读相关实验化学品的 MSDS，了解安全防护和应急处置措施。

(2) 按仪器设备操作规范中的规定步骤操作，熟悉原理和注意事项，使用前检查仪器设备状态是否完好、是否在检定有效期内。

(3) 计量器具按监视、测量设备管理文件中的规定进行管理，使用前检查是否在检定有效期内。

(4) 实验室使用的各类标准溶液、制剂及制品，使用前应确认其在有效期内且未变质，必要时重新制备。

(5) 严格按实验规程中的规定称量、操作，并按顺序加入化学药品。

(6) 随时做好并保持实验室的清洁卫生工作，玻璃器皿、实验用试剂及试液按规定位置放置，玻璃器皿仪器用完后按规定清洗干净。

(7) 进入实验区域必须穿戴工作服、工作鞋，实验操作按 MSDS 规定穿戴必要的防护用品。

(8) 使用易燃、易爆、腐蚀性、有毒物品时，室内至少有两人，防止人身事故和火灾的发生。

(9) 使用移液管吸取液体时，禁止用嘴吸取，绝对禁止用嘴品尝试剂。

(10) 辨别试剂气味时，应用手轻轻扇动瓶口，使气体从侧面吹向自己，防止直接吸入。

(11) 用试管加热液体时，不能将试管口对准自己或临近工作人员，禁用电吹风。

(12) 加热易燃试剂时必须用水浴、沙浴或电热套，严禁使用明火加热。

(13) 加热温度有可能达到被加热物质的沸点时，必须放入沸石以防暴沸。

(14) 进行加热操作或易爆操作时，操作者不得离开现场。

(15) 回流冷凝器的上端和蒸馏器的接收器开口必须与空气相通，冬季下班前排空玻璃冷凝器内的积水，防止玻璃管破裂引发事故。

(16) 易挥发、放出有毒或有害气体的瓶口应密封，取样尽量在通风橱内完成。

(17) 配制、采集有毒或腐蚀性物品时，须小心谨慎，戴好耐酸碱手套和防护眼镜。

(18) 不准用实验器皿盛装食品和饮料，不准在实验室内吃东西、吸烟。

(19) 不准用湿布及有腐蚀性的溶剂擦洗电器设备和精密仪器;在检查电器设备是否漏电时用试电笔,防止触电。

(20) 实验结束后要进行安全检查,离开时关闭一切电源、水源、气源及门窗。

(21) 实验室内尽量避免产生电火花,日光能直射的地方,不能放置自燃点低的物质。

(22) 所有盛放药品的试剂瓶均应贴上标签,标明品名、规格、批号或配制日期等,应注明有效期。

(23) 过程中产生的废液、废渣、废料按类收集,做好标志,按实验室三废规定统一进行处理。

8.2　化学试剂取用操作安全

取用试剂时,应提前了解试剂的性质,尤其是其安全性能,如是否易燃易爆、是否有腐蚀性、是否有强氧化性、是否有刺激性气味、是否有毒、是否有放射性等及其他可能存在的安全隐患,看清试剂的名称和规格是否符合要求,以免用错试剂。试剂瓶盖取下后,翻过来放在干净的位置,以免盖子上沾有其他物质,再次盖上时带入脏物。取走试剂后应及时盖上瓶盖,然后将试剂瓶放回原处,将试剂瓶上的标签朝外放置以便以后取用。取用试剂时要根据不同的试剂及用量采用相应的器具,要注意节约,用多少取多少,取出的过量试剂不能再放回原试剂瓶中,有回收价值的试剂应放入相应的回收瓶中。

8.2.1　固体化学试剂的取用

取用固体化学试剂时应注意以下几点。

(1) 用干净的药勺取用试剂,用过的药勺必须洗净和擦干后才能再次使用以免污染试剂。

(2) 取用试剂后立即盖紧瓶盖,防止试剂与空气中的氧气等发生反应。

(3) 称量固体化学试剂时注意不要取多,取多的药品不能倒回原来的试剂瓶中。因为取出的试剂已经接触空气,有可能受到污染,倒回去容易污染试剂瓶里余下的试剂。

(4) 一般的固体化学试剂可以放在干净的纸或表面皿上称量。具有腐蚀性、强氧化性或易潮解的固体化学试剂不能在纸上称量,而应放在玻璃容器内称量,如氢氧化钠有腐蚀性又易潮解,最好放在烧杯中称取,否则容易腐蚀天平。

(5) 有毒的药品称取时最好在有经验的老师或同学的指导下进行,要做好防护措施,如戴好口罩、手套、防护眼镜等。

8.2.2　液体化学试剂的取用

取用液体化学试剂时应注意以下几点。

(1) 从滴瓶中取用液体化学试剂时要用该滴瓶中的滴管,滴管不要探入到所用的容器中,以免由于滴管接触容器器壁而污染试剂。从试剂瓶中取少量液体化学试剂时则需要使用专用滴管。装有药品的滴管不得横置或滴管口向上斜放,以免液体滴入滴管的胶皮帽中,腐蚀胶皮帽,再次取用试剂时受到污染。

(2) 从细口瓶中取出液体试剂时用倾注法。先将瓶塞取下,反放在桌面上,手握住试剂瓶上贴有标签的一面，逐渐倾斜瓶子让试剂沿着洁净的管壁流入试管或沿着洁净的玻璃棒注入烧杯中。取出所需量后，将试剂瓶扣在容器上靠一下，再逐渐竖起瓶子，以免遗留在瓶口的液体滴流到瓶的外壁。

（3）对于一些不需要准确计量的实验，可以通过估算取出液体的量。例如，用滴管取用液体时，1 mL 相当于多少滴，5 mL 液体占容器的几分之几等。倒入溶液的量一般不超过容器容积的 1/3。

（4）用量筒或移液管定量取用液体时，量筒用于量度一定体积的液体，可根据需要选用不同规格的量筒，而取用准确的量时就必须使用移液管。

（5）取用挥发性强或刺激性比较强的试剂时应在通风橱中进行，并做好安全防护措施。

8.2.3 气体化学试瓶的取用

化学实验中常用到一些气体化学试剂如氧气、氮气、氢气、氧气、氯气等。这些气体一般都是储存在专用的高压气体钢瓶中，关于高压气体钢瓶的安全使用及高压气体的安全取用详见 9.2 节。

8.2.4 部分特殊试剂的保管与取用

（1）黄磷应浸于水中密闭保存，用镊子夹取后宜用小刀分切。

（2）钠、钾浸入无水煤油保存，宜用小刀分切。

（3）汞应低温密闭保存，宜用滴管吸取。若汞洒落桌面，可用硫黄粉覆盖。

（4）溴水应低温密闭保存，宜用移液管吸取，以防中毒与灼燃。

（5）过氧化氢、硝酸银、碘化钾、浓硝酸、苯酚等应装在棕色瓶中，避光保存。

8.3 常用化学操作单元的规范与安全

8.3.1 回流反应操作的规范与安全

回流反应是化学反应中最常见、最基本的操作之一，适用于需长时间加热的反应或用于处理某些特殊的试剂。由于回流反应可以保持在液体反应物或溶剂的沸点附近（较高温度）进行，因此可显著地提高反应速率、缩短反应时间。回流反应操作一般由加热、搅拌、冷凝、干燥、吸收等几个部分组成。

1. 操作规范

（1）确定主要仪器（通常是烧瓶）的高度，按从下至上、从左到右的顺序安装。

（2）S 夹应开口向上，以免由于其脱落导致烧瓶夹失去支撑；烧瓶夹子应套有橡皮管以免金属与玻璃直接接触；固定烧瓶夹和玻璃仪器时，用左手手指将双钳夹紧，再逐步拧紧烧瓶夹螺丝，做到不松不紧。

（3）烧瓶夹应分别夹在烧瓶的磨口部位及冷凝管的中上部位置。

（4）冷凝管的冷凝水采取“下进水、上出水”方式通入，即进水口在下方，出水口在上方。

（5）正确安装好装置后，应先将冷却水通入冷凝管中，然后再开始加热并根据反应特点控制加热速度。

(6) 当烧瓶中的液体沸腾后，调整加热，控制反应速度，一般以上升的蒸汽环不超过冷凝管的长度的 1/3 为宜。若温度过高，蒸汽来不及被充分冷凝，不易全部回到反应瓶中；若温度过低，反应体系不能达到较高的温度值，使得反应时间延长。

(7) 反应完毕，拆卸装置时应先关掉电源，停冷凝水，再拆卸仪器，拆卸的顺序与安装的顺序相反，其顺序是从右至左，先上后下。

(8) 进行回流反应时，必须有人在现场，不得出现脱岗现象。

(9) 进入实验室要做好个人的安全防护，穿实验服，必要时应佩戴防护眼镜、面罩和手套等。

2. 安全事项

(1) 安装仪器前应仔细检查玻璃仪器有无裂纹、是否漏气，以免在反应过程中出现液体泄漏或气体冲出造成事故。

(2) 采用电加热包加热时，一般不要使烧瓶底部与热包贴上以免造成反应体系局部过热。

(3) 要充分考虑冷凝水水压的变化(如白天和晚上的区别)，以免由于水压太大造成进水管脱落引发漏水跑水事故。

(4) 一般的回流反应需要加沸石或搅拌以免引起暴沸。

(5) 一定要使反应体系与大气保持相通，切忌将整个装置密闭以免发生安全事故。

(6) 对于低沸点、易挥发或有毒有害的气体应采取必要的冷凝和吸收措施。

8.3.2　蒸馏及减压蒸馏操作的规范与安全

蒸馏及减压蒸馏是分离和提纯有机化合物的常用方法，减压蒸馏特别适用于那些在常压蒸馏时未达沸点即已受热分解、氧化或聚合的物质。蒸馏部分由蒸馏瓶、克氏蒸馏头、毛细管、温度计及冷凝管、接收器等组成；减压蒸馏装置主要由蒸馏、抽气(减压)、安全保护和测压部分组成。由于蒸馏或减压蒸馏的物料大多数易燃、易爆、有毒或有腐蚀性，蒸馏过程还涉及玻璃仪器内压力的变化。因此，蒸馏过程中如果操作不当有可能引起爆炸、火灾、中毒等危险。

1. 操作规范

(1) 蒸馏装置必须正确安装。常压操作时，切勿造成密闭体系；减压蒸馏时，要用圆底烧瓶作接收器，不可用锥形瓶或平底烧瓶，否则可能会发生炸裂甚至爆炸。减压蒸馏按要求安装好仪器后，先检查系统的气密性。若使用毛细管作汽化中心，应先旋紧毛细管上的螺旋夹子，打开安全瓶上的二通活塞，然后开启真空泵，并逐渐关闭活塞。若系统压力可以达到所需真空度且基本保持不变，说明系统密闭性较好；若系统压力达不到要求或变化较大，说明系统中存在漏气，应逐个仔细检查各个接口的连接部位，必要时加涂少量真空硅脂进行密封。

(2) 蒸馏或减压蒸馏需蒸馏液体的加入量不得超过蒸馏瓶容积的 1/2。减压蒸馏时，在添加药品后，关闭安全瓶上的活塞，开真空泵抽气，通过毛细管上的螺旋夹调节空气的导入量，以能冒出一连串小气泡为宜。

(3) 严禁明火直接加热，而应根据液体沸点的高低使用石棉网、油浴、砂浴或水浴。加热速度宜慢不宜快，避免液体局部过热，一般控制滴出速率为每秒 1～2 滴，蒸馏某些有机物时，严禁蒸干。

(4) 蒸馏易燃物质时，装置不能漏气，若有漏气，则应立即停止加热，并检查原因，解决漏气后再重新开始。接收器支管应与橡皮管相连，使余气通往水槽或室外。循环冷凝水要保持畅通，以免大量蒸气来不及冷凝溢出而造成火灾。

(5) 减压蒸馏完毕后，撤去热源，再稍微放置片刻，使蒸馏瓶以及残留液冷却。缓慢打开毛细管上的螺旋夹，并打开安全瓶上的活塞，使系统与大气相通、内外压力平衡，然后关泵。

2. 安全事项

(1) 蒸馏装置不可形成密闭体系；减压蒸馏时应使用克氏蒸馏头，以减少由于液体暴沸而溅入冷凝管的可能性。

(2) 由于在减压条件下，蒸气的体积比常压下的大得多，液体的加入量应严格控制不可超过蒸馏瓶体积的一半。

(3) 减压蒸馏应使用二叉管或三叉管作接液管，接收不同馏分时，只需转动接液管即可，不会破坏系统的真空状态。

(4) 减压蒸馏时加入药品后，待真空稳定时再开始加热。因为在减压条件下，物质的沸点会降低，加热过程中抽真空可能会引起液体暴沸。

(5) 蒸馏加热前应放 2～3 粒沸石以防止暴沸，如果在加热后才发现未加沸石，应立即停止加热，待被蒸馏的液体冷却后补加沸石，然后重新开始加热。严禁在加热时补加沸石，否则会因暴沸而发生事故。减压蒸馏时需用毛细管或磁搅拌代替沸石，防止暴沸，使蒸馏平稳进行，避免液体过热而产生暴沸冲出的现象发生。

(6) 在减压蒸馏系统中，要使用厚壁耐压的玻璃仪器，切勿使用薄壁或有裂缝的玻璃仪器，尤其不能用不耐压的平底瓶(如锥形瓶等)作接收器，以防止内向爆炸。

(7) 减压蒸馏结束后，切忌待体系通大气后再关泵，不能直接关泵，否则有可能引起倒吸。

8.3.3 水蒸气蒸馏的操作规范与安全

水蒸气蒸馏是提纯、分离有机化合物常用的方法之一。这种方法是在不溶于水或难溶于水的有机物中通入水蒸气或与水共热，从而将水与有机化合物一起蒸出，达到分离和提纯的目的。被分离的有机化合物应是：难溶或不溶于水；长时间与水共沸不会发生化学反应；在 100 ℃左右，具有一定的蒸气压，一般不小于 1.33 kPa。该方法常用于从大量树脂状杂质或不挥发性杂质中分离有机物；从固体混合物中分离容易挥发物质；常压下蒸馏易分解的化合物。水蒸气蒸馏通常由蒸馏和水蒸气发生器两部分组成。

1. 操作规范

(1) 水蒸气发生器可以是金属容器或大的圆底烧瓶，水的量一般为其容积的 1/2 为宜。

(2) 水蒸气发生器中的安全管应插到发生器的液面以下，若体系内压力增大，水会沿玻璃管上升，起到调节压力的作用。

(3) 水蒸气发生器至蒸馏瓶之间的蒸气导管应尽可能短，以减少水蒸气的冷凝量。

(4) 蒸气导管的下端应尽量接近蒸馏瓶的液面以下，但不能与瓶底接触。

(5) 当有大量水蒸气冒出并从 T 形管冲出时，旋紧螺旋夹，开始蒸馏。如果由于水蒸气的冷凝而使蒸馏瓶内液体增多时，可适当加热蒸馏瓶。

(6) 控制蒸馏速率，馏分以每秒 2～3 滴为宜。

(7) 通过水蒸气发生器的液面，观察蒸馏是否顺畅。若水平面上升很快说明系统有堵塞，应立即旋开螺旋夹，撤去热源，并进行检查。

(8) 当溜出液无明显油珠、澄清透明时则停止蒸馏。松开螺旋夹，移去热源，防止倒吸现象。

2. 安全事项

(1) 水蒸气蒸馏操作时，先将被蒸溶液置于长颈圆底瓶中，加入量不超过其容积的 1/3。

(2) 加热水蒸气发生器，直至水沸腾，当有大量水蒸气产生时，关闭两道活塞，使水蒸气平稳、均匀地进入到圆底烧瓶中。

(3) 为了使水蒸气不致在蒸馏瓶中冷凝而积累过多，必要时可适当对其加热，但应控制加热速度，使水蒸气能在冷凝管中全部冷凝下来。

(4) 当蒸馏固体物质时，如果随水蒸气挥发的物质具有较高的熔点，易在冷凝管中凝结为固体，此时应调小冷凝水的流速，使其冷凝后仍然保持液态。如果已有固体析出，并且接近阻塞时，可暂停冷凝水甚至将冷凝水放掉，若仍然无效则应立即停止蒸馏。

(5) 若冷凝管已被阻塞，应立即停止蒸馏，并设法疏通(可用玻棒将阻塞的晶体捅出或用电吹风的热风吹化结晶，也可在冷凝管夹套中灌以热水使之熔化后流出来)；当冷凝管夹套中需要重新通入冷却水时，要小心缓慢，以免冷凝管因聚冷而破裂。

(6) 当中途停止蒸馏或结束蒸馏时，一定要先打开 T 形管下方的螺旋夹，使其通气，才可停止加热，以防蒸馏瓶中的液体倒吸到水蒸气发生器中。

(7) 在蒸馏过程中，如果安全管中的水位迅速上升，则表示系统中发生了堵塞，此时应立即打开活塞，然后移去热源，待解决了堵塞问题后再继续进行水蒸气蒸馏。

8.3.4 萃取与洗涤操作的规范与安全

萃取和洗涤是分离、提纯有机化合物常用的操作。萃取是用溶剂从液体或固体混合物中提取所需要的物质；洗涤是从混合物中洗掉少量的杂质，实际上，洗涤也是一种萃取。实验室中最常见的萃取仪器是分液漏斗。

1. 操作规范

(1) 选用容积比萃取液总体积大一倍以上的分液漏斗。

(2) 加入一定量的水，振荡，检查分液漏斗的塞子和旋塞是否严密、分液漏斗是否漏水，确认不漏后方可使用。将分液漏斗放置在固定在铁架上的铁环中，关好活塞。

(3) 将被萃取液和萃取剂(一般为被萃取液体积的 1/3)依次从上口倒入漏斗中，塞紧顶塞(顶塞不能涂润滑脂)。

(4) 取下分液漏斗，用右手手掌顶住漏斗上面的塞子并握住漏斗颈，左手握住漏斗活塞处，拇指压紧活塞，把分液漏斗放平，并前后振摇，尽量使液体充分混合。在开始阶段，振摇要慢，振摇完成后，使漏斗上口向下倾斜，下部支管指向斜上方，左手仍握着活塞支管处，用拇指和食指旋开活塞放气。

(5) 仍保持原倾斜状态，下部支管口指向无人处，左手仍握在活塞支管处，用拇指和食指旋开活塞，释放出漏斗内的蒸气或产生的气体，使内外压力平衡，此操作也称“放气”。如此重复至放气时只有很小压力后，再剧烈振摇 2～3 min，然后再将漏斗放回铁圈中静置。

(6) 待液体分成清晰的两层后，进行分离，分离液层时，慢慢旋开下面的活塞，放出下层液体。上层液体从上口倒出，而不可从下口放出以免被残留的下层液体污染。

2. 安全事项

(1) 不可使用有泄漏的分液漏斗，以免液体流出或气体喷出，确保操作安全。

(2) 上口塞子不能涂抹润滑脂，以免污染从上口倒出的液体。

(3) 振摇时一定要及时放气，尤其是当使用低沸点溶剂或者用酸、碱溶液洗涤产生气体时，振摇会使其内部出现很大的压力，若不及时放气，漏斗内的压力会远大于大气压力，就会顶开塞子出现喷液，有可能造成伤害事故。

(4) 振摇时，支管口不能对着人，也不能对着火，以免发生危险。

(5) 若一次萃取不能达到要求可采取多次萃取的办法。

8.3.5 干燥操作的规范与安全

干燥是指除去化合物中的水分或少量的溶剂。一些化学实验需在无水的条件下进行，所有原料和试剂都要经过无水处理，在反应过程中还要防止潮气的侵入。有机化合物在蒸馏之前也必须进行干燥，以免加热时某些化合物会发生水解，或与水形成共沸物。测定化合物的物理常数时，对化合物进行定性、定量分析，利用色谱、紫外光谱、红外光谱、核磁共振、质谱等方法对化合物进行结构分析和测定，都必须使化合物处于干燥状态，才能得到准确可信的结果。干燥的方法包括物理干燥和化学干燥，这里主要介绍化学干燥。化学干燥是利用干燥剂除去水，按照去水作用分为两类：一类是干燥剂与水可逆地结合成水合物，如硫酸镁、氯化钙等；另一类是干燥剂与水反应生产新的化合物，其过程是不可逆的，如金属钠、五氧化二磷等。

1. 操作规范

(1) 所选用的干燥剂不能与被干燥的化合物发生化学反应，也不能溶解在该溶剂中。

(2) 要综合考虑干燥剂的吸水容量和干燥效能，有些干燥剂虽然吸水容量大但干燥效果不一定很好。

(3) 干燥剂的用量与所干燥的液体化合物的含水量、干燥剂的吸水容量等多种因素有关，若干燥剂加入量过少，则起不到完全干燥的作用；若干燥剂加入量过多，则会吸附部分产品，影响产品的产量。

(4) 将被干燥液体放入干燥的锥形瓶(最好是磨口锥形瓶)中，加入少量的干燥剂，塞好塞子，振摇锥形瓶。如果干燥剂附着在瓶底并板结在一起，说明干燥剂的用量不够。当看到锥形瓶中液体澄清且有松动游离的干燥剂颗粒时，可以认为此时的干燥剂用量已够。

(5) 塞紧塞子静置一段时间(一般在 30 min 以上)。

2. 安全事项

(1) 酸性化合物不能用碱性干燥剂干燥，碱性化合物也不能用酸性干燥剂干燥。

(2) 强碱性干燥剂(如氧化钙、氢氧化钠等)能催化一些醛、酮发生缩合反应、自动氧化反应，也能使酯、酰胺发生水解反应。

(3) 有些干燥剂可与一些化合物形成配合物，因此不能用于干燥这些化合物。

(4) 氢氧化钠(钾)易溶解在低级醇中,所以不能用于干燥低级醇。

(5) 对含水量大的化合物干燥时,可先使用吸附容量大的干燥剂进行干燥,再用干燥效能高的干燥剂干燥。

8.3.6　重结晶与过滤操作的规范与安全

在有机化学反应中,固体有机产物中常含有一些副产物、未反应完的原料和某些杂质,重结晶就是提纯固体有机化合物的有效方法。这种方法是利用有机化合物在不同溶剂中及不同温度条件下的溶解度不同,使被提纯物质从过饱和溶液中析出,而全部或大部分杂质仍留在溶液中,从而达到提纯目的。重结晶一般包括选择适当溶剂、制备饱和溶液、脱色、过滤、冷却结晶、分离、洗涤、干燥等过程。

1. 操作规范

(1) 选择溶剂的条件:不与重结晶物质发生化学反应;在较高温度时,重结晶物质在溶剂中溶解度较大,而在室温或低温时,溶解度很小;杂质不溶在热的溶剂中,或者是杂质在低温时极易溶在溶剂中,不随晶体一起析出;能结出较好的晶体且易与结晶分离除去,无毒或毒性很小,便于操作。

(2) 热的饱和溶液的制备:通过试验结果或查阅溶解度数据计算所需溶剂的量,溶剂加入量太少,则会形成过饱和溶液,晶体析出很快,热过滤时会有大量的结晶析出并残存在滤纸上,影响产品的收率;溶剂加入量过多,则不能形成饱和溶液,冷却后析出的晶体少。

(3) 一般用活性炭除去有色杂质和树脂状物质,其加入量为固体量的 1%～5%,加得太少,则不能达到脱色的目的;加得太多,则会使产品包裹在活性炭中而降低产量。加入活性炭后再煮沸 5～10 min,并趁热过滤。

(4) 抽滤前先将剪好的滤纸放入布氏漏斗中,滤纸的直径不能大于漏斗底边缘,否则滤液会从折边处流出造成损失。将滤纸润湿后,可先倒入部分滤液(不要将溶液一次倒入)启动水循环泵,通过缓冲瓶(安全瓶)上二通活塞调节真空度。开始时,真空度不要设置得太高,这样才能防止将滤纸抽破,待滤饼已结一层后,再将余下溶液倒入,并逐渐提高真空度,直至抽“干”为止。

2. 安全事项

(1) 为了避免溶剂挥发、可燃性溶剂着火或有毒溶剂导致中毒,必要时应在锥形瓶上装置回流冷凝管,溶剂可从冷凝管的上端加入。

(2) 若使用煤气灯等明火加热,当所用溶剂易燃易爆(如乙醚)时,应特别小心,在热过滤时应将火源撤掉,以防引燃着火。

(3) 如果在溶液沸腾状态下加入活性炭则会引起暴沸,导致由于液体喷溅造成烫伤或其他事故,因此在加入活性炭之前,应将溶液稍微冷却一下。

(4) 热过滤时先用少量热的溶剂润湿滤纸,以免干滤纸由于吸收溶液中的溶剂,析出结晶而堵塞滤纸孔,影响抽滤效果。

(5) 抽滤结束后,先打开放空阀使系统与大气相通,再停泵,以免产生倒吸现象。

8.3.7　搅拌装置操作的规范与安全

搅拌装置是化学反应中常用的装置。搅拌的作用有:可以使两相充分接触、反应物混合均匀和被滴加原料快速均匀分散；使温度分布均匀，避免或减少因局部过浓、过热而引起副反应的发生；在密闭容器中加热，可防止暴沸；缩短时间，加快反应速度或蒸发速度。常见的搅拌装置有机械搅拌和磁力搅拌两种。

1. 机械搅拌

机械搅拌是由电机带动搅拌棒转动从而达到搅拌目的的一种装置，主要由电动机、搅拌棒和搅拌密封装置三部分组成。

1）操作规范

(1) 安装搅拌装置时，要求搅拌棒垂直安装，与反应仪器的管壁无摩擦和碰撞，转动灵活。

(2) 搅拌棒与电机轴之间可通过两节橡皮管和一段玻璃棒连接。不能将玻璃搅拌棒直接与搅拌电机轴相连，以免造成搅拌棒磨损或折断。

(3) 搅拌棒的形状有多种，但在安装时，都要求搅拌棒下端距瓶底应有适当的距离，既不能太远影响搅拌效果（如积聚于底部的固体可能得不到充分搅拌），又不能贴在瓶底上。

2）安全事项

(1) 不能在超负荷状态下使用机械搅拌装置，否则易导致因电机发热而烧毁。

(2) 使用时必须接上地线确保安全。

(3) 适当的搅拌速度可以减小振动，延长仪器的使用寿命。

(4) 操作时，若出现搅拌棒不同心、搅拌不稳的现象，应及时关闭电源，调整相关部位。

(5) 平时要保持仪器的清洁干燥，防潮防腐蚀。

2. 磁力搅拌

磁力搅拌是利用磁性物质同性相斥的特性，通过可旋转的磁铁片带动磁转子旋转而达到搅拌目的的一种装置。磁力搅拌装置一般都由可调节磁铁转速的控制器和可控制温度的加热装置组成，适用于黏稠度不是很大的液体或者固液混合物。磁力搅拌装置比机械搅拌装置简单、易操作，且更加安全，其缺点是不适用于大体积和黏稠体系。

1）操作规范

(1) 使用之前应检查调速旋钮是否归零，电源是否接通，以确保安全。

(2) 选择大小适中的磁转子，加入试剂之前试运转，保证搅拌效果。

(3) 打开搅拌开关，由低到高逐级调节调速旋钮，从而达到所需转速。

(4) 若发现磁转子出现不转动或跳动时，检查磁转子与反应器的相对位置是否正确。

(5) 及时收回磁转子，不要随反应废液或固体倒掉。

(6) 保持适当转速，防止剧烈振动，尽量避免长时间高速运转。

2）安全事项

(1) 使用前要认真检查仪器的配置连接是否正确，选择合适的磁转子。

(2) 不要高速直接启动，以免引起磁转子因不同步而引起跳动。

(3) 不搅拌时不应加热，不工作时应关掉电源。

(4) 使用时最好连接上地线，从而防止事故发生。

8.3.8 真空系统操作的规范与安全

真空操作是化学实验中常见的基本操作之一，如减压蒸馏、抽滤、真空干燥、旋转蒸馏等操作时经常使用真空装置。其种类很多，实验室常用的真空泵有水环真空泵（水泵）和油封机械真空泵（油泵）两种。若需要的真空度不是很低，则用水泵；若需要较低的压力，则用油泵。

1. 操作规范

（1）首次使用水泵时应加水至溢水管出水为止，并注意必须经常更换水箱中的水，保持水箱清洁，从而延长仪器使用寿命。

（2）可将箱体进水孔用橡皮管连接在水龙头上，用橡皮管连接在溢水嘴上，使之连续循环进水，从而保证有机溶剂不会长期留在箱内而腐蚀泵体。

（3）检查实验装置连接是否正确、密闭，将实验装置的抽气套管连接在泵的真空接头上，启动按钮（开关）即开始工作，双头抽气可单独或并联使用。

（4）减压系统必须保持密闭不漏气，所有的橡皮塞的大小和孔道要合适，橡皮管要用真空用的橡皮管。玻璃仪器的磨口处应涂上凡士林，高真空应涂抹真空油脂。

（5）用水泵抽气时，应在水泵前装上安全瓶，以防水压下降，水流倒吸；停止抽气前，应先使系统连接空气，然后再关泵。

（6）使用油泵前，应检查油位是否在油标线位置；在蒸馏系统和油泵之间，必须装有缓冲和吸收装置。如果蒸馏挥发性较大的有机溶剂时，蒸馏前必须用水泵彻底抽去系统中有机溶剂的蒸气，否则将达不到所需的真空要求。

（7）由于水分或其他挥发性物质进入泵内而影响极限真空时，可开镇气阀将其排出，当泵油受到机械杂质或化学杂质污染时，应及时更换泵油。

2. 安全事项

（1）与泵油发生化学反应、对金属有腐蚀性或含有颗粒物质的气体以及含氧过高、爆炸性的气体不适用于真空泵。

（2）油泵不能空转和倒转，否则会导致泵的损坏。

（3）酸性气体会腐蚀油泵，水蒸气会使泵油乳化，降低泵的效能甚至抽坏真空泵。

（4）要按要求使用符合规定的真空泵油，泵油必须干燥清洁。

（5）加入泵油的量过多，运转时会从排气口向外喷溅；泵油的量不足会造成密封不严而导致泵内气体渗漏。

（6）油泵停止运转时，应先将系统与泵之间的阀门关闭，同时打开放气阀使空气进入泵中，然后关掉泵的电源，避免回油现象发生。

（7）使用时，如果因系统损坏等特殊事故，泵的进气口突然连接空气时，应尽快停泵，并及时切断与系统连接的管道，防止喷油。

8.4　典型反应的危险性分析及安全控制措施

8.4.1　氧化反应

1. 危险性分析

（1）大多数氧化反应需要加热，特别是催化气相反应，一般都在高温条件下进行，而氧化反应又是放热过程，产生的反应热若不及时移去，将会使反应温度迅速升高甚至发生爆炸。

(2) 某些氧化反应，物料配比接近其爆炸下限，因此要严加控制，倘若物料配比失调、温度控制不当，极易引起爆炸起火。

(3) 被氧化的物质很多是易燃易爆物质。有的物质具有较宽的爆炸极限，或者其蒸气与空气的混合物具有一定的爆炸极限，在实验操作时要格外小心。

(4) 氧化剂存在易发生火灾的隐患。一些氧化剂如氯酸钾，高锰酸钾、铬酸酐等，如遇高温或受到撞击、摩擦以及与有机物、酸类接触，都有可能引起着火或爆炸；而有机过氧化物不仅具有很强的氧化性，而且大部分自身就是易燃物质，有的对温度特别敏感，遇高温则容易发生爆炸。

(5) 有些氧化反应的产物也存在易发生火灾的隐患。例如，环氧乙烷是可燃气体；硝酸不但是腐蚀性物品，而且也是强氧化剂。另外，某些氧化过程中还可能生成危险性较大的过氧化物，如乙醛氧化生产醋酸的过程中有过氧乙酸生成，过氧乙酸是有机过氧化物，极不稳定，受高温、摩擦或撞击便会分解或燃烧。

2. 安全控制措施

(1) 氧化过程中以空气或氧气作氧化剂时，应严格控制反应物料的配比(可燃气体和空气的混合比例)在其爆炸极限范围之外。空气进入反应器之前，应经过气体净化装置，消除空气中的灰尘、水蒸气、油污以及可使催化剂活性降低或中毒的杂质，以保证催化剂的活性，减少着火和爆炸的危险。

(2) 在催化氧化过程中，对于放热反应，应控制适宜的温度、流量，防止超温、超压和混合气处于爆炸范围之内。

(3) 使用硝酸、高锰酸钾等氧化剂时，要严格控制加料速度，防止多加、错加。固体氧化剂应粉碎后再使用，最好使其呈溶液状态后再使用，反应过程中要不间断地搅拌，严格控制反应温度，决不允许超过被氧化物质的自燃点。

(4) 使用氧化剂氧化无机物时，应控制产品烘干温度不超过其着火点，在烘干之前应用清水洗涤产品，将氧化剂彻底除净，以防止未完全反应的氧化剂引起已烘干的物料起火。有些有机化合物的氧化，特别是在高温下的氧化，在设备及管道内可能产生焦状物，应及时清除，以防自燃。

(5) 氧化反应使用的原料及产品，应按有关危险品的管理规定，采取相应的防火措施，如隔离存放、远离火源、避免高温和日晒、防止摩擦和撞击等。若该原料是电介质的易燃液体或气体，应安装导除静电的接地装置。

(6) 设置氮气、水蒸气灭火等装置，以便能及时扑灭火灾。

8.4.2 还原反应

1. 危险性分析

(1) 还原反应都有氢气存在(氢气的爆炸极限为 4%～75%)，特别是催化加氢还原，大都在加热、加压条件下进行，如果操作失误或因设备缺陷有氢气泄漏，极易与空气形成爆炸性混合物，如遇着火源即会爆炸。

(2) 还原反应中所使用的催化剂雷尼镍吸潮后在空气中有自燃危险，即使没有着火源存在，也能引燃氢气和空气的混合物，形成着火爆炸。

(3) 固体还原剂中保险粉、硼氢化钾(钠)、氢化铝锂等都是遇湿易燃危险品，其中保险粉遇水发热，在潮湿空气中能分解析出硫，硫蒸气受热具有自燃的危险，且保险粉本身受热到 190 ℃也有分解爆炸的危险；硼氢化钾(钠)在潮湿空气中能自燃，遇水或酸即分解放出大量氢气，同时放出大量热，可使氢气着火而引起爆炸事故；氢化铝锂是遇湿危险的还原剂，务必要妥善保管，防止受潮。

(4) 还原反应的中间体，特别是硝基化合物还原反应的中间体，亦有一定的火灾危险。

2. 安全控制措施

(1) 操作过程中要严格控制反应温度、压力和流量，使用的电气设备必须符合防爆要求，实验室通风要好，加压反应的设备应配备安全阀，反应中产生压力的设备要装设爆破片，安装氢气检测和报警装置。

(2) 当使用雷尼镍等作为还原反应的催化剂时，必须先用氮气置换出反应器内的全部空气，并经过测定证实含氧量达到标准后，才可通入氢气；反应结束后应先用氮气把反应器内的氢气置换干净，才可打开孔盖出料，以免外界空气与反应器内的氢气相遇，在雷尼镍自燃的情况下发生着火爆炸。雷尼镍一般储存在酒精中，在回收钯碳催化剂时用酒精及清水充分洗涤；在真空过滤时不得抽得太干，以免氧化着火。

(3) 保险粉在需要溶解使用时，要严格控制温度，应在搅拌的情况下，将保险粉分批加入水中，待溶解后再与有机物反应；当使用硼氢化钠(钾)作还原剂时，在调解酸、碱度时要特别注意，防止加酸过快、过多；当使用氢化铝锂作还原剂时，要在氮气保护下使用，平时浸没于煤油中储存。这些还原剂遇氧化剂会发生激烈反应，产生大量热，具有着火爆炸的危险，因此不得将它们与氧化剂混存在一起。

(4) 由于有些还原反应可能在生产中生成爆炸危险性很大的中间体，所以在反应操作中一定要严格控制各种反应参数和反应条件，否则会导致事故发生。

(5) 开展新技术、新工艺的研究，尽可能采用还原效率高、危险性小的新型还原剂代替易发生火灾的还原剂。

8.4.3　硝化反应

硝化反应是指在化合物分子中引入硝基，取代氢原子生成硝基化合物的反应。

1. 危险性分析

(1) 硝化反应是放热反应，需要在低温条件下进行。在硝化反应中，如果出现中途搅拌中断、冷却水供应不畅、加料速度过快等，都会使温度失控，造成体系温度急剧升高，并导致副产物增多，硝基物增多，容易引起着火和爆炸事故。

(2) 常用的硝化试剂如浓硝酸、浓硫酸、发烟硫酸、混合酸等都具有较强的氧化性、吸水性和腐蚀性。它们与油脂、有机物，特别是不饱和有机化合物接触时能引起燃烧；在制备硝化剂时，若温度过高或混入少量水，就会使硝酸大量分解和蒸发，不仅会导致设备受到强烈腐蚀，还可能引起爆炸事故。

(3) 被硝化的物质大多具有易燃性，有的还具有毒性，若使用或储存管理不当，很容易造成火灾。

(4) 硝化产品大都有着火爆炸的危险性，特别是多硝基化合物和硝酸酯，在受热、摩擦、撞击或接触着火源时，都极易发生着火或爆炸事故。

2. 安全控制措施

(1) 在硝化反应过程中应采取有效的冷却措施，及时移除反应放出的大量热，保证硝化反应在适当的温度下进行，防止温度失控。同时要注意，不能使冷却水渗入到反应器中，以免其与混酸作用，放出大量热，导致温度失控。

(2) 硝化反应大多是非均相反应，反应过程中应保证搅拌良好，使反应均匀，避免由于局部反应剧烈而导致温度失控。

(3) 保证原料纯度，要严格控制原料中有机杂质的含量，因为这些杂质遇硝酸可能会生成爆炸性产物。另外，还要控制原料的含水量，避免水与混酸作用，放出大量的热，导致温度失控。

(4) 由于硝化反应过程中具有危险性，为防止爆炸事故发生，反应体系最好设置安全防爆装置和紧急放料装置。一旦温度失控，应立即紧急放料，并迅速进行冷却处理。

(5) 由于硝化产物都易燃易爆，因此，必须谨慎处理和使用硝化产物，避免因摩擦、撞击、高温、光照或接触氧化剂、明火等引起的火灾爆炸事故。

8.4.4 氯化反应

有机化合物中的氢原子被氯原子取代的过程称为氯化(代)反应。氯气(气态或液态)、氯化氢气体、盐酸、三氯氧磷、三氯化磷、五氯化磷、次氯酸钙等都是常用的氯化试剂。

1. 危险性分析

(1) 氯化反应中最常用的氯化试剂是液态或气态的氯，其毒性较大，属于剧毒化学品，使用时一定要将其浓度控制在最高允许浓度之下；另外，氯气的氧化性很强，储存压力较高，一旦出现泄漏将造成极大的危害。

(2) 氯化反应的原料大多是有机易燃物，反应过程中若操作不慎，同样会有着火甚至爆炸的危险。

(3) 氯化反应是一个放热反应，在较高温度下反应时，放热更为剧烈。在高温下，如果发生物料泄漏就会引起着火或爆炸。

(4) 由于氯化反应几乎都有氯化氢气体生成，其具有腐蚀性，因此必须采用耐腐蚀的设备，以防由于设备泄漏导致危险发生。

2. 安全控制措施

(1) 氯化反应的火灾危险性主要决定于被氯化物质的性质及反应过程的条件，因此必须严格按照操作规程进行。

(2) 由于氯化反应是放热反应，一般氯化反应装置必须有良好的冷却系统，并严格控制氯气的流量，以免因流量过快，温度剧升而引起事故。

(3) 副产物中的氯化氢气体易溶于水，一般通过吸收和冷却装置就可以除去尾气中绝大部分的氯化氢。

(4) 应严格控制各种着火源，电气设备应符合防火防爆要求。

8.4.5 聚合反应

由小分子单体聚合成大分子聚合物的反应称为聚合反应。按照反应类型可分为加成聚合和缩合聚合两大类;按照聚合方式又可分为本体聚合、悬浮聚合、溶液聚合、乳液聚合、缩合聚合等五种。

1. 危险性分析

(1) 由于聚合物的单体大多数是易燃、易爆物质,若单体在压缩过程中或在高压系统中泄漏,易发生火灾爆炸。

(2) 聚合反应中加入的引发剂都是化学活泼性很强的过氧化物,一旦配料比控制不当,则容易引起爆聚、反应器压力骤增,从而发生爆炸。

(3) 聚合反应多在高压下进行,反应本身又是放热过程,如果反应条件控制不当,很容易引起事故。

(4) 聚合反应产生的热量未能及时导出,如搅拌发生故障、停电、停水,由于反应釜内聚合物黏壁作用,使其反应产生的热量不能导出,造成局部过热或反应釜超温,从而发生爆炸。

2. 安全控制措施

(1) 本体聚合体系黏度大、反应温度难控制、传热困难。如果反应产生的热量不能及时移去,当升高到一定温度时,就可能强烈放热,有发生爆聚的危险。一旦发生爆聚,则设备发生堵塞,体系压力骤增,极易发生爆炸。加入少量的溶剂或内润滑剂可以有效地降低体系的黏度。尽可能采用较低的引发剂浓度和较低的聚合温度,使聚合反应放热变得缓和。控制自动加速效应,使反应产生的热量分阶段放出。强化传热、降低操作压力等措施可减少发生危险的可能性。

(2) 溶液聚合体系黏度低,温度容易控制,传热较易,可避免局部过热。这种聚合方法的主要安全控制是避免易燃溶剂的挥发和静电火花的产生。

(3) 悬浮聚合时应严格控制反应条件,保证设备的正常运转,避免出现溢料现象,从而导致未聚合的单体和引发剂遇火易引发着火或爆炸事故。

(4) 乳液聚合常用无机过氧化物作为引发剂,反应时应严格控制其物料配比及反应温度,避免由于反应速度过快,发生冲料。同时,要对聚合过程中产生的可燃气体妥善处理。反应过程中应保证强烈而良好的搅拌。

(5) 缩合聚合是吸热反应,应严格控制反应温度,避免由于温度过高,导致系统的压力增加,引起爆裂,从而泄漏出易燃易爆单体。

8.4.6 催化反应

催化反应是在催化剂的作用下进行的化学反应。

1. 危险性分析

(1) 在催化过程中若催化剂选择不正确或加入不适量,易形成局部反应激烈;另外,由于催化大多需在一定温度下进行,若散热不良、温度控制不当等,很容易发生超温爆炸或着火事故。

(2) 催化产物在催化过程中有的产生氯化氢,氯化氢具有腐蚀性和引发中毒危险;有的产生硫化氢,则中毒危险性更大,且硫化氢在空气中的爆炸极限较宽,生产过程中还有爆炸危险;有的产生氢气,着火爆炸的危险较大,尤其在高压环境中,氢的腐蚀作用会使金属高压容器脆化,从而造成破坏性事故。

(3) 原料气中某种能与催化剂发生反应的杂质含量增加，可能成为爆炸危险物，这是非常危险的。例如，在乙烯催化氧化合成乙醛的反应中，由于催化剂体系中常含有大量的亚铜盐，若原料气中含乙炔过多，则乙炔就会与亚铜盐反应生成乙炔铜。乙炔铜为红色沉淀，是一种极敏感的爆炸物，自燃点在 260 ℃～270 ℃之间，干燥状态下极易爆炸，在空气作用下易氧化成暗黑色，并易于起火。

2. 安全控制措施

(1) 催化剂长期放置不用，可能会导致催化剂活性降低甚至失活，或者干燥失水甚至自燃，暂时存放时须妥善保存。

(2) 使用高压釜进行催化氢化反应时，应对初次使用高压釜的操作人员进行培训，并按规定对设备逐项认真检查。

(3) 实验室里进行催化氢化反应时，不能使用有明显破损、有裂痕以及有大气泡的玻璃仪器。

(4) 对于某些催化剂，要迅速加入，以减少其自燃并引燃溶剂的可能性。

(5) 反应后的催化剂仍有较高活性，加上有溶剂残留，也可能引起自燃，必须妥善处理。

8.4.7 裂化反应

裂化反应是指烷烃和环烷烃在没有氧气存在下的热分解反应，可分为热裂化、催化裂化、加氢裂化 3 种类型。

1. 危险性分析

(1) 热裂化反应一般在高温(500 ℃～700 ℃)高压条件下进行，反应过程中会产生大量的裂化气，若出现气体泄漏，会形成爆炸性气体混合物，如遇明火也有发生爆炸的危险。

(2) 催化裂化一般在较高温度(460 ℃～520 ℃)条件下进行，其火灾危险性较大。若操作不当，再生器内的空气和火焰可能进入到反应器中而引起爆炸。U 形管上的小设备和小阀门较多，易漏油着火。在催化裂化过程中还会产生易燃的裂化气，在烧焦活化催化剂出现异常情况时，还可能产生可燃的一氧化碳气体。

(3) 加氢裂化要使用大量氢气，而且反应温度和压力都较高，在高压下钢与氢气接触，钢材内的碳离子易被氢离子所夺取，使碳钢硬度增大而降低强度，产生氢脆，若设备或管道检查或更换不及时，设备就会在高压(10 MPa～15 MPa)下发生爆炸。

2. 安全控制措施

(1) 裂化反应一般在高压设备中进行。该设备由强度大、耐高温、耐腐蚀的材料制成，耐压强度应为工作压力的 2～3 倍，压力表的指示范围至少应超过工作压力的 1/3。使用前应检查设备是否漏气，操作时应严格控制反应温度、压力等参数。

(2) 热裂反应要设置紧急放空口，以防止因阀门不严或设备泄漏造成事故。

(3) 保持反应器和再生器压差的稳定，是催化裂化反应最重要的安全问题。

(4) 催化裂化应备有单独的供水系统，降温循环水的量要充足。

(5) 加氢裂化是强烈的放热反应，反应器必须通冷氢以控制反应温度；要加强对设备的检查，定期更换管道及设备，防止气体泄漏、氢脆等事故的发生。加热操作时要平稳，避免局部过热，导致高温管线、反应器等漏气而引起着火。

(6) 反应结束后应使反应釜自行冷却，不能用水冷却，打开阀门，待余气排尽后，再打开釜体。

8.4.8　重氮化反应

芳香族伯胺在低温(一般为 0 ℃～5 ℃)和强酸(通常为盐酸和硫酸)溶液中与亚硝酸钠作用,生成重氮盐的反应称为重氮化反应。

1. 危险性分析

(1) 重氮盐特别是含有硝基的重氮盐,在稍高的温度(有的甚至在室温时)或光照条件下,即可分解,且随温度升高,分解速度急剧增加。在酸性介质中,有些金属如铁、铜、锌等也会导致重氮化合物剧烈分解,甚至引起爆炸。

(2) 芳香族伯胺化合物多是可燃有机物质,若操作不当则有发生着火和爆炸的危险。

(3) 亚硝酸钠遇氯酸钾、高锰酸钾、硝酸铵等强氧化剂时,可发生激烈反应,有发生着火和爆炸的危险。

(4) 在重氮化的反应过程中,若反应温度过高、亚硝酸钠的投料过快或过量,均会增加亚硝酸的浓度,加速物料的分解,产生大量氮的氧化物气体,有发生着火和爆炸的危险。

2. 安全控制措施

(1) 按要求严格控制物料配比和加料速度。一般将芳香族伯胺溶解在酸溶液中,冷却后,慢慢加入亚硝酸钠溶液(若过快易造成局部浓度过大、反应速度过快、放热量大而引起着火或爆炸),保证良好的搅拌和低温状态。

(2) 重氮化反应一般在低温条件下进行,温度过高会导致重氮盐和硝酸的分解并放出大量热量,引起着火或爆炸。

(3) 芳香族伯胺大都属于可燃有机物且毒性较大,亚硝酸钠是强致癌物,使用时应采取必要的防护措施。

(4) 重氮盐不稳定,接触空气或高温条件下易放热着火。有些重氮盐在干燥状态下不稳定,受热或摩擦、撞击时易分解爆炸,操作时应避免含重氮盐的溶液洒落到外面。没有特殊情况,合成后的重氮盐应直接进行后续的反应,以免长期放置。

8.4.9　烷基化反应

在有机化合物中的碳、氮、氧等原子上引入烷基的反应称为烷基化反应。常用的烷基化试剂是烯烃、卤代烃、醇和硫酸二烷基酯等。

1. 危险性分析

(1) 一些烷基化试剂本身就是易燃的气体或液体,具有很宽的爆炸极限,一些烷基化试剂的蒸气有毒或其本身就是剧毒物质,因此在使用时要格外小心,以免火灾和中毒事故的发生。

(2) 一些烷基化反应的底物是易燃易爆的丙类以上的危险品,若操作不当则有发生着火和爆炸的危险。

(3) 烷基化反应常用的催化剂——路易斯酸具有很强的反应活性。例如,三氯化铝有强烈的腐蚀性,遇水水解放出氯化氢气体和大量的热,可引起爆炸,若接触可燃物,则易着火;而硫酸二甲酯有剧毒,哪怕泄漏少许都可导致人员中毒甚至死亡。

(4) 一些烷基化反应的产物本身就易燃易爆,也有一定的火灾危险。

(5) 绝大多数烷基化反应都是在加热条件下进行的,如果原料、烷基化试剂、催化剂等加料次序颠倒、加料速度过快或者反应中途搅拌停止，导致反应剧烈，引起跑料，就有可能发生着火和爆炸的危险。

2. 安全控制措施

(1) 严格按照要求确定原料配比、加料顺序加入试剂，避免物料的泄漏。加入无水三氯化铝时应避免接触皮肤和长时间暴露在空气中。

(2) 应连有吸收装置以吸收反应生成的副产物氯化氢气体，必要时可适当给点负压，以防止因为来不及吸收导致水倒吸至反应器中而发生危险。

(3) 要保证搅拌良好、冷凝措施得力，使反应放出的热量能及时移除，以防事故的发生。

(4) 当使用硫酸二甲酯作烷基化试剂时，绝对不能有泄漏情况的发生。

(5) 采用新型催化剂(如离子液、固载催化剂)替代危险性催化剂，降低反应的风险。

8.4.10 磺化反应

磺化是在有机化合物分子中引入磺(酸)基($-SO_3H$)的反应。常用的磺化试剂有发烟硫酸、亚硫酸钠、亚硫酸钾、三氧化硫等。

1. 危险性分析

(1) 磺化反应是放热反应，若在反应过程中得不到有效的冷却和良好的搅拌，反应热的积聚就有可能引起超温，导致剧烈的反应，放出更多的热量，可能发生燃烧反应，造成起火或爆炸。

(2) 反应原料中的苯、硝基苯、氯苯等是可燃物，磺化试剂是强氧化剂，二者相互作用具备了燃烧的条件，若投料顺序颠倒，浓硫酸与水生成稀硫酸并放热，超温至燃点，会导致燃烧或爆炸事故。

(3) 低温条件下进行磺化反应时，应严格控制反应温度。当反应温度偏低时，反应速度较慢，可能积累较多的未反应物料，使反应物浓度增加，当恢复到较高的正常反应温度时，会发生剧烈反应，瞬间放出大量的热导致超温，引起着火或爆炸事故。

(4) 磺化试剂包括浓硫酸、发烟硫酸、三氧化硫、氯磺酸等，有强烈的刺激性和氧化性，若泄漏则会造成灼烧、腐蚀、中毒等危害。

(5) 三氧化硫遇水生成硫酸，放出大量的热，使反应温度升高，可造成沸溢甚至起火爆炸。

2. 安全控制措施

(1) 由于磺化反应是放热过程，良好的搅拌可以加速反应底物在酸性磺化试剂中的溶解，提高传热、传质效率，提高反应速率，避免局部过热。

(2) 根据反应底物和所需目的产物的不同，加料顺序也应相应调整。如果是液相反应，若在反应温度下反应底物仍是固态，应先将磺化试剂加到反应器中，再在低温下加入固体反应底物，待其溶解后缓慢升温反应，有利于反应均匀稳步进行；若反应底物在反应温度下是液体，可先将其加入反应器中，再逐步加入磺化试剂，特别是高温下的反应，更要如此。

(3) 必须按要求严格控制反应温度，否则轻者导致较多副产物的生成，严重时可造成事故的发生。

8.4.11　其他典型反应

1. 无水无氧反应

一些物质(如金属钠、钾、锂、金属有机化合物等)对水和氧气敏感,遇水和氧气会发生激烈反应,甚至酿成着火爆炸等事故。在对这些物质的储存、制备、反应及后处理过程中,研究它们性质或分析鉴定时,必须严格按照无水无氧操作的技术要求进行,所有的仪器必须洗净、烘干,即使是新的仪器也要经过严格洗涤后才能使用。洗涤干燥过的仪器,在使用前仍需要加热抽空并用惰性气体进行置换,把吸附在器壁上的微量水和氧气移走。所需的试剂和溶剂必须先经无水无氧处理方可使用。实验前对每一步实验的具体操作、所用的仪器、加料次序、后处理的方法等必须提前考虑好。否则,即使合成路线和反应条件都符合要求,也得不到预期的产物,还可能出现安全问题。实验装置中的橡皮塞、橡皮隔膜的表面吸附有氧气、水或油污等杂质,必须经过洗涤和干燥处理,所用的惰性气体也必须经脱水、脱氧的再纯化处理。

2. 自由基反应

自由基反应尤其是以过氧化物作为引发剂的反应,由于其本身的特殊性质,在使用和操作过程中应格外小心。过氧化物如过氧乙酸、过氧化苯甲酰等在受到摩擦、撞击、阳光暴晒或加热时易发生爆炸且很多都有毒性,某些过氧化物对眼睛、呼吸、消化、运动、神经系统均会有不同程度的伤害;在反应过程中若物料配比控制不当、滴加速度过快就可能造成温度失控引发燃烧爆炸事故;反应物料不纯也可能引起过氧化物分解爆炸;若出现冷却效果不好、冷却水中断或搅拌停止等异常情况,也会导致局部反应加剧,温度骤升,压力迅速增加,引发事故。因此,在反应过程中应严格控制物料配比、滴加速度和反应温度,同时要有良好的搅拌和冷却系统作保证。

自由基聚合反应在高分子化合物的制备中占有重要地位,可通过不同的聚合工艺实现。

若本体聚合放热量大,反应热排除困难,不易保持稳定的反应温度,自动加速效应可使温度失控,引起爆聚。为确保反应的正常进行,通常采取以下措施。

(1) 加入一定量的专用引发剂来降低反应温度。

(2) 在可能的情况下采用较低的反应温度降低放热速度。

(3) 在反应体系黏度不太高时就分离聚合物。

(4) 采用分段聚合的方法,控制转化率和自动加速效应,使反应热分成几个阶段均匀放出。

(5) 改进和完善搅拌器和传热系统以利于聚合设备的传热。

(6) 采用“冷凝态”进料及“超冷凝态”进料。

其他的自由基聚合工艺不再一一赘述。

8.5　反应过程突发情况的一般处理方法

8.5.1　处理突发情况的基本原则

化学实验是巩固理论知识、优化工艺条件、探索未知世界、拓展科学思维不可或缺的重要环节。化学实验室是培养高素质化学人才、产出高水平研究成果的重要场所。确保实验室的人员、设备安全，是顺利开展化学研究工作的基本要求。应坚持“安全第一、以人为本”的指导精神和“预防为主、冷静处置”的工作原则，要以高度负责的态度积极认真地对待化学实验室的安全工作。

化学实验室中化学试剂和药品种类和数量繁多，其中很多都具有易燃、易爆、有毒或腐蚀性的特性，在化学试验中，由于操作不当或不可预知的因素都会带来一定的危险性，给国家和单位的财产及实验人员的人身造成严重的损失和伤害。因此，必须把安全时刻放在第一位，把可能的风险和危害降低到最低程度，才能保证化学实验的教学和科研工作的顺利进行。实验室安全是一项需要常抓不懈的基础工作，是一项系统工程，既要有资金和设备的投入，更要有行之有效的管理措施，根据实际情况和要求形成一套严格而又完善的管理制度和体系。要时刻牢记化学事故猛于虎、安全责任重于山，把实验室安全作为校园或企业文化的一部分，努力营造一个科学安全的实验环境。

导致实验事故发生的原因多种多样，通常是由于违反基本操作规定、所用试剂或仪器处理不当、操作顺序出现错误、试剂用量不当、发现问题不及时等造成的。因此，实验前的安全教育对于了解实验内容、熟悉实验步骤、掌握实验技能、预防事故发生都十分必要、必不可少。将实验室安全工作的重心向主动预防转变，使安全观念深入人心，形成敬畏生命、尊重制度、严谨求实的校园实验室安全文化，可有效预防校园实验室安全事故的发生。

8.5.2 反应过程中的突发情况

1. 爆炸产生的原因

爆炸事故产生的主要原因有：随意混合化学药品；氧化剂和还原剂的混合物受热、摩擦或撞击；在密闭体系中进行蒸馏、回流等加热操作；在加压或减压实验中使用不耐压的玻璃仪器；气体钢瓶减压阀失灵；反应过于激烈而失去控制；易燃易爆气体大量逸入空气；一些本身容易爆炸的化合物，如硝酸盐类、硝酸酯类、三碘化氮、芳香族多硝基化合物、乙炔及其重金属盐、重氮盐、叠氮化物、有机过氧化物等，受到震动、过热或撞击；强氧化剂与一些有机化合物接触混合时发生爆炸反应；对水敏感的物质反应时遇水发生爆炸；化合物迅速分解，放出大量热量，引起反应体系的体积剧烈增大而发生爆炸；气体间剧烈反应，导致反应器压力骤然增加引起爆炸；反应试剂或溶剂处理不当导致爆炸。

爆炸是实验室发生的事故中损失严重、危害较大的一种，如果不采取必要的防范措施，将会给财产和人身安全造成巨大伤害。

2. 喷溅事故产生的原因

喷溅事故产生的原因有：反应仪器有裂纹或破裂，随着反应的进行，反应体系内部压力增大导致喷溅；试剂取用方法不当，如开启盛有挥发性液体的试剂瓶时，没有进行充分的冷却导致喷溅；当试剂瓶的瓶塞不易打开时，不认真核查瓶内试剂的种类和性质，贸然用火对其加热或敲击瓶塞导致喷溅；反应试剂添加错误、添加顺序颠倒、添加速度过快、用量比例失当等导致喷溅；将回流、蒸馏等装置组成一个密闭体系导致的喷溅；在沸腾情况下反应，补加沸石导致喷溅；使用分液漏斗萃取时，不及时排出产生的气体导致喷溅；在反应过程中，忘记通入冷凝水或通入的冷凝水长时间不能使气体充分冷却导致喷溅；在微波反应器中，使用敞口容器进行反应导致喷溅等。

事故案例 1。某学生在配制洗液时，误将高锰酸钾而不是重铬酸钾加到硫酸中，造成硫酸喷溅，导致其面部严重烧伤。

事故案例 2。某二年级硕士研究生用氯代炔烃制备炔胺时，用液氨作氨解试剂，通入液氨的过程中未按操作规程进行，因怀疑钢瓶中液氨存量不多，猛烈摇动钢瓶致使大量氨气喷溅而出，导致事故发生，幸而及时采取措施才未造成更大伤害。但此事给当事人带来极大的心理阴影，从此决定毕业后不再从事化学合成方面的研究工作。

3. 跑水事故产生的原因

跑水事故产生的原因有：水龙头或阀门损坏及破裂导致跑水；水管老化导致跑水；冬季暖气管道爆裂导致跑水；遇突然停水后忘记关闭水龙头及截门，来水后无人在现场导致跑水；下水管道长期失修发生堵塞导致跑水；水压忽然增大，致使循环水进出水管脱落而未被及时发现导致跑水等。跑水事故通常都是在实验人员长时间脱岗或输水管道突然破裂时发生的。

事故案例 1。2013 年 9 月 2 日，某高校化学实验楼 204 室发生跑水事故，致使其下方的 104 室房顶涂料脱落并不停滴水，导致该科研室内数万元的仪器受损。由于该室中的对水敏感化学品储存得当，才未造成更大的损失。经查，此次漏水事故发生的原因是：9 月 1 日夜，某一年级研究生，做常温条件下的回流反应，由于反应时间较长(需要过夜)，而反应所用溶剂的沸点较低，为防止其挥发，故打开了循环水冷却。当天晚上十点该同学离开实验室，反应继续进行且无人照看，由于下水道长期没有清理发生堵塞，导致了漏水事件的发生。

事故案例 2。2013 年 4 月 20 日，某高校化学楼 921 室发生跑水事故，导致楼下新装修的房屋受损，室内大量贵重的精密仪器险些被浸泡。经查事故发生的原因是：某博士生做过夜反应，采取循环水冷却，晚上离开实验室时，已无他人，但反应继续进行。由于夜间实验很少，水压增大，致使循环水的进水管从球形冷凝器上脱落，导致漏水事故的发生。

8.6 思 考 题

(1) 化学试剂的取用安全要点有哪些？

(2) 反应过程中突发情况的处理原则有哪些？

(3) 反应过程中的突发情况及其原因有哪些？

第 9 章　高校实验室特种设备安全

特种设备是指涉及生命安全、危险性较大的锅炉、压力容器(含气瓶)、压力管道、电梯、起重机械。特种设备包括其所用的材料、附属的安全附件、安全保护装置和与安全保护装置相关的设施。

特种设备可分为承压类和机电类两大类型。承压类特种设备主要包括锅炉、压力容器(含气瓶)、压力管道;机电类特种设备主要包括电梯、起重机械等(见表 9-1)。

表 9-1　特种设备的分类目录

代码	种　类	内　　容
1000	锅炉	是指利用各种燃料、电或者其他能源,将所盛装的液体加热到一定的参数,并对外输出热能的设备,其范围规定为容积大于或者等于 30 L 的承压蒸汽锅炉;出口水压大于或者等于 0.1 MPa(表压),且额定功率大于或者等于 0.1 MW 的承压热水锅炉;有机热载体锅炉。
2000	压力容器	是指盛装气体或者液体,承载一定压力的密闭设备,其范围规定为最高工作压力大于或者等于 0.1 MPa(表压),且压力与容积的乘积大于或者等于 2.5 MPa·L 的气体、液化气体和最高工作温度高于或者等于标准沸点的液体的固定式容器和移动式容器;盛装公称工作压力大于或者等于 0.2 MPa(表压),且压力与容积的乘积大于或者等于 1.0 MPa·L 的气体、液化气体和标准沸点等于或者低于 60 ℃液体的气瓶;氧舱等。
8000	压力管道	是指利用一定的压力,用于输送气体或者液体的管状设备,其范围规定为最高工作压力大于或者等于 0.1 MPa(表压)的气体、液化气体、蒸汽介质或者可燃、易爆、有毒、有腐蚀性、最高工作温度高于或者等于标准沸点的液体介质,且直径大于 25 mm 的管道。
3000	电梯	是指动力驱动,利用沿刚性导轨运行的箱体或者沿固定线路运行的梯级(踏步),进行升降或者平行运送人、货物的机电设备,包括载人(货)电梯、自动扶梯、自动人行道等。
4000	起重机械	是指用于垂直升降或者垂直升降并水平移动重物的机电设备,其范围规定为额定起重量大于或者等于 0.5 t 的升降机;额定起重量大于或者等于 1 t,且提升高度大于或者等于 2 m 的起重机和承重形式固定的电动葫芦等。

特种设备广泛应用于学校教学科研的各个领域中,锅炉、压力容器(含气瓶)、压力管道、起重机械、电梯等都是学校或实验室内常用设备。随着特种设备数量的增加和应用范围的扩大,随之而来的安全问题也越来越突出。由于特种设备事故多发且危害较大,国家对特种设备的安全管理也越来越重视。

9.1　压力容器安全

压力容器的用途十分广泛，它在石油化学工业、能源工业、科研和军工等国民经济的各个部门都起着重要作用。实验室内用到的压力容器主要有高压灭菌锅、高压反应釜、反应罐、反应器和各种压力储罐等(见图 9-1)。压力容器一般由筒体、封头、法兰、密封元件、开孔和接管、支座等 6 个部分构成容器本体。由于密封、承压及介质等原因，压力容器易发生爆炸、燃烧等危及人员、设备、财产的安全及污染环境的事故。

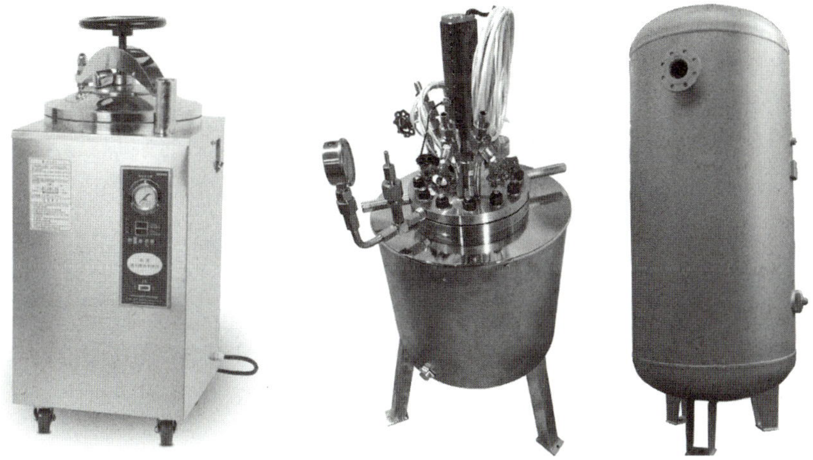

图 9-1　高压灭菌锅、高压反应釜和压力储罐

9.1.1　压力容器的分类

1. 按承压方式分类

(1) 外压容器：容器的内压力小于一个绝对大气压(约 0.1 MPa)，又称为真空容器。

(2) 内压容器：内压容器又可按设计压力大小分为四个压力等级。

①低压(代号 L)容器：0.1 MPa $\leqslant p<$ 1.6MPa。

②中压(代号 M)容器：1.6 MPa $\leqslant p<$ 10.0 MPa。

③高压(代号 H)容器：10 MPa $\leqslant p<$ 100 MPa。

④超高压(代号 U)容器：$p\geqslant$ 100 MPa。

2. 按生产中的作用分类

(1) 反应压力容器(代号 R)：用于完成介质的物理、化学反应。例如，反应器、反应釜、分解锅、硫化罐、分解塔、聚合釜、高压釜、超高压釜、合成塔、变换炉、蒸煮锅、蒸球、蒸压釜、煤气发生炉等。

(2) 换热压力容器(代号 E)：用于完成介质的热量交换。例如，管壳式余热锅炉、热交换器、冷却器、冷凝器、加热器、消毒锅、染色器、烘缸、蒸炒锅、预热锅、溶剂预热器、蒸锅、蒸脱机、电热蒸汽发生器、煤气发生炉水夹套等。

(3) 分离压力容器(代号 S)：用于完成介质的流体压力平衡缓冲和气体净化分离。例如，分离器、过滤器、集油器、缓冲器、洗涤器、吸收塔、铜洗塔、干燥塔、汽提塔、分汽缸、除氧器等。

(4) 储存压力容器(代号 C,其中球罐代号 B):用于储存或盛装气体、液体、液化气体等介质。例如,各种形式的储罐。

在一种压力容器中,如果同时具备两个以上的工艺作用原理时,应当按工艺过程中的主要作用来划分品种。

3. 按安装方式分类

(1) 固定式压力容器:固定式压力容器有固定安装和使用地点,其工艺条件和操作人员也比较固定。

(2) 移动式压力容器:使用时不仅承受内压或外压载荷,在搬运过程中还会受到由于内部介质晃动引起的冲击力以及运输过程带来的外部撞击和振动载荷,因而它在结构、使用和安全方面均有其特殊的要求。

4. 按安全技术管理分类

《压力容器安全技术监察规程》采用既考虑容器压力与容积的乘积大小,又考虑介质危险性以及容器在生产过程中的作用的综合分类方法,将压力容器分为第一、第二和第三类压力容器,以利于安全技术监督和管理。

9.1.2 压力容器安全附件及其作用

压力容器的主要安全附件有安全阀、爆破片、压力表、液面计、测温仪表、紧急切断装置和快开式压力容器的安全连锁装置等。

1. 安全阀

安全阀是一种超压自动泄压阀门。当容器内的压力超过某一规定值时,安全阀就自动开启并迅速排放容器内部的过压气体,实现降压措施。当压力降到设定值后,安全阀又自动关闭,从而使容器内压始终低于允许范围的上限,不会因为超压而酿成事故。

2. 爆破片

一旦压力容器超压,爆破片破裂使压力下降。其主要作用与安全阀一样,不同之处是,爆破片不能自动关闭,只能等压力或介质放完后重新更换。

3. 压力表

压力表是监测压力容器工作压力的一种仪表。压力表可以记录压力容器的中间工况状态,还可以在一定程度上反映介质的储存量,压力表的准确与否直接关系到容器的安全。压力表的最大量程最好选用为容器工作压力的 1.5～2 倍。

4. 液面计

液面计是用来测量液化气体或物料的液位、流量、充装量、投料量等的一种仪表。它的作用是监测液位高低或介质的存量。

5. 测温仪表

测温仪表是用来监测压力容器的工作温度,也可以记录压力容器的中间工况状态。

《压力容器安全技术监察规程》第 154 条强调:安全附件应实行定期检验制度。安全附件的定期检验按照《在用压力容器检验规程》的规定进行。《在用压力容器检验规程》未作规定的,由检验单位提出检验方案,报省级安全监察机构批准。

安全阀一般每年至少应校验一次,拆卸进行校验有困难时应采用现场校验(在线校验)。

爆破片装置应进行定期更换,对超过最大设计爆破压力而未爆破的爆破片应立即更换;

在苛刻条件下使用的爆破片装置应每年更换；一般爆破片装置应在 2～3 年内更换（制造单位明确可延长使用寿命的除外）。

压力表和测温仪表应按使用单位规定的期限进行校验。

9.1.3 压力容器的使用、检验与管理

1. 压力容器的使用要求

正确合理地使用压力容器，才能保证其安全运行。即使容器的设计完全符合要求，且制造、安装质量优良，如果操作不当，同样会造成事故。压力容器在使用时要注意以下事项。

(1) 压力容器的操作人员在取得质量技术监督部门统一颁发的"压力容器操作人员证"后，方可上岗工作。操作人员一定要熟悉本岗位的工艺流程、容器的结构与类别、主要技术参数和技术性能，严格按操作规程操作。同时，操作人员还需掌握处理一般事故的方法，并认真填写有关记录。

(2) 压力容器严禁超温、超压运行。压力容器的使用压力不能超过压力容器的最高工作压力，以保证压力容器的安全运行；实行压力容器安全操作持牌制度或采用机械连锁机制防止误操作；检查减压阀失灵与否。

(3) 压力容器要平稳操作。压力容器开始加载时，速度不宜过快，要防止压力突然上升；高温容器或工作温度低于 0 ℃的容器，在加热或冷却时都应缓慢进行；尽量避免操作中压力的频繁和大幅度波动。

(4) 严禁带压拆卸压紧螺栓。压力容器内部有压力时，不得进行任何修理；对压力容器的受压部件进行重大修理和改造时，应符合《压力容器安全技术监察规程》和有关标准的要求，并将修理和改造方案报质量技术监督部门审查通过后，方可施工。

(5) 经常检查安全附件运行情况。检查安全阀、压力表有无失效，有无按规定送校验；安全阀每年至少校验一次，压力表每半年校验一次；新安全阀在安装之前，应根据压力容器的使用情况，送校验后，才能安装使用；必须保证安全报警装置灵敏可靠。

2. 压力容器的检验

压力容器的检验亦称压力容器运行中的检查，检查的主要内容有：压力容器外表面有无裂纹、变形、泄漏、局部过热等不正常现象；安全附件是否齐全、灵敏、可靠；紧固螺栓是否完好、全部旋紧，以及防腐层有无损坏等异常现象。

压力容器除日常定点检查外，还应进行定期检验，以便及时发现缺陷并采取相应措施防止重大事故发生。定期检验分为外部检查和内外部检验及耐压试验。压力容器的定期检验由专业人员完成。

3. 压力容器的管理

压力容器使用单位购买压力容器或进行压力容器工程招标时，应选择具有相应制造资格的压力容器设计、制造（或组焊）单位。使用单位技术负责人，应对压力容器的安全管理负责，并指定具有压力容器专业知识，熟悉国家相关法规标准的工程技术人员负责压力容器的安全管理工作。

使用压力容器单位的安全管理工作主要包括以下内容。

(1) 贯彻执行《压力容器安全技术监察规程》和有关的压力容器安全技术规范规章。

(2) 制定压力容器的安全管理规章制度。

(3) 参加压力容器订购、设备进厂、安装验收及试车。

(4) 检查压力容器的运行、维修和安全附件校验情况。

(5) 压力容器的检验、修理、改造和报废等技术审查。

(6) 编制压力容器的年度定期检验计划,并负责组织实施。

(7) 向主管部门和当地安全监察机构报送当年压力容器数量和变动情况的统计报表,压力容器定期检验计划的实施情况,存在的主要问题及处理情况等。

(8) 压力容器事故的抢救、报千、协助调查和善后处理。

(9) 检验、焊接和操作人员的安全技术培训管理。

(10) 压力容器使用登记及技术资料的管理。

压力容器的使用单位,必须建立压力容器技术档案并由管理部门统一保管。技术档案的内容应包括以下内容。

(1) 压力容器档案卡。

(2) 压力容器的设计文件,包括设计图样、技术条件、强度计算书,必要时还应包括设计或安装、使用说明书。

(3) 压力容器制造、安装技术文件和资料。

① 竣工图样。竣工图样上应有设计单位资格印章(复印章无效)。若制造中发生了材料代用、无损检测方法改变、加工尺寸变更等,制造单位应按照设计修改通知单的要求在竣工图样上直接标注。标注处应有修改人和审核人的签字及修改日期。竣工图样上应加盖竣工图章,竣工图样上液压有制造单位名称、制造许可证编号和“竣工图”字样。

② 产品质量证明书及产品铭牌的拓印件。

③ 压力容器产品安全质量监督检验证书(未实施监检的产品除外)。

④ 移动式压力容器还应提供产品使用说明书(含安全附件使用说明书)、随车工具及安全附件清单、底盘使用说明书等。

⑤ 强度计算书。压力容器受压元件(封头、锻件)等的制造单位,应按照受压元件产品质量证明书的有关内容,分别向压力容器制造单位和压力容器用户提供受压元件的质量证明书。

(4) 检验、检测记录,以及有关检验的技术文件和资料。

(5) 修理方案,实际修理情况记录,以及有关技术文件和资料。

(6) 压力容器技术改造的方案、图样、材料质量证明书、施工质量检验技术文件和资料。

(7) 安全附件校验、修理和更换记录。

(8) 有关事故的记录资料和处理报告。

压力容器的使用单位,应在工艺操作规程和岗位操作规程中,明确提出压力容器安全操作要求,其内容至少应包括以下方面。

(1) 压力容器的操作工艺指标(含最高工作压力、最高或最低工作温度)。

(2) 压力容器的岗位操作法(含开车、停车的操作程序和注意事项)。

(3) 压力容器运行中应重点检查的项目和部位,运行中可能出现的异常现象和防止措施,以及紧急情况的处置手热能千程序。

压力容器内部有压力时,不得进行任何修理。对于特殊的生产工艺过程,需要带温带压紧固螺栓时;或出现紧急泄漏需进行带压堵漏时,使用单位必须按设计规定制定有效的操作要求和防护措施，作为人员应经专业培训并持证操作，并经使用单位技术负责人批准。在实际操作时，使用单位安全部门应派人进行现场监督。以水为介质产生蒸汽的压力容器，必须做好水质管理和监测，没有可靠的水处理措施，不应投入运行。

9.1.4　压力容器使用中存在的危险性

压力容器在使用中的危险性主要是爆炸。在压力容器导致爆炸的因素中，常见的破坏形式有韧性破坏、脆性破坏、疲劳破坏、腐蚀破坏和蠕变破坏。

1. 韧性破坏

韧性破坏是容器在压力作用下，器壁上产生的应力（物体由于外因受力、湿度、温度场变化等而发生变形时，在物体内各部分之间产生相互作用的内力，以抵抗这种外因的作用，并试图使物体从变形后的位置恢复到变形前的位置）达到材料的强度极限时，在器壁上发生明显的塑性变形，器壁体积将迅速增大。如果压力继续升高，容积迅速增大，当器壁上的应力达到材料的断裂强度时，容器会发生韧性破裂。

2. 脆性破坏

容器没有明显变形而突然发生破裂，根据破裂时的压力计算，器壁上的应力也远远没有达到材料的强度极限，有的甚至还低于屈服极限，这种破裂现象和脆性材料的破坏很相似，称为脆性破坏。又因为它是在较低的应力状态下发生的，故又叫低应力破坏。

3. 疲劳破坏

容器在反复的加压过程中，壳体的材料长期受到交变载荷的作用，会出现金属疲劳而产生破坏形式。

4. 腐蚀破坏

腐蚀破坏是容器壳体由于受到介质的腐蚀而产生的一种破坏形式。钢的腐蚀破坏形式从它的破坏现象，可以分为均匀腐蚀、点腐蚀、晶间腐蚀、应力腐蚀和疲劳腐蚀等。

5. 蠕变破坏

蠕变破坏是设计不当或运行中超温、局部过热而导致压力容器发生蠕变的一种破坏形式。压力容器在高温和应力的双重作用下，由于金属材料产生缓慢而连续的塑性变形，即蠕变所导致的破裂。

9.1.5　压力容器使用中的安全对策

严格按照岗位安全操作规程的规定，精心操作和正确使用压力容器，科学而精心地维护保养是保证压力容器安全运行的重要措施，即使压力容器的设计尽善尽美、科学合理，制造和安装质量优良，如果操作不当同样会发生重大事故。

1. 压力容器的操作

操作压力容器时要集中精力，勤于监察和调节；操作动作应平稳，应缓慢操作避免温度、压力的骤升骤降，防止压力容器的疲劳破坏，阀门的开启要谨慎，开和停时阀门的开关状态以及开关的顺序不能搞错。

操作时，操作人员应严格控制各种工艺指数，严禁超压、超温、超负荷运行，严禁冒险性、试探性试验；并且要在压力容器运行过程中定时、定点、定线地进行巡回检查，认真、准时、准确地记录原始数据。他们主要检查操作温度、压力、流量、液位等工艺指标是否正常；着重检查容器法兰等部位有无泄露，容器防腐层是否完好，有无变形、鼓包、腐蚀等缺陷和可疑迹象，容器及连接管道有无振动、磨损；检查安全阀、爆破片、压力表、液位计、紧急切断阀以及安全连锁、报警装置等安全附件是否齐全、完好、灵敏、可靠。

2. 压力容器的维修保养

维修保养工作一般包括防止腐蚀。消除“跑、冒、滴、漏”和做好停运期间的保养。

化工压力容器内部受工作介质的腐蚀，外部受大气、水、土壤的腐蚀。目前大多数容器采取防腐层来防止腐蚀，如金属涂层、无机涂层、有机涂层、金属内衬和搪瓷玻璃等。检查和维护防腐层的完好，是防止容器腐蚀的关键。如果容器的防腐层自行脱落或受碰撞而损坏，腐蚀介质和材料直接接触，则很快会发生腐蚀。因此，在巡查时应及时清除积附在容器、管道及阀门上面的灰尘、油污、潮湿和有腐蚀性的物质，经常保持容器外表面的洁净和干燥。

1）压力容器的安全技术管理

要做好压力容器的安全技术管理工作，首先要从组织上保证。这就要求企业要有专门的机构，并配备专业人员，即具有压力容器专业知识的工程技术人员负责压力容器的技术管理及安全监察工作。

压力容器的技术管理工作内容主要有：贯彻执行有关压力容器的安全技术规程；编制压力容器的安全管理规章制度，依据生产工艺要求和容器的技术性能制定容器的安全操作规程，参与压力容器的入厂检验、竣工验收；检查压力容器的运行、维修和压力附件校验情况；压力容器的校验、修理、改造和报废等技术审查；编制压力容器的年度定期检修、改造和报废计划，并负责组织实施；向主管部门和当地劳动部门报送当年的压力容器的数量和变动情况统计报表、压力容器定期检验的实施情况及存在的主要问题和处理情况等；压力容器的事故调查分析；报告、检验、焊接和操作人员的安全技术培训管理；压力容器使用登记及技术资料管理；搞好压力容器事故的抢救、报告、调查和善后处理。

2）建立压力容器的安全技术档案

压力容器的技术档案是正确使用容器的主要依据，它可以使我们全面掌握容器的情况，摸清容器的使用规律，防止发生事故。容器调入或调出时，其技术档案必须随同容器一起调入或调出。对技术资料不齐全的容器，使用单位应对其所缺项目进行补充。

3）对压力容器的使用单位及人员要求

压力容器的使用单位在压力容器投入使用前，应按劳动部颁布的《压力容器使用登记管理规则》的要求，向当地、市劳动部门锅炉压力容器安全监察机构申报和办理使用登记手续。

压力容器的操作人员持证上岗。压力容器的使用单位应对压力容器的操作人员进行专业培训，培训合格后持证上岗，上岗后仍需加强定期培训和安全教育。

9.1.6　压力容器应定期检验

压力容器大多都在高温、高压、深冷及腐蚀性介质下运行，在这样苛刻的条件下，其材料和制造过程中的缺陷可能会发展，新的缺陷可能产生。这些缺陷若不能及时消除，就可能导致压力容器的破裂而酿成事故。因此，压力容器在使用过程中每隔一定期限采用各种适当而有效的方法，对容器的各个承压部件和安全装置进行检查和必要的试验。通过检验，发现容器存在的缺陷，使它们在还没有危及容器安全之前被消除或采取适当措施进行特殊监护，以防压力容器在运行中发生事故。

9.1.7　压力容器事故原因

1. 压力容器事故率高的原因

在相同的条件下，压力容器的事故率要比其他机械设备高得多。其主要原因有如下几点。

(1)使用条件比较苛刻。压力容器不但承受着大小不同的压力载荷，而且有的还在高温或深冷的条件下运行，工作介质又往往具有腐蚀性，工作环境比较恶劣。

(2) 容易超负荷。容器内的压力常常会因操作失误或发生异常反应而迅速升高，而且往往在尚未发现的情况下，容器已经破裂。

(3) 局部应力比较复杂。例如，在容器开孔周围及其他结构不连续处，常会因过高的局部应力和反复的加载、卸载而造成疲劳破裂。

(4) 隐藏严重缺陷。焊接或锻制的容器，在制造时常常会留下微小裂纹等严重缺陷，这些缺陷若在运行中不断扩大，或在适当的条件(如使用温度、工作介质性质等)下都会使容器突然破裂。

2. 压力容器的主要危险参数

1) 压力

压力容器的压力来自两个方面，一是容器外产生(增大)的压力，二是容器内产生(增大)的压力。最高工作压力，多指在正常操作情况下，容器顶部可能出现的最高压力。设计压力，指在相应设计温度下用以确定容器壳体厚度的压力，亦即标注在铭牌上的容器设计压力，压力容器的设计压力值不得低于最高工作压力；装有安全阀的压力容器，其设计压力不得低于安全阀的开启压力或爆破压力。容器的设计压力确定应按 GB 150—2011《压力容器》的相应规定执行。

2) 温度

(1) 金属温度，是指容器受压元件沿截面厚度的平均温度。在任何情况下，元件金属的表面温度不得超过钢材的允许使用温度。

(2) 设计温度，是指容器在正常操作情况中，在相应设计压力下，壳壁或元件金属可能达到的最高或最低温度。对于 0 ℃以下的金属温度，则设计温度不得高于元件金属可能达到的最低金属温度。容器设计温度(即标注在容器铭牌上的设计介质温度)是指壳体的设计温度，其设计温度不得低于元件金属可能达到的最高金属温度。

3) 介质

压力容器盛装的介质按物质状态分类，则有气体、液体、液化气体、单质和混合物等；按化学特性分类，则有可燃、易燃、惰性和助燃四种；按毒害程度分类，则有极度危害(Ⅰ)、高度危害(Ⅱ)、中度危害(Ⅲ)、轻度危害(Ⅳ)四级。

(1) 易燃介质：是指与空气混合的爆炸下限小于 10%，或爆炸上限和下限之差值大于等于 20%的气体，如一甲胺、乙烷、乙烯等。

(2) 毒性介质：《压力容器安全技术监察规程》对介质毒性程度的划分参照 GBZ 230-2010《职业性接触毒物危害程度分级》分为四级。其最高容许浓度分别为：极度危害(Ⅰ级)$<0.1\ mg/m^3$；高度危害(Ⅱ级)$0.1\sim1.0\ mg/m^3$；中度危害(Ⅲ级)$1.0\sim10\ mg/m^3$；轻度危害(Ⅳ级)$\geq10\ mg/m^3$。压力容器中的介质为混合物质时，应以介质的组成并按毒性程度或易燃介质的划分原则，由设计单位的工艺设计部门或使用单位的生产技术部门决定介质毒

性程度或是否属于易燃介质。

(3) 腐蚀性介质:某些介质对压力容器用材具有耐腐蚀性要求,压力容器在选用材料时,除了应满足使用条件下的力学性能要求外,还要具备足够的耐腐蚀性,必要时还要采取一定的防腐措施。

9.2 气瓶安全

气瓶属于移动式压力容器,但在充装和使用方面有其特殊性,所以在安全方面还有一些特殊的规定和要求。

气瓶按充装气体的物理性质可分为压缩气体气瓶和液化气体气瓶(高压液化气体、低压液化气体);按充装气体的化学性质分为惰性气体气瓶、助燃气体气瓶、易燃气体气瓶和有毒气体气瓶。《气瓶安全监察规程》按照设计压力对压缩气体和液化气体气瓶的分类如表 9-2 所示。

表 9-2　常用压缩气体和液化气体气瓶分类

气体类别	设计压力(p)/(N/cm^2)	充装气体
压缩气体(t_c<−10 ℃)	1960～2940	空气、氧、氢、氮、氯、氦、氖、氪、甲烷、煤气等
	1470	空气、氧、氢、氮、氩、氦、氖、氪、甲烷、煤气、三氟化硼、四氟甲烷(F-14)等
高压液化气体(−10 ℃≤t_c≤70 ℃)	1470～1960	二氧化碳、氧化亚氮、乙烷、乙烯等
	1225	氙、氧化亚氮、六氟化硫、氯化氢、乙烷、乙烯、三氟氯甲烷(F-13)、三氟甲烷(F-23)、六氟乙烷(F-116)、聚偏二氟乙烯、氟乙烯、三氟溴甲烷(F-13B1)等
	294	六氟化硫、氯化氢、乙烷、乙烯、三氟氯甲烷(F-13)、三氟甲烷(F-23)、六氟乙烷(F-116)、聚偏二氟乙烯、氟乙烯、三氟溴甲烷(F-13B1)等
低压液化气体(t_c>70 ℃,在 60 ℃时的 P_c>9.8 N/cm^2)	490	溴化氢、硫化氢、碳酰二氯(光气)等
	294	氨、丙烷、丙烯、二氟氯甲烷(F-22)、氟烷(F-143)等
	196	氮、二氧化硫、环丙烯、六氟丙烯、二氯二氟甲烷(F-12)、二氟乙烷(F-152a)、三氟氯乙烯、氯甲烷、甲醚、四氧化二氮、氟化氢、溴甲烷等
	98	正丁烷、异丁烷、异丁烯、1-丁烯、1,3-丁二烯、二氯氟甲烷(F-21)、二氯四氟乙烷(F-114)、二氟氯乙烷(F-142)、二氟溴氯甲烷(F-12B1)、氯乙烯、溴乙烯、甲胺、二甲胺、三甲胺、乙胺、甲基乙烯基砜、环氧乙烷等

9.2.1 气瓶的标记

1. 气瓶的钢印标记

气瓶的钢印标记包括制造钢印标记和检验钢印标记，是识别气瓶的依据。

(1) 制造钢印标记(见图 9-2)是气瓶的原始标志，是制造厂用钢印通过机械或人工打印在气瓶肩部、筒体、瓶阀护罩上的有关设计、制造、充装、使用、检验等技术参数的印章。

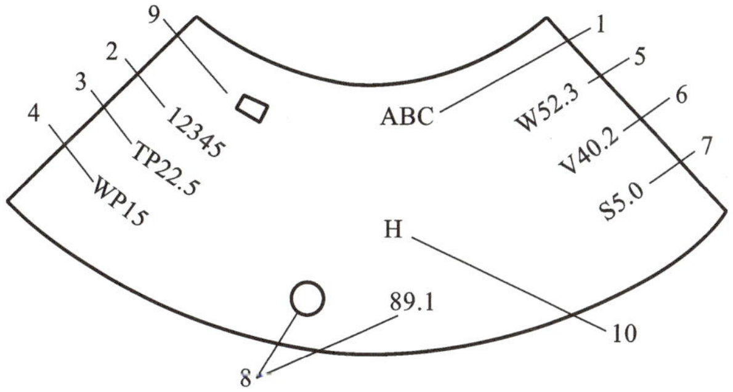

图 9-2 气瓶的制造钢印标记

1—气瓶制造单位代号；2—气瓶编号；3—水压试验压力，单位为 MPa；4—公称工作压力，MPa；5—实际重量，单位为 kg；6—实际容积，单位为 L；7—瓶体设计壁厚，单位为 mm；8—制造单位检验标记和制造年月；9—监督检验标志；10—寒冷地区用气瓶标记

(2) 检验钢印标记(见图 9-3)是气瓶定期检验后，由检验单位用钢印通过机械或人工打印在气瓶肩部、筒体、瓶阀护罩上或打印在套于瓶阀尾部金属标记环上的印章。

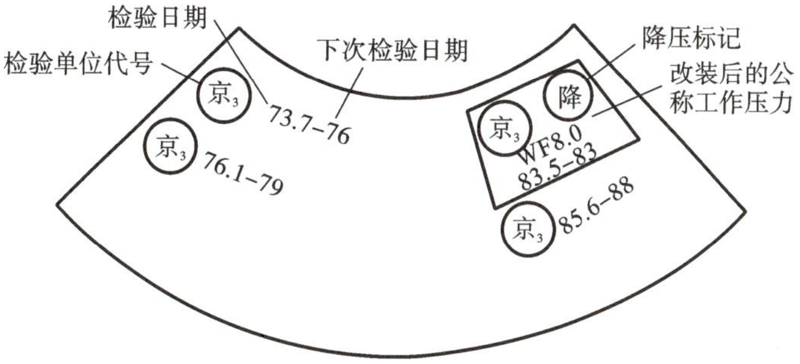

图 9-3 气瓶的检验钢印标记

2. 气瓶的颜色标记

气瓶的颜色标记是指气瓶外表的瓶色、字样、字色和色环(见图 9-4)。气瓶喷涂颜色标记的主要目的是方便辨别气瓶内的介质，即从气瓶外表的颜色上迅速辨别盛装某种气体的气瓶和瓶内气体的性质(可燃性、毒性)，避免错装和错用。此外，气瓶外表喷涂带颜色的油漆，还可以防止气瓶外表锈蚀。国内常用气瓶的颜色标记如表 9-3 所示。

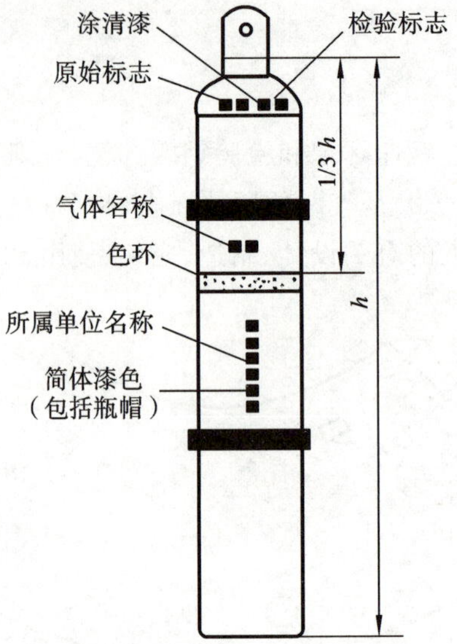

图 9-4　气瓶的颜色标记喷涂位置

表 9-3　实验室内常用气瓶颜色标记

序号	盛装介质	化学式	外表颜色	字样	字色	色　环
1	氢	H_2	淡绿	氢	大红	p=20 淡黄色环一道 p=30 淡黄色环二道
2	氧	O_2	淡(酞)蓝	氧	黑	p=20 白色环一道 p=30 白色环二道
3	氮	N_2	黑	氮	淡黄	
4	空气		黑	空气	白	
5	二氧化碳	CO_2	铝白	液化二氧化碳	黑	p=20 黑色环一道
6	氨	NH_3	淡黄	液氨	黑	
7	氯	Cl_2	深绿	液氯	白	
8	甲烷	CH_4	棕	甲烷	白	p=20 淡黄色环一道 p=30 淡黄色环二道
9	丙烷	C_3H_8	棕	液化丙烷	白	
10	乙烯	C_2H_4	棕	液化乙烯	淡黄	p=15 白色环一道 p=20 白色环二道
11	硫化氢	H_2S	白	液化硫化氢	大红	
12	溶解乙炔	C_2H_2	白	乙炔不可近火	大红	
13	氩	Ar	银灰	氩	深绿	p=20 白色环一道 p=30 白色环二道
14	氦	He	银灰	氦	深绿	
15	氖	Ne	银灰	氖	深绿	
16	氪	Kr	银灰	氪	深绿	

注：色环栏内的 p 是气瓶的公称工作压力(MPa)。

9.2.2　气瓶的安全附件

1. 安全泄压装置

气瓶的安全泄压装置是在气瓶超压时能自动泄压，以防气瓶遇到火灾等特殊高温时，瓶内介质受膨胀而导致的气瓶超压爆炸。国内使用的气瓶，安全泄压装置的配置原则是：盛装剧毒介质（如氯、氟、一氧化碳、光气、四氧化二氮等）气瓶，禁止安装安全泄压装置，以防在正常条件下发生误操作（包括气体泄漏）造成的中毒或伤亡事故；液化石油气瓶一般不安装安全泄压装置，特别是民用液化气瓶，以防误操作安全泄压装置，造成火灾或空间爆炸事故；除上述两类气瓶外，包括介质为助燃、易燃或不燃，具有一般毒性的永久气体气瓶等应根据其特性选装相应的安全泄压装置。

2. 瓶帽及防护罩

一般气瓶的顶部在瓶阀位置均装有瓶帽或防护罩，用以保护气瓶顶部的瓶阀，防止瓶阀在搬运过程中被撞击损坏，造成瓶内气体高速喷出，从而导致人身伤亡事故。

3. 防震圈

防震圈是用橡胶或塑料制成的，套在瓶体上部和下部，具有一定弹性的套圈。它是防止气瓶瓶体受撞击的一种保护装置，同时还可以保护气瓶表面的漆膜。

9.2.3　气瓶的充装与检验

1. 气瓶充装

气瓶实行固定充装单位充装制度。气瓶充气前要进行严格检查，充装过程中要防止充装超量，充装后充装单位必须在每只充装的气瓶上粘贴符合国家标准 GB 16804—2011《气瓶警示标签》的警示标签和充装标签。

气瓶充装不当会发生事故，其原因多数是氧气与可燃气体混装或充装过量。氧气与可燃气体混装往往是原来盛装可燃气体（如氢、甲烷等）的气瓶未经过置换、清洗等处理，而且瓶内还有余气，又用来盛装氧气，或者将原来装氧气的气瓶充装可燃气体，使可燃气体与氧气在瓶内发生化学反应，瓶内压力急剧升高，气瓶破裂爆炸。充装过量也是气体爆炸的常见原因，特别是盛装低压液化气体的气瓶。

2. 气瓶检验

气瓶的定期技术检验，由气体制造厂或专业检验单位负责。检验内容包括内外表面检验和耐压试验（水压试验）。按规定：盛装空气、氧、氮、氢、二氧化碳等一般气体的气瓶每 3 年检验一次；盛装氩、氖、氦、氪、氙等惰性气体的气瓶每 5 年检验一次；盛装氯、氯甲烷、硫化氢、光气、二氧化硫、氯化氢等腐蚀性介质的气瓶每 2 年检验一次。盛装剧毒或高毒介质的气瓶，进行水压试验后还应进行气密性试验。乙炔气瓶在全面检验时，还要检查填料、瓶阀的易熔塞，测定壁厚并做气密性试验（不做水压试验）。

9.2.4　气瓶的使用

1. 气瓶的正确使用方法

在搬动气瓶时，应装上防震垫圈，旋紧安全帽，以保护开关阀，防止其意外转动和减少碰撞。近距离移动气瓶时，可以用手平抬或垂直转动，但绝不允许手持开关阀移动；将气瓶移动较远的距离时，最好用特制的气瓶推车运送，严禁抛、滚、滑、翻。

气瓶的放置地点不得靠近热源和明火，应保证气瓶瓶体干燥。盛装易起聚合反应或分解反应气体的气瓶应避开放射性射线源。毒性气体气瓶和瓶内气体相互抵触能引起燃烧、爆炸、产生毒物的气瓶，最好分室存放，并在附近设置防毒用具和灭火器材。

气瓶在使用时一般立放，有防止倾倒的措施。气瓶在使用前应先安装压力表和减压阀，不同性质气体气瓶的压力表不能混用；严禁在使用过程中敲击和碰撞气瓶；气瓶在夏季使用时，应防止暴晒；可燃和助燃气体气瓶之间距离、与明火的距离不应小于 10 m（确难达到时，应采取隔离措施）。

使用气瓶在开启或关闭瓶阀时，只能用手或专用扳手，不准使用锤子、管钳等工具，以防损坏阀件。开启或关闭瓶阀的速度应缓慢（开启乙炔气瓶瓶阀时不要超过一圈半，一般情况下开启四分之三圈），防止产生摩擦热或静电火花，对盛装可燃气体的气瓶尤应注意，操作人员应站立在气瓶侧面，严防瓶嘴崩出伤人。

使用氧气瓶和氧化性气体气瓶时，应配备专用工具，并严禁与油类接触，操作人员不能穿戴沾有各种油脂或易感应产生静电的服装、手套操作，以免引起燃烧或爆炸。

瓶内气体不得用尽，必须留有剩余压力或重量。永久气体气瓶的剩余压力应不小于 0.05 MPa；液化气体气瓶应留有不少于 0.5%～1.0%规定充装量的剩余气体，以备充气单位取样和防止其他气体倒灌。

2. 气瓶的使用禁忌与事故预防

气瓶使用不当和维护不良可能直接或间接造成爆炸、火灾或中毒事故。

将气瓶长时间置于烈日下暴晒或将气瓶靠近高温热源，是气瓶爆炸的常见原因，特别是盛装低压液化气体的气瓶。有时气瓶局部受热，虽不至于发生爆炸，但会使气瓶上的安全泄压装置开放泄气，使瓶内可燃气体或有毒气体喷出，造成火灾或中毒事故。

气瓶操作不当常会发生着火或烧坏气瓶附件等事故，当打开气瓶瓶阀时，因开得太快，使减压器或管道中的压力迅速提高，出现绝热压缩，温度升高，严重时还会造成橡胶垫圈等附件的烧毁。

盛装可燃气体气瓶的瓶阀泄漏，氧气瓶瓶阀或其他附件沾有油脂等也常常会引起着火燃烧事故。

气瓶在运输（或搬动）过程中受到震动或冲击，把瓶阀撞坏或碰断，容易发生气瓶喷气飞离原处或喷出的可燃气体着火等事故。

9.3 起重机械的使用安全

9.3.1 起重机械的结构及工作原理

起重机械由驱动装置、工作机构、取物装置、金属结构和控制操纵系统组成。

1. 驱动装置

驱动装置是用来驱动工作机构的动力设备。常见的驱动装置有电力驱动、内燃机驱动和人力驱动等。电力驱动是现代起重机的主要驱动形式，几乎所有的在有限范围内运行的有轨起重机、升降机等都采用电力驱动。对于可以远距离移动的流动式起重机（如汽车起重机、轮胎起重机和履带起重机)多采用内燃机驱动。人力驱动适用于一些轻、小的起重设备,也用作某些设备的辅助、备用驱动和意外(或事故状态)的临时动力。

2. 工作机构

工作机构包括起升机构、运行机构、变幅机构和旋转机构,被称为起重机的四大机构。

1) 起升机构

起升机构是用来实现物料的垂直升降的机构,是任何起重机不可缺少的部分,因而是起重机最主要、最基本的机构。

2) 运行机构

运行机构是通过起重机或起重小车运行来实现水平搬运物料的机构,有无轨运行和有轨运行之分,按其驱动方式不同分为自行式和牵引式两种。

3) 变幅机构

变幅机构是臂架起重机特有的工作机构。变幅机构通过改变臂架的长度和仰角来改变作业幅度。

4) 旋转机构

旋转机构是使臂架绕着起重机的垂直轴线做回转运动,在环形空间移动物料。

3. 取物装置

取物装置是通过吊、抓、吸、夹、托或其他方式,将物料与起重机联系起来进行物料吊运的装置。防止吊物坠落、保证作业人员的安全和吊物不受损伤是对取物装置安全的基本要求。

4. 金属结构

金属结构是以金属材料轧制的型钢(如角钢、槽钢、工字钢、钢管等)和钢板作为基本构件,通过焊接、铆接、螺栓连接等方法,按一定的组成规则连接,承受起重机的自重和载荷的钢结构。金属结构是起重机的重要组成部分,是整台起重机的骨架,将起重机的机械、电气设备连接组合成一个有机的整体。

5. 控制操纵系统

通过电气、液压系统控制操纵起重机各机构及整机的运行,进行各种起重作业。控制操纵系统包括各种操纵器、显示器及相关线路。

9.3.2 起重机械的安全装置

安全装置对起重机正常工作起安全保护作用,主要有超载限制器、起重力矩限制器、行程限位器、缓冲器等。

1. 超载限制器

防止起重机超负荷作业。在起重作业过程中,当起重量超过起重机额定重量的 10%时,超载限制器将起作用,自动切断起升动力源,停止工作,从而起到超载限制的作用(见图 9-5)。

2. 起重力矩限制器

起重力矩限制器就是一种综合起重量和起重机运行幅度两方面因素,以保证起重力矩始终在允许范围内的安全装置(见图 9-6)。

3. 行程限位器

行程限位器是防止起重机驶近轨道末端而发生撞击事故,或两台起重机在同一条轨道

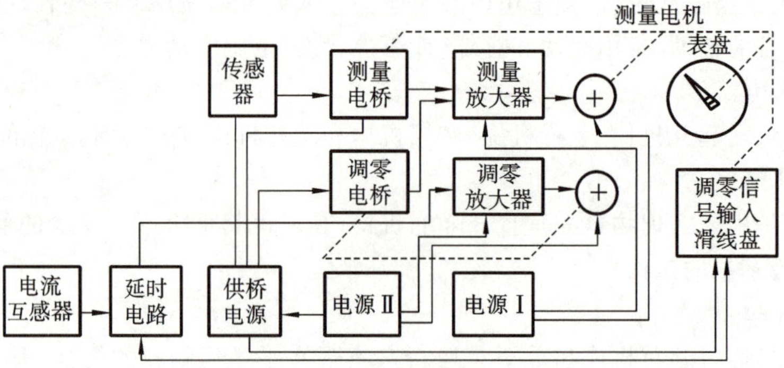

图 9-5　电子超载限制器框图

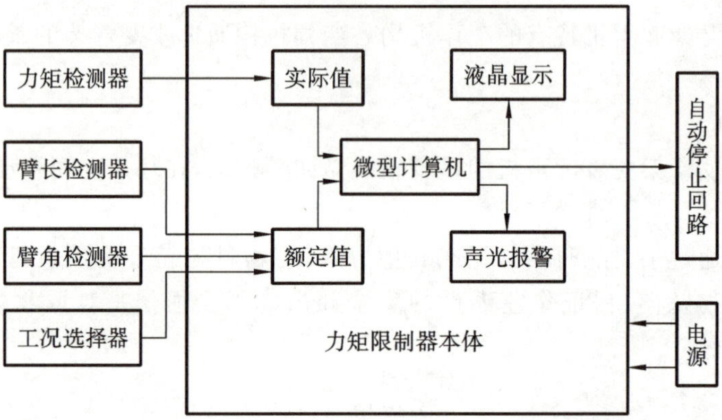

图 9-6　电子式起重力矩限制器框图

上发生碰撞事故，所采用的安全装置。

4. 缓冲器

缓冲器是一种吸收起重机与物体相碰时的能量的安全装置，在起重机的制动器和终点开关失灵后起作用。

9.3.3　起重机械的安全事故

1. 重物坠落

吊具或吊装容器损坏、物件捆绑不牢、挂钩不当、电磁吸盘突然失电、起升装置的零件故障(特别是制动器失灵、钢丝绳断裂)等都会引发重物坠落。

2. 起重机失稳倾翻

起重机失稳有两种类型：一是由于操作不当(如超载、臂架变幅或旋转过快等)、支腿未找齐或地基沉陷等原因使倾翻力矩增大，导致起重机倾翻；二是由于坡度或风载荷作用，使起重机沿路面或轨道滑动，导致脱轨翻倒。

3. 挤压

起重机轨道两侧缺乏良好的安全通道或与建筑结构之间缺少足够的安全距离，使运行或回转的金属结构机体对人员造成夹挤伤害；运行机构的操作失误或制动器失灵引起溜车，造成碾轧伤害等。

4. 高处跌落

人员在离地面大于 2 m 的高度进行起重机的安装、拆卸、检查、维修或操作等作业时，从高处跌落造成跌落伤害。

5. 触电

起重机在输电线附近作业时，其任何组成部分或吊物与高压带电体距离过近，感应带电或触碰带电物体，都可以引发触电伤害。

6. 其他伤害

其他伤害是指人体与运动零部件接触引起的绞、碾、戳等伤害；液压起重机的液压元件破坏造成高压液体的喷射伤害；飞出物件的打击伤害；装卸高温液体金属、易燃易爆、有毒、腐蚀等危险品，由于坠落或包装捆绑不牢破损引起的伤害等。

9.4　电梯的使用安全

9.4.1　电梯的基本构造

电梯并非是独立的整体设备，它是由机械、电气和安全装置共同组成的一个机电组合体（见图 9-7）。

电梯的机械部分由曳引系统、导向系统、轿厢与重量平衡系统及门系统四个部分组成。其中，曳引系统输出和传递动力，导向系统保证轿厢和对重在井道沿着固定滑道运行，轿厢与重量平衡系统承受重量拉人载物，门系统实现轿门、厅门的自动开关。

电梯的电气系统主要是电梯的控制系统，实现对电梯的有效控制，使其按照人们的意图进行运行和变速，做到电梯的平稳运行。

电梯的安全装置主要作用是维护电梯运行安全。

9.4.2　电梯的安全保护装置

电梯的安全性除了充分考虑其结构的合理性、电气控制和拖动的可靠性方面外，还针对各种可能发生的危险，设置了各种专门的安全装置，以防止电梯可能发生的挤压、撞击、剪切、坠落、电击等潜在危险。

电梯的安全保护装置包括限速器、安全钳、缓冲器、门锁等各种保护开关。限速器是电梯轿厢的运行速度达到限定值时，发出电信号并产生机械动作切断控制电路或迫使安全钳动作的安全装置。安全钳是由限速器作用而引起动作，迫使轿厢或对重装置停滞在导轨上，同时切断控制回路的安全装置。缓冲器是用来吸收轿厢动能的一种弹性缓冲安全装置。门锁系统是用于防止轿门、厅门不正常开关造成的伤害事故的装置。

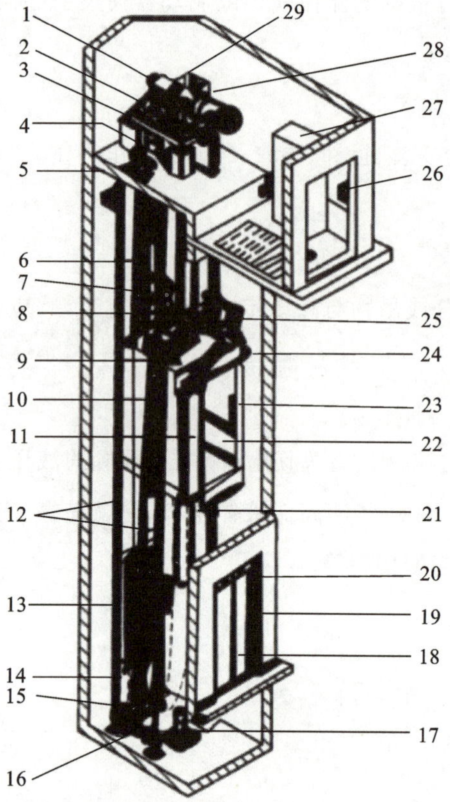

图 9-7　电梯的基本结构

1—有齿轮曳引机；2—曳引轮；3—机器底盘；4—导向轮；5—限速器；6—曳引钢丝绳；7—限位开关终端打板；8—轿厢导靴；9—限位开关；10—轿厢框架；11—轿厢门；12—导轨；13—对重；14—补偿链；15—链条导向装置；16—限速器张紧装置；17—缓冲器；18—层门；19—呼梯按钮；20—楼层指示器；21—悬挂电缆；22—轿厢；23—轿内操纵箱；24—开门机；25—井道传感器；26—电源开关；27—控制柜；28—电机；29—电磁制动器

9.4.3　电梯事故

1. 困人事故

在电梯发生的意外事故中，困人事故是最常见的一种。电梯困人对乘客其实没有什么危险，因为轿厢内有良好的通风，有求救警铃或者电话，有应急照明。只要乘客放松心情，保持冷静，采取正当措施，就不会受到伤害。只要维修人员正确操作，及时解困，就不会发生人身伤害事故。在现实中，乘客被困未能得到及时解救或施救方法不当，会引发人身伤害事故。

2. 人身伤害事故

1）坠落

一般是因为层门未关闭或从外面将层门打开，轿厢又不在此层，造成受害人失足从层门坠入井道。

2）剪切

当乘客踏入或踏出轿门瞬间，轿厢突然启动，使受害人在轿门与层门之间的上下门槛处被剪切。

3）挤压

常见的挤压事故，一是受害人被挤压在轿厢围板与井道壁之间；二是受害人被挤压在底坑的缓冲器上，或是人的肢体部分（比如手）被挤压在转动的轮槽中。

4）撞击

常发生在轿厢冲顶或蹲底时，使受害人身体撞击到建筑物或电梯部件上。

5）触电

受害人的身体接触到控制柜的带电部分或施工过程中人体触及设备的带电部分及漏电设备的金属外壳。

6）烧伤

一般发生在火灾事故中，受害人被火烧伤。

9.4.4　电梯乘坐安全

电梯乘坐安全有以下几个方面。

（1）禁止携带易燃、易爆或带腐蚀性的危险品乘坐电梯。

（2）勿在轿门和层门之间逗留，严禁倚靠在电梯的轿门或层门上；严禁撞击、踢打、撬动或以其他方式企图打开电梯的轿门和层门。

(3) 在电梯开关门时，请不要直接用手或身体阻碍门的运动，这样可能导致撞击的危险。正确的方法是按压与轿厢运行方向一致的层站召唤按钮或轿厢操纵箱开门按钮。

(4) 发生火警时，切勿搭乘电梯。

(5) 进入电梯前一定要看清脚下是真实的地板，防止发生高空坠落事故。

(6) 离开电梯时一定要确保电梯正常停靠在平层位置上。乘客被困在轿厢内时，严禁强行扒开轿门以防发生人身剪切或坠落伤亡事故。

(7) 电梯因停电、故障等原因发生乘客被困在轿厢内时，乘客应保持镇静，及时与电梯管理人员取得联系。

(8) 乘客发现电梯运行异常，应立即停止乘用并及时通知维保人员前来检查修理。

(9) 乘坐客梯时应注意载荷，若发生超载请自动减员，以免因超载发生危险。

(10) 当电梯门快要关上时，不要强行冲进电梯，不要背靠厅轿门站立，以防门打开时摔倒，并且不要退步出电梯。

(11) 七岁以下儿童、精神病患者及其他无民事行为能力者搭乘电梯时，应当有健康成年人陪同。

(12) 注意电梯安全警示(见图 9-8)，文明乘坐电梯。

图 9-8　电梯安全警示

9.5 思考题

(1) 压力容器在使用中存在哪些危险？

(2) 压力容器事故率高的原因有哪些？

(3) 电梯安全乘坐的注意事项有哪些？

第 10 章 高校实验室辐射安全

电离辐射是由具有放射性的物质发出的高能粒子射线，具有很高的能量，能够产生电离，会对人体造成辐射损伤。放射性工作具有一定的风险，需要严格遵守安全操作规程，并配备相应的辐射监测设备和防护用品等。随着高校科研水平和科研任务的不断增加，放射性物品在高校的应用也越来越频繁。近年来，相关主管部门不断加强对放射性物品的监管，以减少放射性物品所产生的电离辐射对实验人员、环境和公众造成的损害。

10.1 放射性及其相关物理量

10.1.1 放射性核素

具有一定的质子数和中子数的一类原子核所对应的原子称为核素。自然界中多数核素的原子核都是稳定不变的，这类核素被称为稳定核素。原子核不稳定，能自发地放出射线的核素被称为放射性核素，原子核放出射线而自身形成一种新的、更稳定核素的过程叫作核衰变。放射性核素衰变过程具有以下三个主要特性。

（1）放射性核素衰变时，能自发地放出 α、β、γ 射线。质量较轻的核素一般只放出 β、γ 射线，质量较重的核素多放出 α 射线。

（2）放射性核素衰变具有一定的半衰期。半衰期指一定量的放射性核素衰变一半时所需要的时间。半衰期是放射性核素的一个特征常数，不随外界条件和元素的物理化学状态的不同而改变。不同的放射性核素的半衰期差别很大，如钍-232 为 140 亿年，而钋-212 仅为 3.0×10^{-7} s。

（3）放射性核素衰变过程中原子核数目的减少服从指数规律。一般用公式 $N=N_0 e^{-\lambda t}$ 表示，式中：N_0 为初始放射性核素原子核数；λ 为衰变速率常数，称为衰变常数；N 为经过 t 时间衰变后所剩下的放射性核素原子核数。

放射性核素有天然放射性核素和人工放射性核素两种。现在工、农、医等诸方面使用的放射性核素，大部分是人工制造的。天然放射性核素，如镭-226（^{226}Ra）、铀-235（^{235}U）和钍-232（^{232}Th）等，也要经过人工提纯后才能使用。

10.1.2 放射性活度

放射性强弱可用放射性活度来度量，放射性活度指单位时间内发生衰变的核素。目前国际单位用“贝可勒尔”（简称“贝可”）表示，符号为 Bq。1 Bq 表示每秒发生一次衰变。

放射性活度的单位过去一直用居里（符号为 Ci）表示，贝可与居里的换算关系是 1 Ci=3.7×10^{10} Bq。

10.1.3 辐射剂量

辐射剂量学中常用的三个辐射量是：照射量、吸收剂量和剂量当量。

1. 照射量

照射量表示 X 射线或 γ 射线在单位质量体积空气中，释放的全部电子(负电子和正电子)在空气中完全被阻止时所产生的离子总电荷的绝对量。它的单位是伦琴(简称伦)，符号为 R，$1\ R=2.58\times10^{-4}\ C/kg$。照射量只对空气而言，仅适用于 X 射线或 γ 射线。

2. 吸收剂量

吸收剂量定义为单位质量被照射物质平均吸收的辐射能量。吸收剂量的专用单位是拉德，符号为 rad。1 kg 被照射物质平均吸收了 0.01 J 的辐射能量，则表示该物质接受了 1 rad 的吸收剂量。

吸收剂量在国际制单位中的专用名称是戈瑞(gray)，符号为 Gy。它的定义是质量 1 kg 的物质吸收 1 J 的辐射能量时的吸收剂量，即 1 Gy=100 rad。

3. 剂量当量

相同的吸收剂量未必产生同样程度的生物效应，因为生物效应受到辐射类型、剂量与剂量率大小、照射条件、生物种类和个体生理差异等因素的影响。为了比较不同类型辐射引起的有害效应，在辐射防护中引进了一些系数，当吸收剂量乘上这些修正系数后，就可以用同一尺度来比较不同类型辐射照射所造成的生物效应的严重程度或产生概率。

把乘上适当的修正系数后的吸收剂量称为剂量当量，用 H 表示，单位是雷姆，符号为 rem。组织中某点处的剂量当量 $H=DQN$，式中：D 是吸收剂量；Q 是品质因子，依不同类型辐射而异；N 是其他修正系数的乘积。剂量当量在国际制单位中的专用名称是希沃特(Sievert)，符号为 Sv，1 Sv=100 rem。

照射量、吸收剂量和剂量当量是三个意义完全不同的辐射量。照射量只能作为 X 射线或 γ 射线辐射场的量度，描述电离辐射在空气中的电离本领；吸收剂量则可以用于任何类型的电离辐射，反映被照介质吸收辐射能量的程度；剂量当量只限于防护中应用。三个不同量之间在数值上有一定的联系，在一定条件下可以相互换算，粗略计算，1 R 的 X 射线或 γ 射线在空气中的吸收剂量约为 0.838 rad；而在软组织中的吸收剂量约为 0.931 rad。

10.2 辐射分类与应用

10.2.1 辐射的分类

按照放射性粒子能否引起传播介质的电离，把辐射分为两大类：电离辐射和非电离辐射(见图 10-1)。

1. 电离辐射

拥有足够高能量的辐射可以把原子电离。一般而言，电离是指电子被电离辐射从电子壳层中击出，使原子带正电。由于细胞由原子组成，电离作用可以引起癌症，一个细胞由数万亿个原子组成，电离辐射引起癌症的概率取决于辐射剂量率及接受辐射生物之感应性。α、β、γ 射线及中子辐射均可以加速至足够高能量电离原子。

2. 非电离辐射

非电离辐射的能量较电离辐射弱。非电离辐射不会电离物质，而会改变分子或原子的旋转、振动或价层电子轨道。非电离辐射对生物活组织的影响近年才开始被研究，不同的非

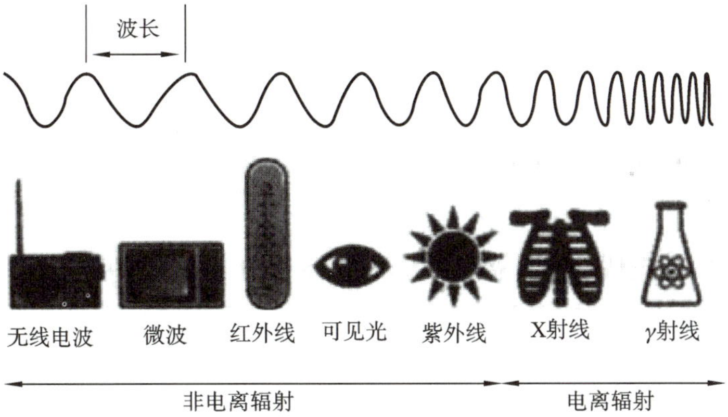

图 10-1　电磁波谱与辐射类型的关系

电离辐射可产生不同的生物学作用。

无论是电离辐射还是非电离辐射，都存在于我们的日常生产生活和科学研究中。很多时候，我们在不知不觉间已经享用到辐射给我们带来的好处，但如果对辐射使用不当，也会对我们造成伤害。

10.2.2　放射源与射线装置

1. 放射源

放射源按其密封状况可分为密封源和非密封源。密封源是密封在包壳或紧密覆盖层里的放射性物质，工农业生产中应用的料位计、探伤机等使用的都是密封源，如钴-60、铯-137、铱-192 等。非密封源是指没有包壳的放射性物质。医院里使用的放射性示踪剂属于非密封源，如碘-131，碘-125 等。

按照放射源对人体健康和环境的潜在危害程度，从高到低将放射源分为Ⅰ、Ⅱ、Ⅲ、Ⅳ、Ⅴ类。Ⅰ类放射源为极高危险源，在没有防护情况下，接触这类放射源几分钟到一小时就可致人死亡；Ⅱ类放射源为高危险源，在没有防护情况下，接触这类放射源几小时至几天就可致人死亡；Ⅲ类放射源为危险源，在没有防护情况下，接触这类放射源几小时就可对人造成永久性损伤，接触几天至几周也可致人死亡；Ⅳ类放射源为低危险源，基本不会对人造成永久性损伤，但对长时间、近距离接触这些放射源的人可能会造成可恢复的临时性损伤；Ⅴ类放射源为极低危险源，不会对人造成永久性损伤。Ⅴ类源的下限活度值为该种核素的豁免活度。

上述放射源分类原则对非密封源适用。非密封源工作场所按放射性核素日等效最大操作量分为甲、乙、丙三级，具体分级标准见 GB 18871—2016《电离辐射防护与辐射源安全基本标准》。其中，甲级非密封源工作场所的安全管理参照Ⅰ类放射源，乙级和丙级非密封源工作场所的安全管理参照Ⅱ、Ⅲ类放射源。

2. 射线装置

射线装置是指 X 射线机、加速器、中子发生器等在运行时可以产生射线的装置以及含放射源的装置。通常所说的射线装置，是指 X 射线机、加速器、中子发生器等。

根据射线装置对人体健康和环境可能造成危害的程度，从高到低将射线装置分为Ⅰ类、

Ⅱ类、Ⅲ类。按照使用用途分医用射线装置和非医用射线装置。Ⅰ类为高危险射线装置，发生事故时可以使短时间受照射人员产生严重放射损伤，甚至死亡，或对环境造成严重影响；Ⅱ类为中危险射线装置，发生事故时可以使受照射人员产生较严重放射损伤，大剂量照射甚至导致死亡；Ⅲ类为低危险射线装置，发生事故时一般不会造成受照射人员的放射损伤。

10.3　电离辐射的危害

日常生活中人们时刻受到辐射照射（见图 10-2），宇宙射线和自然界中天然放射性核素发出的射线称为天然本底辐射。在我国广东省阳江放射性高本底地区，虽然辐射剂量比正常地区高得多，但当地居民的健康状况与对照地区比较，并未发现显著性差异。

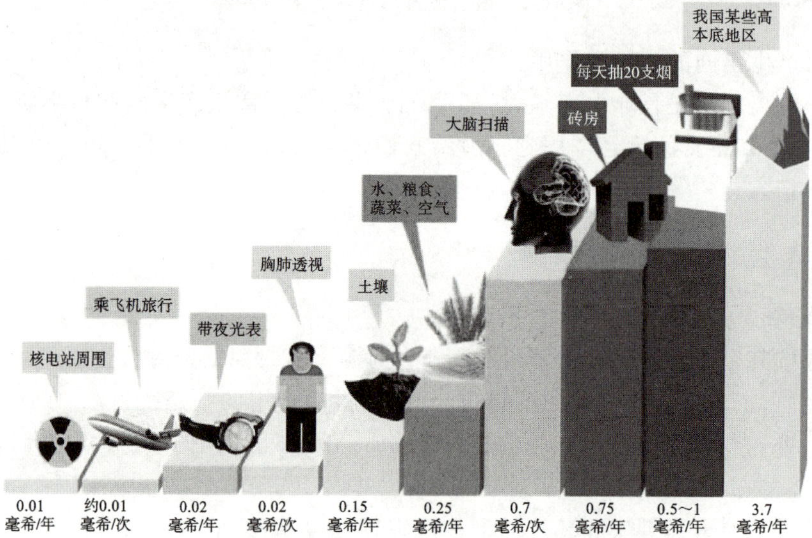

图 10-2　日常生活中的辐射源辐射剂量值

近几十年，人工电离辐射源广泛应用，成为人类接受的辐射照射的主要来源。

10.3.1　电离辐射对人体健康的影响

α 射线、β 射线等带电的射线进入物质后，与物质的电子相互作用，引起物质的大量电离；γ 射线等不带电的射线进入物质后，首先会产生一个或几个能量较高的带电粒子，这些带电粒子再与物质的电子相互作用，也会引起物质的大量电离。射线与人体相互作用引起人体内物质大量电离，使人体产生生物学方面的变化，这些变化在很大程度上取决于辐射能量在物质中沉积的数量和分布。射线对人体的照射可以分为外照射和内照射。人体外部的放射源对人体造成的照射叫外照射；人体内部的放射源对人体造成的照射叫内照射（见图 10-3）。α 射线的穿透本领很小，外照射的危害可以不予考虑；虽然 β 射线的穿透本领也比较小，但会造成人体浅表组织的损伤，因此对于近距离的 β 射线应引起注意；γ 射线和 X 射线的射程都比较长，是外照射的主要考虑对象。α 射线和 β 射线的内照射危害比较大，尤其 α 射线是内照射的主要关注对象。其他射线（中子等）的照射比较少见。

随着放射性核素的广泛应用，越来越多的人认识到辐射对机体造成的损害随着辐射照

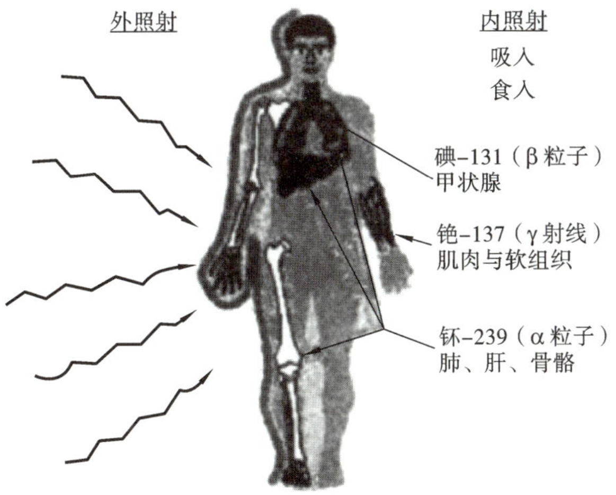

图 10-3 射线对人体的辐照方式

射量的增加而增大，大剂量的辐射照射会造成被照部位的组织损伤，并导致癌变，即使是小剂量的辐射照射，尤其是长时间的小剂量照射蓄积也会导致照射器官组织诱发癌变，并会使受照射的生殖细胞发生遗传缺陷（见表 10-1）。

表 10-1 成年人全身蓄积辐射症状

受照剂量/mSv	放射病程度	症　　状
100 以下	无影响	无
100～500	轻微影响	白细胞减少，多无症状表现
500～2000	轻度	疲劳、呕吐、食欲减退、暂时性脱发，红细胞减少
2000～4000	中度	骨骼和骨密度遭到破坏，红细胞和白细胞数量极度减少，有内出血、呕吐、腹泻症状
4000～6000	重度	造血、免疫、生殖系统以及消化道等脏器受影响，甚至危及生命

虽然射线对人体会造成损伤，但人体有很强的修复功能。对于从事放射性工作人员的职业照射，在辐射防护剂量限值的范围内，其损伤也是轻微的、可以修复的。因此，对于辐射的使用，我们既要注意防护，尽可能合理降低辐射的危害，又不必产生恐慌心理，影响我们的正常工作和生活。

10.3.2 电离辐射的生物效应

电离辐射对人体的照射有可能产生各种生物效应（见图 10-4），按照生物效应发生的个体不同，可以分为躯体效应和遗传效应；按照辐射引起的生物效应发生的可能性，可以分为随机效应和确定性效应。

1. 躯体效应和遗传效应

发生在被照射个体本身的生物效应叫躯体效应；由于生殖细胞受到损伤而体现在其后代活体上的生物效应叫遗传效应。

2. 随机效应和确定性效应

发生概率与受照剂量成正比而严重程度与剂量无关的辐射效应叫随机效应，主要表现

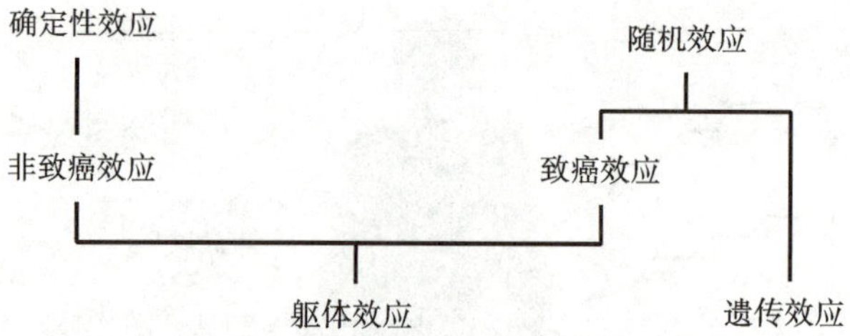

图 10-4　电离辐射的生物效应之间的相互关系

在受照个体的癌症及其后代的遗传效应。在正常照射的情况下，发生随机效应的概率是很低的。一般认为，在辐射防护感兴趣的低剂量范围内，这种效应的发生不存在剂量阈值，阈值就是发生某种效应所需要的最低剂量值。通常情况下存在剂量阈值的辐射效应叫确定性效应，接受的剂量超过阈值越多，产生的效应越严重。

人们日常所遇到的照射大多与随机效应有关，但在放射性事故和医疗照射中，发生确定性效应的可能性应该引起足够的重视。

10.4　电离辐射的防护

10.4.1　电离辐射防护目的

电离辐射防护在于防止不必要的射线照射，保护操作者本人免受辐射损伤，保护周围人群的健康和安全。一般认为，辐射防护的目的主要有三个。

(1) 防止有害的确定性效应发生。例如，影响视力的眼晶体浑浊的阈剂量当量在 15 Sv 以上，为了保护视力，防止这一确定性效应的发生，就要保证工作人员眼晶体的终身累积剂量当量不超过 15 Sv。

(2) 限制随机效应的发生率，使之达到被认为可以接受的水平。辐射防护的目的是使由于人为原因引起的辐射所带来的各种恶性疾患的发生率降低到能被自然发生率的统计涨落所忽略。

(3) 消除各种不必要的照射。在这方面，主要是防止滥用辐射，或尽量避免可轻松控制的某些照射。

10.4.2　电离辐射防护标准

《电离辐射防护与辐射源安全基本标准》(以下简称《基本标准》)是我国现行辐射防护应遵守的基本标准。《基本标准》指出，一切带有辐射的实践和设施必须遵循辐射防护三原则，对于工作人员、公众、应急照射等情况必须加以约束和限制。

1. 辐射防护三原则

1) 实践的正当性

实践的正当性就是对于任何一项辐射照射实践，其对受照个人或社会所带来的利益足以弥补其可能引起的辐射危害时，该实践才是正当的。

2) 辐射防护的最优化

辐射防护的最优化就是在考虑了经济和社会因素之后，保证受照人数、个人受照剂量的大小以及受照射的可能性均保持在可合理达到的较低水平。

3）个人剂量限制

在实施上述两项原则时，要同时保证个人所受的辐射剂量不超过规定的相应限值。

2. 职业剂量限值

《基本标准》中规定的工作人员职业照射剂量限值是连续 5 年内的平均有效剂量不超过 20 mSv，任何一年中的有效剂量不超过 50 mSv，眼晶体的年当量剂量不超过 150 mSv，四肢（手、足）或皮肤的年当量剂量不超过 500 mSv。

对于育龄妇女所接受的照射应严格按照职业照射的剂量限值予以控制，对于孕妇在孕期余下的时间内应保证腹部表面的当量剂量限值不超过 2 mSv。

年龄 16～18 岁青少年如接触放射性物质，其一年内受到的有效剂量不超过 6 mSv，眼晶体的年当量剂量不超过 50 mSv，四肢（手、足）或皮肤的年当量剂量不超过 150 mSv。

3. 公众剂量限值

《基本标准》中指出，公众成员所受到的年有效剂量不超过 1 mSv，特殊情况下，如果 5 个连续年的年平均剂量不超过 1 mSv/a，则某一单一年份的有效剂量可提高到 5 mSv；眼晶体的年当量剂量不超过 15 mSv；皮肤的年当量剂量不超过 50 mSv。

4. 应急照射限值

应急照射指在事故情况下，为了抢救人员或国家财产，防止事故蔓延扩大，有时需要少数人一次接受较大剂量的照射。《基本标准》中规定：在十分必要时，经过事先周密计划，由领导批准，健康合格的工作人员一次可接受 50 mSv 全身照射，但以后所接受的照射应适当减少，以使这次照射前后 10 年平均有效剂量不超过 20 mSv。

应急照射情况下当结果或预料超过干预水平时，常表示发生了事故等异常状态，这时应对事件的现场和人员做特殊处理，如立即停止操作或对人员进行医学处理等（见表 10-2）。

表 10-2　不同辐射剂量情况下的干预措施表

项　　目	预期剂量/(mSv/mGy)	一般性措施	严厉措施
		隐蔽、服用稳定性碘	撤离
全身照射	小于 5	不必要	不必要
	5～100	有必要	有必要
	100～500	必须（特别注意对孕妇、儿童的保护）	国家主管部门根据具体特定条件判断后，可以考虑撤离
	大于 500	必须，直到撤离前	必须
受到主要照射的肺、甲状腺和其他器官	小于 250	不必要	不必要
	250～500	有必要	有必要
	500～5000	必须（特别注意对孕妇、儿童的保护）	国家主管部门根据具体特定条件判断后，可以考虑撤离
	大于 5000	必须，直到撤离前	必须

注：(1) 其他器官不包括生殖腺和眼晶体；(2) 预期剂量单位对于全身为 mSv，对于器官为 mGy。

10.4.3 电离辐射防护方法

对内照射的防护是减少放射性核素进入人体和加快排出。对外照射的防护主要采取以下三种方法。

1. 时间防护

对于相同条件下的照射，人体接受的剂量与照射的时间成正比。因此，减少接受照射的时间，就可以明显减少吸收剂量。

2. 距离防护

对于点源，如果不考虑介质的散射和吸收，它在相同方位角的周围空间所产生的直接照射剂量与距离的平方成反比。实际上，只要不是在真空中，介质的散射和吸收总是存在的，因此直接照射剂量随着与源的距离的增加而迅速减少。在非点源和存在散射照射的条件下，近距离的情况比较复杂；而对于距离较远的地点，其所受的剂量也随着距离的增加而迅速减少。

3. 物质屏蔽

射线与物质发生作用，可以被吸收和散射，即物质对射线有屏蔽作用。对于不同的射线，其屏蔽方法是不同的。对于 γ 射线和 X 射线，用原子序数高的物质（如铅）效果较好；对于 β 射线，先用低原子序数的材料（如有机玻璃）阻挡 β 射线，再在其后用高原子序数的物质阻挡激发的 X 射线；对于 α 射线的屏蔽很容易，在体外，它基本上不会对人体造成危害，但它的内照射危害特别严重（见图 10-5）。

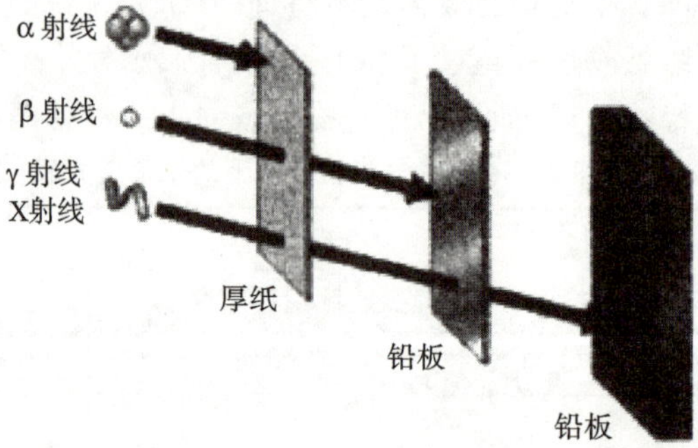

图 10-5　射线的屏蔽

除了以上三种方法外，在满足需要的情况下，尽量选择活度小、能量低、容易防护的辐射源也是十分重要的。

10.5 放射性实验室的安全防护

10.5.1 放射性实验室的建立

放射性实验室包括操作放射性物质的开放性放射化学实验室和使用放射源及射线发生装置仪器的实验室。

(1) 放射性实验室的建立，应对其进行辐射防护评价，并向上级辐射防护和环境保护部门上报评价报告。在设施的选址、设计、运行等阶段，均应有相应的辐射防护评价；辐射防护评价的内容包括辐射防护管理、技术措施和人员受照情况 3 个方面。

(2) 放射性实验室的设计、施工和施工监理都应该由具有相关资质的单位完成，绝不允许无资质的单位参与放射性实验室的建设。

(3) 放射性实验室需要按限制分区特殊建设并配备良好的设备。实验室应按放射性强弱依次分为非限制区、限制区、控制区、辐射区等，不同的放射性实验应在不同的分区内完成。

10.5.2　放射性实验室的安全管理

1. 放射性物质的购买

购买放射性物质(包括射线装置)，要经过环保部门的审批并对物质存放和使用的实验室进行环境影响评价后，办理相关的安全许可证明，并详细登记所购买的放射性物质的名称、活度、种类、化学形态、厂商等信息后，才能进入购买程序。

2. 放射性标志的使用

放射性工作场所，要在场所外面的明显位置张贴电离辐射标志；实验室内存放的放射性物品、辐射发生装置等，都应有明显的放射性标志(见图 10-6)。

3. 放射性实验的登记制度

实验室开展放射性实验时，要采取严格的登记制度，要详细记录实验的日期、参加人员、放射源及非密封的放射性物质或相关仪器装置的使用情况和实验过程等。

4. 放射源及带源仪器的安全使用

任何类型的放射源都不能用手直接拿取、触摸，所有放射源在使用时都要使用工具(如长柄、短柄的镊子、钳子等)进行操作；保证放射源进出仪器的操作正确，谨防误操作造成的事故；放射源在使用后，应退出机器，装入铅罐(见图 10-7)，放回保险柜并锁好；放射源的管理严格执行“双人双锁”制度。

图 10-6　放射性标志

图 10-7　放射源储罐

5. 非密封放射性物质的安全使用

在进行实验前要详细了解所使用放射性物质的性质，设计实验操作流程，并严格按照操作流程进行实验操作；在对放射性物质进行操作时，要戴橡胶手套，穿好防护服及必要的防护用品；能够产生挥发性气体的放射性实验要在手套箱或通风橱中进行。

6. 射线装置的安全使用

在开机前，应认真检查射线装置，打开辐射剂量监测报警仪，确保实验室内无人员误入，确保防护门关闭后，方可开启射线装置，在射线装置工作过程中，不得开启防护门。射线装置运行过程中若出现剂量超标报警，应立即关停设备。

7. 放射性实验室的定期检测

对于放射性实验室及其周边环境，要由有资质的监测机构至少一年进行一次检测，并对实验室及其周边环境的辐射情况进行详细分析，确保实验室的辐射水平在规定的限值之内。

10.5.3　放射性实验室的人员管理

1. 出入放射性实验室的人员管理

(1) 放射性实验室要有专人负责实验室的安全管理，相关安全管理人员及实验人员要通过国家指定机构组织的辐射安全培训，培训合格才能从事放射性工作，做到持证上岗。临时的工作人员或进入实验室的学生也应经过实验室相关辐射知识的培训，否则不可以进入放射性实验室。

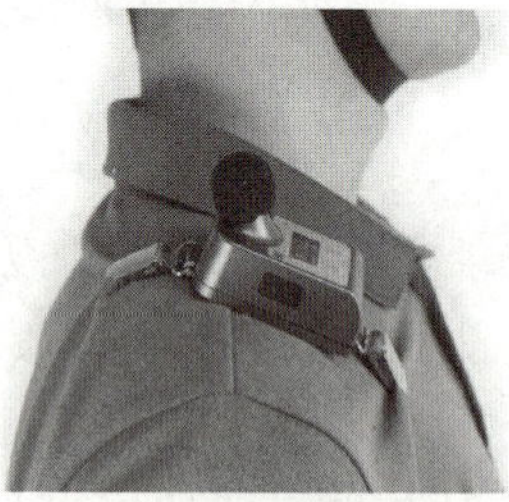

图 10-8　个人剂量计的佩戴

(2) 进入放射性实验室开展实验，要佩戴个人剂量计(见图 10-8)，并对个人剂量计进行定期检测。个人剂量计的检验周期为 1 次/季度。

(3) 工作人员在有比较严重的疾病或外伤时，不要进入放射性实验室。

(4) 工作人员禁止在放射性实验室内饮水、进食、吸烟和化妆，也不能存放此类物品。如果需要，可设立单独的、完全与实验室隔离的房间作为休息、进食使用。

(5) 工作人员离开放射性实验室前，应进行全身放射性物质沾污检测，检测合格后方可离开实验室。

(6) 参观访问人员进入放射性实验室，要确保有了解该实验室安全与防护措施的工作人员陪同；在参观访问人员进入实验室前，向他们提供足够的信息和指导，在相关区域设置醒目的标志，并采取其他必要的措施，确保对来访者实施适当的监控。

2. 从事放射工作人员的职业健康管理

1) 放射人员个人剂量监测

放射单位应按照国家有关标准安排本单位的放射人员接受个人剂量监测，监测周期一般为 30 天，最长不应超过 90 天。个人剂量监测结果要逐个记录、存档，其保存时间不少于停止辐射工作后 30 年。单位应允许放射工作人员查阅、复印其个人剂量监测资料。

2) 放射人员职业健康检查

放射人员职业健康检查包括上岗前、在岗期间、离岗时、受到应急照射或者事故照射时的健康检查以及职业性放射性疾病患者和受到过量照射放射工作人员的医学随访观察，职业健康检查的周期为 1～2 年，但不得超过 2 年。放射单位应当为放射人员建立并终生保存职业健康监护档案。放射人员职业健康监护档案应包括：职业史、既往病史、职业照射接触史、应急照射、事故照射史；历次职业健康检查结果及评价处理意见；职业性放射性疾病诊断与诊断鉴定、治疗、医学随访观察等健康资料；怀孕声明；工伤鉴定意见或结论等。

3）工作岗位的调换

放射单位对职业健康检查发现不宜继续从事放射工作的人员，应及时调离放射工作岗位，并妥善安置；对需要复查和医学观察的放射人员，应当及时予以安排。对已妊娠的放射人员，不应安排其参与事先计划的职业照射和有可能造成职业性内照射的工作。妇女在其哺乳期间应避免接受职业性内照射，用人单位应为其调换合适的工作岗位。

4）放射人员的营养保健

放射工作人员的保健津贴按照国家有关规定执行。临时调离放射工作岗位者，可继续享受保健津贴 3 个月；正式调离放射工作岗位者，可继续享受保健津贴 1 个月。除国家统一规定的休假外，放射工作人员每年可享受保健休假 2～4 周。从事放射工作满 20 年的工作人员的保健休假，可由所在用人单位安排健康疗养。长期从事放射工作的人员，因患病不能胜任现职工作的经相关组织或机构诊断确认后，可根据国家有关规定提前退休；放射人员因职业放射损伤致残者，其退休后工资和医疗卫生津贴照发。

10.5.4　个人防护用具的配备与应用

（1）放射性实验室应根据实际需要为工作人员提供适用、足够和符合有关标准的个人防护用具（见图 10-9），如各类防护服、防护围裙、防护手套及防护面罩等，并应使工作人员了解其所使用的防护用具的性能和使用方法。

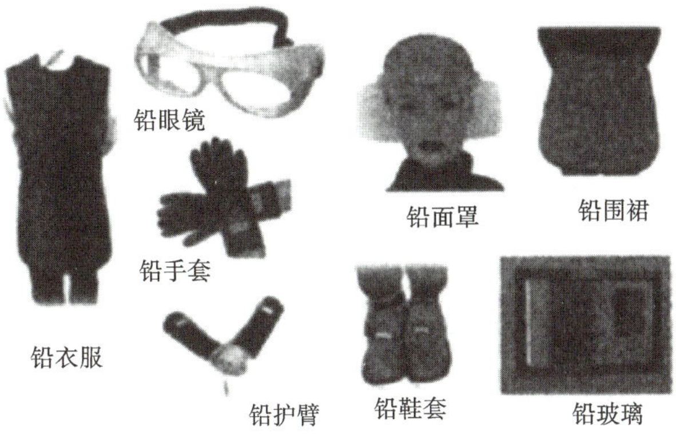

图 10-9　个人辐射防护用品

（2）应对工作人员进行正确使用呼吸防护器具的指导，并检查其佩戴是否合适。

（3）对于任何给定的工作任务，如果需要使用防护用具，则应考虑由于防护用具使用带来的工作不便或工作时间延长所导致的照射增加，并应考虑使用防护用具可能伴有的非辐射危害。

（4）个人防护用具应有适当的备份，以备在干预事件中使用。所有个人防护用具均应妥善保管，并应对其性能进行定期检验。

（5）放射性实验室应通过利用适当的防护手段与安全措施（包括良好的工程控制装置和满意的工作条件），尽量减少正常运行期间对个人防护用具的依赖。

10.6　辐射安全事故的分类及管理

辐射安全事故主要指除核设施事故以外，放射性物质丢失、被盗、失控，或者放射性物质造成人员受到意外的异常照射或环境放射性污染事件。

10.6.1　辐射事故的分类和分级

1. 辐射事故的分类

辐射事故的类型，按其性质分为五类：超剂量照射事故、表面污染事故、丢失放射性物质事故、超临界事故和放射性物质泄漏事故；按其影响范围分为：发生在辐射工作单位管辖区（归辐射工作单位直接管辖的除生活区外的区域）内部的事故和管辖区外部的事故。

2. 辐射事故的分级

《放射性同位素与射线装置安全和防护条例》（国务院令第 449 号）规定，根据辐射事故的性质、严重程度、可控性和影响范围等因素，从重到轻将辐射事故分为特别重大辐射事故、重大辐射事故、较大辐射事故和一般辐射事故四个等级。

（1）特别重大辐射事故，是指Ⅰ类、Ⅱ类放射源丢失、被盗、失控造成大范围严重辐射污染后果，或者放射性同位素和射线装置失控导致 3 人以上（含 3 人）急性死亡。

（2）重大辐射事故，是指Ⅰ类、Ⅱ类放射源丢失、被盗、失控，或者放射性同位素和射线装置失控导致 2 人以下（含 2 人）急性死亡或者 10 人以上（含 10 人）急性重度放射病、局部器官残疾。

（3）较大辐射事故，是指Ⅲ类放射源丢失、被盗、失控，或者放射性同位素和射线装置失控导致 9 人以下（含 9 人）急性重度放射病、局部器官残疾。

（4）一般辐射事故，是指Ⅳ类、Ⅴ类放射源丢失、被盗、失控，或者放射性同位素和射线装置失控导致人员受到超过年剂量限值的照射。

10.6.2　辐射事故管理

1. 事故的预防

辐射工作单位必须贯彻预防为主的方针，加强辐射防护知识和技能的教育与训练，严格事故管理，制定有效的事故处理方案，及时采取有效措施，切实消除不安全因素，防止各类事故的发生和扩大。

2. 应急预案的制定

可能发生事故的单位，必须制定事故应急计划，确保在一旦出现此类事故时可立即采取相应行动。应急计划应报监督部门审批，主管部门备案。平时要组织适当的训练和演习。

3. 事故的报告

辐射工作单位不论发生何种辐射事故，均应及时按要求填报事故报告表。一个事故可作多种分类和分级时，按其中最高的一级上报和处理。重大事故应在事故发生后 24 h 内上报主管部门和监督部门。各单位的领导要对事故报告的及时性、全面性和真实性负责。对于隐瞒不报、虚报、漏报和无故拖延报告的，要追究责任。

4. 事故档案的建立

辐射工作单位应建立全面、系统和完整的事故档案，认真总结经验教训，防止同类事故再次发生。

10.7 思考题

(1) 电离辐射对人体健康的危害有哪些?

(2) 电离辐射的防护方法有哪些?

(3) 辐射事故需从哪些方面进行管理?

第 11 章　高校实验室信息安全

高校实验室在运行过程中涉及大量信息的采集、存储、传输、处理和应用，包括实验室技术参数、观测数据、实验分析结果乃至新的科学发现。实验室信息资源和实验成果是实验室可持续发展的重要物质基础。我们在专注于使用实验手段解决科学或技术问题的同时，不能忽略对实验成果的合理保护。这不仅仅是对最终实验成果实施专利保护，更重要的是对实验过程中的重要数据、阶段性成果等实验信息加强安全保密措施。本章内容主要介绍了实验室信息安全基本需求、管理目标及软件管理的一般方法等。

11.1　实验室信息安全基本需求

从实验室管理人员的角度来看，他们希望实验室信息管理平台能提供正常的服务、网络信息安全传输、教师和学生信息不被非授权访问、系统存储的信息不被篡改、教师和学生登录身份认证真实有效等。具体来说，实验室信息安全包含如下六个基本安全需求。

1. 保密性

保密性是指网络中的信息不被非授权实体（包括用户和进程等）获取与使用。人们在应用网络时很自然地要求网络能提供保密性服务，既包括在网络中传输的信息，也包括存储在计算机系统中的信息。

2. 完整性

完整性是指数据未经授权不能进行改变的特性，即信息在存储或传输过程中保持不被修改，不被破坏和丢失的特性。影响数据完整性的主要因素是人为的蓄意破坏，也包括设备的故障和自然灾害等造成的破坏。

3. 可用性

可用性是指对信息或资源的期望使用能力，即可授权实体或用户访问并按要求使用信息的特性。

4. 可控性

可控性是人们对信息的传播路径、范围及其内容所具有的控制能力，即不容许不良内容通过公共网络进行传输，使信息在合法用户的有效掌控之中。

5. 不可否认性

不可否认性也称不可抵赖性，在信息交换过程中，确信参与方的真实同一性，即所有参与者都不能否认和抵赖曾经完成的操作和承诺。

6. 真实性

真实性是指信息的来源是真实可靠的，信息本身是真实的、有效的，不是假冒的、捏造的。

11.2　实验室信息安全管理目标

实验室信息系统的基本作用是完成实验室管理信息和实验数据信息的有效发布、及时更新和实时维护。如果实验室管理者一开始就设定了明确的实验室信息安全目标，那么只需从制度上、机构上和运行中加强管理，就能使实验室信息达到合适的安全级别。

实验室信息安全管理的主要目标是确保实验室信息系统能安全可靠地运行，主要包括以下内容。

1. 管理人员个人信息安全

管理层必须向实验室管理人员普及关于信息安全和信息安全威胁的知识，增强他们的信息安全意识，降低有意和无意的人为操作风险，确保所有管理人员理解信息安全责任；确保所有员工(包括临时员工)都签订保密协议；建立必要的纪律程序，对有意或无意违反企业信息安全策略的人员进行处罚。

2. 信息系统设施安全

信息安全部门应尽量选择外界风险较小的合适地点安装关键信息设备；主要电脑设备应具备物理保护，必要时可配置防盗锁、设置密码或其他安全措施；应列出最重要的设备，防止设备断电；线路布置应符合当地健康和安全规定，并保证不危害员工安全，便于检查和维护；编制设备维护流程，维护服务合同(支持合同)；授权维护人员接触信息设备；建立流程控制信息和清除数据(比如硬盘数据)，确保废旧设备报废时数据和软件完全被清除。

3. 访问控制安全

对访问控制管理可以防止非授权访问信息系统，一定程度上保证实验室信息的机密性、完整性和可用性。管理人员要确保完善可行的信息安全措施和程序必须包含以下元素：角色和责任(谁去做什么)、授权(谁授权谁去做什么)、访问控制(访问控制权限文件)。

4. 实验室信息安全保障体系

信息安全既是一个理论问题，又是一个工程实践问题。由于计算机网络的开放性、复杂性和多样性，使得网络系统需要一个完整的、严谨的体系结构来保证。网络信息系统安全问题的解决借助于技术手段固然重要，但管理和法律手段也不可忽视。“三分技术，七分管理”，管理是网络信息系统安全的灵魂。实验室信息安全保障体系由组织机构、管理制度和技术方案组成。

组织机构是指必须建立与保障实验室信息安全相适应的组织机构，这个机构虽然不一定是实体，但至少应明确责任人，或成立一个实验室的信息安全委员会，组织领导实验室的信息安全管理工作。

管理制度是指必须制定实验室严格的信息安全管理制度，责任到人。

技术方案是指保障实验室信息安全技术措施的总和，包括物理安全、网络安全、信息安全、应用安全四个层次。

11.3　实验室信息设施的物理安全

物理安全是针对实验仪器设备、网络信息设施硬件等而言的，既包括实验仪器设备、计算机网络设备、设施、环境等存在的安全威胁，也包括在物理介质上数据存储和传输存在的安全问题。物理安全是指保护实验室的各类硬件资源免遭地震、水灾、火灾、有害气体、电磁污染和其他环境事故破坏的措施总和。物理安全是实验室安全的基本保障。它包括环境安全、设备安全和媒体安全三个方面。

1. 环境安全

环境安全是指对系统所在环境（如设备的运行环境需要适当的温度、湿度，尽量少的烟尘，不间断电源保障等）的安全保护。

信息系统硬件由电子设备、机电设备和光磁材料组成。这些设备的可靠性和安全性与环境条件有着密切的关系。如果环境条件不能满足设备对环境的使用要求，就会降低物理设备的可靠性和安全性，轻则造成数据或程序出错、破坏，重则加速元器件老化，缩短机器寿命，或发生故障使系统不能正常运行，甚至还会危害设备和人员的安全。因此，我们对实验室场地安全、机房安全有明确的要求。

（1）场地安全。要求场地尽量远离有害气源及存放腐蚀、易燃、易爆物品的地方；尽量远离强振动源和强噪声源；尽量避开强电磁场的干扰。

（2）机房安全。要求具有防火、防水、防静电、防雷击、防电磁波干扰的物理措施，以及具有火灾报警及消防设备、安全的供配电系统、空调系统等。

（3）实验室场地安全、机房安全可参照国家标准 GB 9361—88 规范执行。

2. 设备安全

广义的设备安全是指对各类信息设备的安全保护，包括物理设备的防盗，防止自然灾害或设备本身原因导致的毁坏，防止电磁信息辐射导致的信息的泄漏（屏蔽），防止线路截获导致信息的毁坏、泄露和篡改，抗电磁干扰和电源保护等措施。狭义的设备安全是指保护计算机系统或网络系统安全的各种技术。

1）信息设备防盗、防毁

（1）场地安全。放置设备的场地必须保证安全，不仅要防止盗窃，而且要防止故意破坏和媒体介质移动。

（2）机箱加锁。机箱加锁不仅可以防止内部部件被盗，也可以保护基于 BIOS 的安全服务。

（3）建立记录文档。必须详细登记所有的硬件和软件，包括序列号、购买期以及发票等，这些记录在找回被盗设备和证实损失时非常有用。

（4）访问控制和加密。即使计算机被盗，别人也难以访问系统中的数据。

2）信息设备安全保护技术

（1）访问控制技术。访问控制技术保护的对象为计算机系统及数据资源，任何用户在进入实验室后都必须得到实验室管理人员的许可并以合适的身份方可使用。一些重要的信息如登录口令、实验数据、实验成果等应加密保存，即使计算机被盗，盗窃者也难以盗窃系统中的数据。

（2）防复制技术。实验室还可以采用电子锁和机器签名等技术防止信息设备被外部人员进行非法复制及使用。

（3）防辐射技术。实验表明，普通计算机的显示器辐射的屏幕信息可以在几百米到一千多米的范围内用测试设备清楚地再现出来。实际上，计算机的 CPU 芯片、键盘、磁盘驱动器和打印机在运行中都会向外辐射信息。要防止硬件向外辐射信息，必须了解信息系统各个部件泄漏的原因和程度，然后采取相应的防护措施。对计算机与外部设备究竟采取哪些防泄漏措施，要根据计算机中信息的重要程度而定。常用的防泄漏措施有：整体屏蔽，距离防护，使用干扰器，利用铁氧体磁环。

(4) 防线路窃取技术。当系统的通信线路暴露在野外时，在线路上传输的信息有可能会被外界所侦听。用一种简单但很昂贵的新技术给电缆加压，可以获得通信的物理安全。这一技术是为美国电话的安全而开发的。将通信电缆密封在塑料中，深埋于地下，并在线的两端加压。线上连接带有报警器的显示器，用来测量压力。光纤通信线的复制器是光纤通信系统的安全薄弱环节，因为信号可能在这一环节被搭线窃听。有两个办法可以解决这个问题：距离大于最大长度限制的系统间，不要用光纤通信(目前，网络覆盖范围半径约 100 千米)，或者加强复制器的安全(如用加压电缆、警卫、报警系统等)。

3. 媒体安全

媒体安全是指对信息存储介质的安全管理，保证存储在介质中的信息的安全，包括存储介质的安全及存储在介质上的信息安全。媒体介质主要有硬盘、U 盘、光盘和软盘等。

计算机系统工作时主要依靠硬盘存储数据，虽然硬盘的可靠性在不断提高，但仍易出现损坏、老化等故障，有时不得不格式化硬盘。此外，用户可能会误操作或意外疏漏失误删除重要的文件或记录；有时也会蓄意删除数据；计算机病毒也会破坏文件。数据备份是实现媒体安全的主要技术。

1) 常见数据备份方法

(1) 镜像备份。对硬盘上的所有文件进行整体、完整的备份。这种备份是逐磁道读遍硬盘的整个表面，包括隐藏文件和系统文件。

(2) 逐文件备份。用户选择需要备份的目录或文件，然后由系统依次备份每个文件。

(3) 增量备份或差异备份。增量备份只对上次备份之后又改动的文件进行备份。差异备份是指只对上次备份之后又更改的文件和新添加的文件进行备份。

2) 数据备份的管理

数据备份必须定期进行。数据备份操作时间和间隔期取决于三个因素：一是系统中信息变化的频率；二是备份需要花费的工作量；三是文件的重要性。还应确定备份采用的方法，如进行每月一次全盘备份、每周一次数据文件备份、每天进行一次增量备份。

管理制度还应明确规定备份副本的保管责任和存放地点。原则上，备份副本应存放在不同的物理地点，当发生火灾或其他自然灾害时，就可以进行异地恢复，解决容灾难题。此外，也可以进行远程备份，即通过网络自动将数据备份到远程地点。

11.4 实验室软件安全

实验室常用的软件主要包括两个方面：一是基于 C/S 结构的客户机/服务器模式软件，二是基于 B/S 结构的 WEB 软件。这两种结构软件在安全方面均存在一定的缺陷，本节内容主要介绍 C/S、B/S 结构两种模式软件在开发及使用过程中可能出现的安全问题及防护措施。

1. SQL 注入

SQL 注入是软件开发和使用的过程中最危险的漏洞,入侵者找到漏洞后,可以直接使用命令对服务器及数据库进行修改。过滤字符串以及关键字都可以防止 SQL 注入,需要注意的是,Cookie 提交的参数也会导致注入漏洞。

2. 旁注

在保证自己程序没有问题的同时,必须保证服务器端其他的应用也不存在任何问题,至少应该设置好系统权限,即使服务器其他应用存在问题,也不会影响到自己的应用。

3. 上传功能

尽量不要使用上传功能,如果非要使用,则必须做到不能让用户自定义文件路径以及文件名,同时必须限制上传的文件类型,并做好限制规则。原则上,执行权限和写入权限是互斥的,即如果具有写入权限就不能存在执行权限,如果存在执行权限就不能存在写入权限。

4. 口令强度

在设置密码之类的功能上,应该添加强度要求,原则上应该是字母、数字、符号三种相结合的方式进行,并添加验证码等功能,以防止用户穷举。软件上线部署前应当清空默认用户名和密码。

5. 第三方插件

在使用第三方插件时,一定要保证插件安全,非官方下载和其他无关人员破解的第三方插件建议不要使用,建议使用开源插件,从而可以保证所有源代码均安全。

6. 目录安全

尽量使用非常规目录,这样即使用户得到相关用户名和密码,找不到相关应用的入口,也可以保证应用的相对安全。

7. 数据库安全

部分数据库存在默认的管理员用户名和密码,在应用发布后,必须修改所有默认密码。对于所有的应用,在部署后,必须保证数据库的最小访问范围。例如,数据库仅允许局域网访问或者仅允许应用服务器访问,其他访问自动拒绝。大部分数据库安装完成后,存在默认的访问端口,如 Oracle 的 1521 端口,Mysql 的 3306 端口,SqlServer 的 1433 端口等,建议修改其默认端口,从而更好地保证数据访问安全。

8. 代码安全

目前存在大量的反编译软件,入侵者可以下载程序后,对所有代码进行反编译,这样所有的代码将暴露无遗,建议在软件开发的过程中对核心代码(如 JS 代码、数据库连接代码等)进行不可逆加密处理。这样,即使别人得到源代码后,也不可能分析出核心代码。

当然,对于软件而言,所有的防护工作都是相对而言,在软件的安全方面不可能存在百分之百的安全,总之在开发过程中,不要相信用户提交的任何数据,规划好目录,做到权限最小化,关闭、删除不必要的东西,就会相对安全很多。

11.5 实验室网络安全

随着计算机网络的发展,实验室网络中的安全问题也日趋严重,特别是 Internet 出现,将实验室的资源完全暴露在网络中。当网络用户来自社会上的各个阶层和部门时,大量数据资源就需要相应地保护，由于计算机网络安全是另一门学科，所以在本节中仅作初步介绍。

1. 实验室网络存在的主要安全问题

1）系统漏洞

主要包括普遍存在的操作系统漏洞，如 Windows、Linux、Unix 系统漏洞等，它们对信息安全、系统使用、网络运行构成严重的威胁，除了操作系统存在的漏洞外，还存在浏览器漏洞、应用服务器漏洞等。

2）网络病毒危害

网络传播的病毒在传播速度、传播范围、破坏性等方面是单机病毒无法比拟的，特别是在实验室网络接入 Internet 以后，外部病毒为进入实验室网络打开了大门，病毒可以窃取用户数据、破坏系统资源等，用户下载的电子程序、文件、电子邮件等均可能存在病毒。

3）实验室外部系统入侵、攻击等恶意破坏行为

实验室中有的计算机已经被攻破，那么这些计算机将成为黑客攻击其他计算机甚至服务器的工具，主要表现在以下几个方面：对实验室的主页进行修改，从而破坏实验室形象；窃取用户服务器的大量数据，从而导致数据泄露；通过实验室对学校的其他网络进行攻击，从而导致校园网陷于瘫痪等。

4）实验室内部用户对网络资源的滥用

由于目前实验室内的网络计算机基本都依附于学校校园网络，且校园网络中存在大量的可用资源（软件、视频、音乐等），实验室内部人员通过 P2P 等技术下载资源，大量占用网络带宽，从而将影响实验室其他人员对网络的使用，甚至影响到校园网的性能。

2. 实验室网络问题安全性分析

（1）实验室中只考虑了对外服务器的安全性，对内服务器则是暴露在内部交换机上，随时可能受到来自内部用户的扫描、窥探和攻击；如果内部某一个计算机受到攻击后，可能进一步攻击内部服务器。

（2）实验室中的内部网络没有采取集中防病毒措施，如果病毒扩散，将会迅速蔓延到整个实验室网络，后果不堪设想。

（3）在目前只有一个教育网出口的情况下，所有的计算机都接到一个小的家庭式路由器上，从系统效率看，这样是不合适的，它很容易受到外部的统一入侵。

（4）如果实验室内的网络的结构复杂，服务器繁多，网络管理员没有合适的工具及时对整个网络的安全状况做出评估，无法防患于未然。

（5）大部分实验室存在对外服务的服务器，但是管理人员对于服务器的管理不是特别专业，又没有相应的防火墙，如果有些服务器打开了多余的服务，攻击者可以通过它们威胁服务器的安全。

（6）有些服务程序本身存在漏洞，这些漏洞可以通过升级服务程序或者对服务器进行设置进行弥补，如果使用者没有及时进行修复，很可能随时影响到实验室网络的安全。

3. 实验室网络安全的解决方案

（1）建立可行的网络安全，网络管理策略以及技术组织措施，与学校网络中心建立良好的沟通，若出现突发状况，建议由学校网络中心专业工程师协助解决。

（2）利用物理防火墙将内部网络、对外服务器网络和外网进行有效隔离，避免与外部网

络直接通信;建立主机网络和对外服务器的安全保护措施,保证系统安全;对网上服务请求内容进行控制,使非法访问在到达主机前被拒绝;利用防火墙加强合法用户的访问认证,同时在不影响用户正常访问的基础上将用户的访问权限控制在最低限度内;全面监督对公开服务器的访问,及时发现和阻止非法操作。

(3) 利用入侵检测系统监测对服务器的访问;对服务请求内容进行控制,使非法访问在到达主机前被阻断;检测系统的控制台,对探测器进行统一管理。

(4) 使用安全加固手段对现有服务器进行安全配置,保障服务器本身的安全性。

(5) 加强网络安全管理,提高校园网系统全体人员的网络安全意识和防范能力。

11.6 实验室数据库安全

数据库安全是指保护数据库,防止由于硬件的故障、软件的错误、操作的失误、不合法的使用而造成的数据泄露、更改和破坏。数据库安全一般采用多种安全机制与操作系统相结合的安全保护措施。

1. 数据库系统安全

数据库系统是具有数据库管理功能的计算机系统,主要由数据库、用户、软件和硬件四部分组成。其中,软件包括数据库管理系统软件、操作系统、数据库应用系统等;用户泛指数据库管理员、系统分析与设计人员、应用程序员和最终用户。

1) 数据库系统运行的安全

保证数据库系统运行的外部环境安全,使得数据库系统安全可靠正常地运行,不受计算机病毒入侵和黑客攻击。

2) 数据库系统存储的数据安全

数据库中可能保存有大量的秘密信息,因此,必须保证这些数据的安全。通常采用的控制手段有用户权限分配、口令登录、授权访问和加密存储等。

2. 数据库数据的完整性保护手段

数据库的完整性是指数据的正确性、有效性和相容性,防止不合语义的、不正确的数据进入数据库造成无效操作。数据的正确性是指数据的类型与取值要一致;数据的有效性是指数据应当属于定义的有效范围内;数据的相容性是指同一事实的两个数据应当一致。

1) 数据库完整性机制

按照数据完整性要求,设置数据库完整性条件,对输入数据库中数据的完整性检查,保证数据库中的数据符合规范。数据库完整性约束条件可以通过 DBMS 实现,也可以通过应用程序来实现。

2) 数据库并发控制机制

在多用户数据库系统中,会发生多个用户并发存取同一数据的情况。如果对这些并发事务不加控制,事务的隔离性就不一定能保持,从而破坏数据的完整性。为了保证数据库中数据的一致性,DBMS 必须对并发执行的事务之间的相互作用加以控制,并发控制机制也是衡量数据库管理系统性能的一个重要指标。

3) 数据库恢复技术

数据库可能会由于软硬件故障、停电、磁盘等存储介质损坏等原因而遭到破坏。故障恢复最基本的手段是建立数据库的后备副本、数据冗余。其具体方法有建立数据库镜像、数据转储和登记日志。

（1）建立数据库镜像。用户通过设置数据库管理系统软件的相关功能选项，建立数据库镜像。当出现介质故障时，系统自动切换到镜像磁盘运作并自动进行数据库的恢复。

（2）数据转储和登记日志。数据转储是指定用户定期地将整个数据库复制到另一个磁盘上保存起来的过程。数据转储可以选择静态转储或动态转储，也可以选择海量转储或增量转储。在两次转储间隔期，由系统自动登记日志来记录数据库的更新操作。

4）数据库系统审计

（1）记录和跟踪各种系统状态的变化，如提供对系统故意入侵行为的记录和对系统安全功能违反的记录。

（2）实现对各种安全事故的定位，如监控和捕捉各种安全事件。

（3）保存、维护和管理审计日志。

11.7　思　考　题

（1）实验室信息安全基本需求有哪些？

（2）实验室信息安全管理的主要目标包含哪些内容？

（3）实验室信息设施的物理安全包含哪几个方面？

第12章　高校实验室事故应急处理

前文讲述了如何在实验室进行防护和避免事故的发生，但是有时候事故是不可避免的。在事故发生时，我们需要积极地面对，掌握事故的应急处理办法以及受伤后的急救知识。如此，不仅可以将损失降到最低，而且在关键时刻往往能起大作用，尤其是急救知识，在一些急性中毒和休克事件中，很多由于急救不及时导致令人惋惜的结果，而急救往往是人人都可以掌握的，在救护车到来前我们都可以对伤者进行基本的应急处理，为伤者赢得最宝贵的时间。

12.1　实验室安全应急处理

实验室安全应急处理主要是为了对实验室各类突发事故和事件做出及时的响应和处理，有效地控制事态的发展，尽可能地减少灾害损失和伤害，将事故造成的灾害降到最低限度，不断提高处理实验室安全事故的能力和水平。陈安教授将应急处理定义为：在应对突发性事故的过程中，为降低事故的危害，达到优化决策的目的，基于对事故产生的原因、过程及结果进行分析，有效集成社会各方面的相关资源，对事故进行有效控制和处理的过程。

对应急处理内容的不同界定，形成的管理活动对象与内容范畴存在差别。目前，大多是沿用危机处理中的界定方法，学术界较为认同的有三种：三阶段模型、芬克的四阶段模型和米特罗夫的五阶段模型。

三阶段模型将危机管理分为危机前(Pre-crisis)、危机中(Crisis)、危机后(Postcrisis)三个阶段。

史蒂文·芬克用医学语言将危机的生命周期描述为四个阶段：第一阶段为征兆期，有线索表明潜在危机可能发生；第二阶段为发作期，具有伤害性的事件已经发生并引发危机；第三阶段为延续期，危机的影响持续，同时也是努力消除危机的过程；第四阶段为病愈期，危机事件已经完全解决。

米特罗夫提出五阶段模型，并指出了对应的工作内容：第一阶段为信号侦测，识别新的危机发生的警示信号并采取预防措施；第二阶段为探测与预防，组织成员搜寻已知的危机风险因素并尽力减少潜在危害；第三阶段为控制危害，即危机发生阶段，组织成员努力使其不影响组织运作的其他部分或外部环境；第四阶段为恢复，尽可能快地让组织运转正常；第五阶段为学习，组织成员回顾和审视所采取的危机管理措施，并整理使之成为今后的运作基础。

危机管理是以时间序列为视角，各个阶段紧密关联而形成一个管理的周期。其目的在于化解危机，消除或减少危机所带来的损失。借鉴危机管理理论，笔者将实验室安全的危机管理的过程划分为以下三阶段：危机预警及危机管理准备阶段、管理危机阶段和危机管理后阶段。

随着现代化的技术手段的不断发展，目前，视频监控、报警、无线传感、监测、信息联动等现代化手段已经逐步运用到安全管理中。随着视频监控系统的使用日渐增多，它成为了物理安全的重要组成部分。操作人员坐在多个录像机屏幕前，每个屏幕相应展示一台摄像机的视野，通过这些来检测特定区域内有无安全突发事件产生。随着时间的推移，越来越多的人认为，要想更好地保障一个集体的安全就需要安装更多的摄像头，而且视频信息必须具备多观察角度。此外，在功能上，视频监控系统不仅支持更好地观看录像，而且更支持对摄像机的数字化输出信息进行分析，以便实时了解和判断异常行为，同时，在没有任何人力投入的情况下能对所有异常活动进行检测和警报。视频监控系统检测到异常行为时还会自动发出警告，便于实验室安全的应急管理。

12.2　实验室安全的应急预案

应急处理预案是指在发生突发事件时，能够在短时间内配备人力、物资和资源，迅速采取措施，把突发事件的损失减少到最低限度的一种措施或体系。实验室的应急处理预案包括：针对火灾、爆炸、触电、机械损伤、化学中毒、辐射泄漏和化学品或生物泄漏等事故的指挥体系、应急程序和物资准备；意外事故发生时的继续操作、人员紧急撤离和对动物的处理；人员暴露和受伤的紧急医疗处理，如医疗监护、临床处理和流行病学调查等。

1. 应急预案编制的目的和功能

实验室安全的应急处理工作在学校统一领导下，根据危险管理三阶段模型设计编制全校性应急预案，使各部门分工负责，相互协作。各学院实行分级管理、分别制定和启动应急预案，做到面临突发危机时，快速响应，统筹安排，理性处理，科学决策。实验室安全应急预案的编制可实现以下功能。

(1) 提高处理突发技术安全与环境保护事件的能力。

(2) 预防和减少突发性灾害事件造成的损害。

(3) 保障师生员工的生命与财产安全。

(4) 保证正常的工作、生活秩序。

(5) 维护学校和社会稳定。

2. 应急处置原则

1) 以人为本，救生第一

凡有可能造成人员伤亡的突发实验室安全事故在发生前，要及时采取人员避险措施；突发实验室安全事故在发生后，优先开展抢救人员的应急处置行动，同时关注救援人员的自身安全防护。

2) 把握先机，迅速到位

在危机发生阶段，情况危急，时间就是生命，速度就是机会。主管部门在临危不乱的同时要快速响应，要求主管领导第一时间到达危险区指挥救灾工作，要求保卫人员第一时间控制危险区，防止事态扩大，安排受困人员第一时间撤离危险区，最大限度地减少伤亡。

3) 分级负责、系统联动

发生突发事件后，各相关部门负责人要立即深入第一线，掌握情况，开展工作，控制局面。在学校的统一领导下，坚持属地管理、分级负责，各相关单位应立即启动应急预案，同级各部门之间分工负责，相互协作，形成各级各部门系统联动、群防群控的处置格局。

4）平战结合，预防为主

各单位充分利用现有资源，建立相应的突发实验室安全事故应急组织指挥体系，做好人力、物力和技术准备；立足于防范，认真开展隐患排查调处工作；建立突发危险化学品事故的预警和风险防范体系，强化监控和监督管理，及时消除隐患；争取早发现、早报告、早控制、早解决，把危险化学品事故控制在小概率范围内。

3. 应急预案基本工作

1）危机前的应急装备、资金和物资准备

学校安全管理委员会根据工作需要，提出应急、救援装备和物资的专项财务计划并上报财务处，由相关部门负责配置到位，用于实验室安全事故的应急准备与处理。

2）危机初期事故报告程序

实验工作负责人是事故的责任报告人。实验工作所在学院（系）为责任报告单位。责任报告人发现异常情况时，应立即向所在单位负责人报告，并积极组织现场应急工作。

责任报告单位负责人在接到报告并初步判定事故情况后，立即上报给实验室安全主管部门，再由安全主管部门上报给校分管领导、保卫处和校医院。保卫处需立即安排人员封锁事故现场、了解情况，相关职能部门人员应立即赶赴现场。

报告内容包括：事故发生的时间、地点、已采取的控制措施、报告的部门和个人、联系方式等。突发事件的防控进展情况必须实时监控并报告，直至解除。

3）应急反应内容

（1）实验室具有的安全隐患的物品，如化学品、实验动物等被盗，丢失事故处理。发生化学剧毒品或实验动物丢失、被盗事故时，事故单位应保护现场，工作人员应立即报告本学院主管领导，同时报告保卫处与实验室安全主管部门。由保卫处立即通报校长办公室和各职责部门，并立即安排人员封锁事故现场、了解情况，相关部门人员应立即赶到现场。由保卫处和实验室安全主管部门分别向学校主管领导汇报，同时在事故发生 1 小时内上报当地公安（保卫处负责）、卫生行政等部门（校医院负责），并向教育厅、政府等上级部门报送信息，由校长办公室统一报送。学校有关单位要认真配合公安和卫生行政等部门的调查、侦破工作。

（2）危险化学品污染、爆炸、火灾、机械损伤事故处理。因意外因素引起危险化学品泄漏或因违反有关规定排放危险化学品污染物造成环境污染、爆炸、灾害事故的，应采取以下措施减少危害。

①事故单位应立即组织工作人员迅速撤离，封锁现场，切断一切可能扩大污染范围的环节。工作人员立即报告本单位主管领导，同时报告校保卫处。

②学校实验室安全事故应急处理临时指挥中心负责协调，快速调集突发危险化学品事故应急救援行动所需的技术力量、物资器材、装备设施，确保应急处置行动有序进行，并实行 24 h 值班，确保指挥通信畅通。

4）危机后阶段处理

（1）对可能受到损伤的人员，校医院负责立即采取暂时隔离和应急救援措施，并将受伤害的人员送指定医院进行检查和治疗。

（2）对于危险化学品引起的安全事故，则由事故单位组织专家迅速确定危险化学品事故污染范围和污染程度，以及可能造成的危害，确定消除或减轻危害的方案。属于重度污染的应由公安和环保部门组织专业人员进行处理。对于生物安全事故，则对事故点的生物样品迅速销毁，并对场所、废弃物、设施进行彻底反复消毒，组织专家查清原因，对周围一定范围内的动物和环境实施监控，直至解除封锁，对感染人群或疑似感染人群进行强制隔离观察。

5）调查总结

事故发生后由实验室所在学院组织有关人员对事故原因进行详细调查，做出书面总结，认真吸取教训，修改标准操作规程，对工作人员再次培训标准操作规程。事件处理结束，由所在学院及时向校保卫处、实验室与资产管理处和卫生防疫部门做结案报告，包括事件的基本情况、事件产生的原因、应急处置过程中各阶段采取的主要措施及其功效、处置过程中存在的问题及整改情况，并提出今后对类似事件的防范和处置建议。

6）责任与奖惩

对在应急处置工作中作出突出贡献的先进集体和个人给予表彰和奖励；对迟报、谎报、瞒报和漏报重要情况和在工作中有失职、渎职行为的，依法对有关责任人给予行政处分；构成犯罪的，依法追究刑事责任。

4. 应急预案流程

下面是高校的实验室安全应急预案的流程，如图 12-1 所示。不同的高校由于实验室安全主管和协管部门有一定的差异，此处仅供参考。

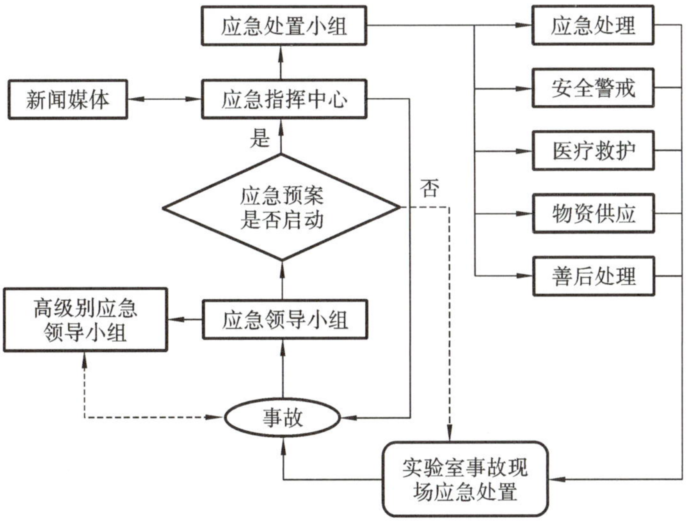

图 12-1　实验室安全应急预案流程图

5. 实验室应急个人防护装备

个人防护装备是指用于防止工作人员受到物理、化学和生物等有害因子伤害的器材和用品。

实验室个人防护装置选择原则：实验室工作人员应根据不同级别生物安全水平和工作性质，来选择个人防护装置并掌握正确的使用方法。

1）个人防护装置注意事项

（1）个人防护用品应符合国家规定的有关标准。

（2）在危害评估的基础上，按不同级别防护要求选择适当的个人防护装备。

（3）个人防护装备的选择、使用、维护应有明确的书面规定、程序和使用指导。

（4）使用前应仔细检查，不使用标志不清、破损或泄漏的防护用品。

2）个人防护装置

（1）眼睛防护。

安全眼镜和护目镜：在所有易发生潜在眼睛损伤的生物安全实验室中工作时，必须采取眼睛防护措施。

（2）头面部及呼吸道防护。

①口罩仅可以保护部分面部免受生物危害，如血液、体液、分泌液以及排泄物等喷溅物的污染。

②防护面罩。

③呼吸防护装备。

④防护帽。

在生物安全实验室中佩戴简易防护帽，可以保护工作人员避免化学和生物危害物质飞溅至头部（头发）而造成的污染。

（3）躯体防护。

①防护服（如实验服、隔离衣、连体衣、围裙以及正压防护服）。

②正压防护服（如在 BSL-4 实验室中穿着）。

（4）手、足防护。

①手部防护装备——手套。一次性手套必须先消毒后丢弃。

②足部防护装置。

（5）耳。

各种防护装置及相应位置具体如图 12-2 所示。

图 12-2　个人防护装置

12.3　实验室安全事故的现场急救方法

1. 触电事故的现场急救

学习电气安全的目的是要防止实验室触电事故的发生。若事故不可避免地发生了，现场急救是十分关键的。如果处理得及时、正确，并能迅速而持久地抢救，很多触电者虽心脏停止跳动、呼吸中断，但是仍可以获救。

实验室或其他地方若发生触电事故，应按照以下步骤和方法急救。

1）迅速解脱电源

发生触电事故，要立即切断电源，使伤员脱离继续受电流损害的状态，同时拨打 120 急救台呼救。切断电源时，应注意伤员身上因有电流通过，已成带电体，任何人不应触碰伤员，以免自己也成为带电体而遭电击。

解脱电源时，有以下两个问题需注意。

(1) 脱离电源后，人体的肌肉不再受到电流的刺激，会立即放松，病人会自行摔倒，造成新的外伤(如颅底骨折)。所以，脱离电源需有相应的措施配合，避免二次事故的发生。

(2) 解脱电源时要注重安全，决不可再误伤他人，将事故扩大。

抢救触电者时，应设法迅速切断电源，使其脱离电源后，应立即就近将其移至干燥与通风场所，切勿慌乱和围观。然后应判别情况，再根据不同情况对症救护，如图 12-3 所示。

2）对症救护

对于需要救治的触电者，大体可以分为以下三种情况。

(1) 对伤势不重、神志清醒，但有点心慌、四肢发麻、全身无力，或触电过程中曾一度昏迷，但已清醒的触电者，应让其安静休息，并严密观察。也可请医生前来诊治，必要时送往医院。

图 12-3　对症救护

(2) 对伤势较重、已失去知觉，但依然有心脏跳动和呼吸的触电者，应让其舒适、安静地平卧，不要围观，保持空气流通，同时解开其衣服包括领口与裤带，以利于其呼吸。应请医生立即前来诊治，及时送往医院。

(3) 对于伤势严重，呼吸或心跳停止，即处于所谓“假死状态”的触电者，则应立即施行人工呼吸和胸外心脏按压进行抢救，同时速请医生或速将其送往医院抢救。

3）现场救护的主要疗法

对触电者进行现场救护的主要疗法是心肺复苏法，包括口对口人工呼吸法与胸外按压法两种急救方法。这两种急救方法对于抢救触电者生命来说，既至关重要又相辅相成。所以，一般情况下，上述两种疗法要同时施行。

(1) 口对口人工呼吸法。人工呼吸是复苏伤员的一种重要的急救措施。人工呼吸的具体操作要有步骤地进行。

①伤员平卧，注意保暖，解开衣领，松开围巾和紧身衣服，放松裤带，以利呼吸时胸廓自然扩张。在伤员的肩背下方可垫软物，使伤员的头部充分后仰，呼吸道尽量畅通，减少气流的阻力，确保有效通气量。同时，清除口腔中的异物，以免阻塞呼吸道。

②抢救者站在伤员一侧，以近其头部的手紧捏伤员的鼻子(避免漏气)并将手掌外缘压住额部，另一只手托在伤员颈部，将颈部上抬，头部充分后仰，鼻孔呈朝天位置，并嘴巴张开。

③抢救者先吸一口气，然后嘴紧贴伤员的嘴大口吹气，同时观察其胸部是否膨胀隆起，以确定吹气是否有效和吹气是否适度。

④吹气停止后，抢救者头稍侧转，并立即放松捏鼻子的手，让气体从伤员的鼻孔排出。

此时，抢救者应注意伤员胸部复原情况，倾听呼气声，观察呼吸道是否梗阻。

按照上述步骤反复而有节律地进行人工呼吸，不可中断，每分钟吹气应在 12～16 次。

口对口人工呼吸就是采用人工机械的强制作用维持气体交换，以使其逐步地恢复正常呼吸。人工呼吸时，首先要保持触电者气道畅通，捏住其鼻翼，深深吸足气，与触电者口对口接合并贴近吹气，然后放松换气，如此反复进行。开始时可先快速连续地大口吹气 4 次，此后，施救速度约 10～17 次/min，对儿童为 20 次/min。

（2）胸外心脏按压法。胸外心脏按压法是指通过人工方法有节律地对心脏进行按压，来代替心脏的自然收缩，以达到维持血液循环的目的，进而恢复心脏的自然节律，挽救伤员的生命。胸外心脏按压法的具体步骤如下。

①使伤员就近卧于硬板或地上，注意保暖，解开衣领，使其头部后仰侧偏。

②抢救者站在伤员左侧或跪跨在病人的腰部。

③抢救者以一手掌置于伤员胸骨下 1/3 段，即中指对准其颈部凹陷的下缘，另一只手掌交叉重叠于该手背上，肘关节伸直，依靠体重和臂、肩部肌肉的力量，垂直用力，向脊柱方向冲击性地用力施压胸骨下段，使胸骨下段与其相连的肋骨下陷 3～4 cm，间接压迫心脏，使心脏内血液搏出。

④挤压后突然放松（注意掌根不能离开胸壁），依靠胸廓的弹性，使胸骨复位。此时，心脏舒张，大静脉的血液就回流到心脏。

在进行胸外心脏按压时要注意，首先，操作时定位要准确，用力要垂直适当，有节奏地反复进行。防止因用力过猛而造成继发性组织器官的损伤或肋骨内折。其次，挤压频率一般控制在每分钟 60～80 次，有时为了提高效果，可增加挤压频率，达到每分钟 100 次左右。然后，抢救时必须同时兼顾心跳和呼吸。最后，抢救工作一般需要很长时间，在没送医院之前，抢救工作不能停止，如图 12-4 所示。

图 12-4　心肺复苏急救图

上述两种抢救方法适用范围比较广，除用于电击伤外，对遭雷击、急性中毒、烧伤等因素所引起的抑制或呼吸停止的伤员都可采用，有时两种方法可交替进行。当胸外按压法与口对口人工呼吸法同时进行时，其节奏为单人抢救时，每按压 15 次，吹气两次，并反复进行；双人抢救时，每按压 5 次，由另一人吹气 1 次，可轮流反复进行。按压救护是否有效的标志是在施行按压急救过程中再次测试伤者的颈动脉，看其有无搏动。

2. 火灾事故处理方法

1）使用灭火器进行灭火

灭火器是火灾扑救中常用的灭火工具。在火灾初起之时，由于范围小、火势弱，是扑救火灾的最有利时机，正确及时使用灭火器，可以挽回巨大的损失。其具体使用方法见本书第 4.3 节的相关内容。

2）火灾事故的逃生方法

通常，建筑火灾在起火部位（房间）发生后，先行突破门窗，然后烟火的主要走向是沿走廊蔓延，遇楼梯、电梯、垃圾道等竖向管井时，形成“烟囱效应”，被迅速向上抽拔，蔓延至楼上各层。另一条走向是，通过窗口和孔洞，由建筑外部向上蔓延，其中由于热力作用，高温烟气通常浮在建筑空间上部。火灾中生成的高温有毒烟气，会在瞬间猛烈升腾，布满火场空间。火灾中死亡人数大约 80%是由于吸入毒性气体而致死的。因此，抓住生机、迅速逃离火场至关重要。

火场逃生自救可供选择的逃生方式有如下几种。

(1) 逃离火场。一旦在火场上发现或者意识到自己可能被火围困，要争分夺秒设法脱险，应做到以下几点。

①沉着冷静，找对撤离方向。突遇火灾，面对浓烟和烈火，首先要强令自己保持镇静，迅速判断危险地点和安全地点，决定逃生的办法，千万不要盲目地跟从人流和相互拥挤、乱冲乱窜。撤离时要尽量往楼层下面跑，若通道已被烟火封阻，则应背向烟火方向离开，通过阳台、气窗等往室外逃生。由于烟气比空气轻而飘在空气上部，贴近地面撤离是避免烟气吸入的最佳方法，因此可采取蒙鼻匍匐前进，但要注意准确辨认方向并加快速度。

② 必要的防护措施。要迅速做些必要的防护准备（如穿上防护服或质地较厚的衣物，用水将身上浇湿，用湿毛巾或口罩捂住口、鼻以防烟雾等），尽快离开危险区域。

(2) 结绳自救。可将窗帘、被罩撕成粗条，结成长绳，一端紧固在暖气管道或其他足以载负体重的物体上，另一端沿窗口下垂至地面或较低楼层的窗台、阳台处，顺绳下滑逃生，注意将绳索结扎牢固，以防负重后松脱或断裂。

(3) 安全跳楼。若逃生线路被火封锁，必须跳楼逃生，应想方设法缩小与地面的落差，并先行抛掷些柔软物品，如棉被、床垫等，以起缓冲作用。然后用手抓住窗台或阳台，身体下垂，自然落下，以减小与地面的距离冲击。如有可能，楼下救援者应积极施救，布置充气垫等物体兜接，最大限度地减少伤亡。

3. 气体爆炸及泄漏事故处理方法

1）气体爆炸事故处理方法

(1) 立即组织幸存者自救互救，并向 120、110、119 报警台呼救。

爆炸事故要求刑事侦查、医疗急救、消防等部门的协同救援。在这些人员到来之前保护现场，维持秩序，初步急救。

(2) 按意外灾害事故伤害的步骤处理如下。

①检查伤员受伤情况，先救命、后治伤。

②迅速设法清除伤员气管内的尘土、砂石，防止发生窒息。神志不清者将其头侧卧，保证呼吸道通畅。

呼吸停止时，立即进行口对口人工呼吸和心脏按压。

已发生心脏和肺的损伤时，应慎重使用心脏按压法。

③就地取材，进行止血、包扎、固定，搬运伤员时注意保持脊柱损伤病人的水平位置，以防止移位而发生截瘫。

2）气体泄漏事故处理方法

（1）化学品泄漏处理程序和要求。一旦发生泄漏，应按照应急程序来处理。关键是要快且有效，要立即判断化学品泄漏的轻重程度。

泄漏控制是个专业的工作，除非很小的泄漏事故（通常指小于 1 L 的挥发物和可燃溶剂、腐蚀性液体、酸或碱，小于 100 mL 的 OSHA 管制的高毒性化学物质）。应了解所泄漏化学品的危险性且有适当的个人防护设备（防护衣、防护手套），才可以实施控制和清理。

比较大的泄漏事故，或者不了解化学物质的毒性或正确的清理程序，必须报告公共安全或消防部门，交给受过专业培训和穿戴专业装备的专业人士来处理。其他人员必须撤离到安全区域，警告和通知别人撤离非安全区域。

只要满足下面一个或多个条件，就可视为大的泄漏。

①需要医学观察的受伤。

②起火或有起火的危险。

③超出涉及人员的清理能力之外。

④没有后备人员来支持清理。

⑤没有需要的专业防护设备。

⑥不知道泄漏是什么物质。

⑦泄漏可能导致伤亡。

⑧泄漏的物质进入周围环境（如土壤、下水道和雨水口）。

（2）化学品泄漏事故应急处理。化学品泄漏事故的应急处理过程一般包括报警（拨打 119）、紧急疏散、现场急救、泄漏的处理和控制（包括火灾控制）等方面。

实验室人员无论何时发现化学品泄漏，都要向上级部门汇报；当发生突发性危险化学品泄漏而造成严重的受伤、着火或爆炸，首先拨打 119。

4. 化学中毒的现场急救

有毒化学品在使用、储存等过程中发生的急性中毒，多因现场意外事故引起，如设备损坏或泄漏致使大量毒物外溢等。急性中毒的特点是病情发生、症状严重、变化迅速，现场抢救人员若能及时、正确地采取有效措施，对于挽救中毒患者的生命，减轻中毒程度，防止并发症的产生，减少经济损失及社会影响都具十分重要的意义。急性中毒的抢救措施如下。

1）现场救护一般方法

（1）首先将病人转移到安全地带，解开领扣，使呼吸通畅，让病人呼吸新鲜空气；脱去污染衣服，并彻底清洗污染的皮肤和毛发，注意保暖。

（2）呼吸困难或呼吸停止时，应立即进行人工呼吸，条件允许时应给伤员吸氧和注射兴奋呼吸中枢的药物。

（3）心脏骤停者应立即进行胸外按压法。现场抢救成功的心肺复苏患者或重症患者，如发生昏迷、惊厥、休克等，应立即送医院治疗。

2）不同类别中毒的救援

（1）吸入刺激性气体中毒的救援。应立即将中毒者转移离开中毒现场，并让其使用2%～5%的碳酸氢钠溶液进行雾化和吸氧。应预防感染，警惕肺水肿的发生；若中毒者气管痉挛应酌情让其吸入解痉药物雾化；当喉头痉挛及水肿时，重症者应及早进行气管切开术。

（2）口服毒物中毒的救援。须立即让中毒者引吐、洗胃及导泻，如患者清醒且能合作，宜饮大量清水引吐，亦可用药物引吐。对引吐效果不好或昏迷者，应立即送医院用胃管洗胃。

催吐禁忌证包括：昏迷状态；中毒引起的抽搐、惊厥未控制之前；吃到腐蚀性毒物，催吐有引起食管及胃穿孔的可能；食管静脉曲张、主动脉瘤、溃疡病出血等。注意：孕妇慎用。

（3）眼与皮肤化学性灼伤的现场救护。

①强酸灼伤的急救。硫酸、盐酸、硝酸都具有强烈的刺激性和腐蚀作用。硫酸灼伤的皮肤一般呈黑色，硝酸灼伤的皮肤呈灰黄色，盐酸灼伤的皮肤呈黄绿色。被酸灼伤后应立即用大量流动清水冲洗，冲洗时间一般不少于15 min。彻底冲洗后，可用2%～5%碳酸氢钠溶液、淡石灰水、肥皂水等进行中和，切忌未经大量流水彻底冲洗，就用碱性药物在皮肤上直接中和，这会加重皮肤的损伤。经以上方法处理完毕后，创面治疗按灼伤医治。

强酸溅入眼内时，在现场立即就近用大量清水或生理盐水彻底冲洗。冲洗时应将头置于水龙头下，使冲洗后的水自伤眼的一侧流下，这样既避免水直冲眼球，又不会使带酸的冲洗液进入好眼。冲洗时应拉开上下眼睑，使酸不会留存眼内和下穹隆形成留酸或死腔。若无冲洗设备，可将眼浸入盛清水的盆内，拉开下眼睑，摆动头部，洗掉酸液，切忌惊慌或因疼痛而紧闭眼睛，冲洗时间应不少于15 min。经上述处理后，立即送医院眼科进行治疗。

②碱灼伤的急救。若皮肤遭到碱灼伤，应立即在现场用大量清水冲洗至皂样物质消失为止，然后可用1%～2%醋酸或3%硼酸溶液进一步冲洗。对Ⅱ、Ⅲ度灼伤可用2%醋酸湿敷后，再按一般灼伤进行创面处理和治疗。

眼部碱灼伤的冲洗与强酸溅入眼的冲洗方法一致。彻底冲洗后，可用2%～3%硼酸液作进一步冲洗。

③氢氟酸灼伤的急救。氢氟酸对皮肤有强烈的腐蚀性，渗透作用强，并对组织蛋白有脱水及溶解作用。若皮肤及衣物被腐蚀，应立即脱去被污染衣物，用大量流动清水彻底冲洗皮肤后，继用肥皂水或3%～5%碳酸氢钠溶液冲洗，再用葡萄糖酸钙软膏涂敷按摩，然后再涂以浓度为33%氧化镁甘油糊剂、维生素AD软膏或可的松软膏等。

④酚灼伤的急救。若皮肤发生酚灼伤，应立即脱去被污染的衣物，用10%酒精反复擦拭，再用大量清水冲洗，直至无酚味为止；最后用饱和硫酸钠湿敷。若灼伤面积大，而酚在皮肤表面滞留时间长者，应注意是否存在吸入中毒，积极前往医院就诊。

⑤黄磷灼伤的急救。皮肤被黄磷灼伤时，应及时脱去污染的衣物，并立即用清水（由五氧化二磷、五硫化磷、五氯化磷引起的灼伤禁用水洗）或5%硫酸铜溶液、或3%过氧化氢溶液冲洗，再用5%碳酸氢钠溶液冲洗，中和所形成的磷酸；然后用1∶5000高锰酸钾溶液湿敷，或用2%硫酸铜溶液湿敷，使皮肤上残存的黄磷颗粒形成磷化铜。灼伤创面禁用含油敷料。

5. 突发特种设备重大安全事件应急处置

1）锅炉、压力容器、压力管道发生爆炸事件

(1) 为防止事件扩大，应将锅炉剩余燃烧用水熄灭，压力容器、压力管道所有阀门应迅速关闭或采取堵漏。

(2) 对可燃气体和油类应用砂石或二氧化碳、干粉等灭火器进行灭火，同时设置隔离带以防事件蔓延。

(3) 对受伤人员立即实行现场救护，伤势严重的立即送往医院。

2）压力容器、压力管道发生泄漏事件

(1) 现场抢险人员须佩戴头盔、过滤式防毒面具或口罩、氧气呼吸器等进行呼吸防护。

(2) 进入现场关闭所有通气阀门或采取堵漏，将救出人员抬至通风处现场救护，中毒严重的立即送往医院。

12.4　实验室突发环境污染事件应急处置

突发环境污染事件指的是因人为或不可抗力造成的废气、废水、废固电磁辐射等环境污染、破坏事件；因自然灾害造成的危及人体健康的环境污染事件；影响饮用水源地水质的严重污染事件等。

1. 突发环境污染事故严重程度分级

(1) 满足下列情形之一者，为特大突发环境污染事件。

①造成的直接经济损失在100万元以上的。

②有人员中毒死亡的。

③事件危害引起大面积污染，并有迅速扩大或发展的趋势。

(2) 满足下列情形之一者，为重大突发环境污染事件。

①造成直接经济损失在50万元以上、100万元以下。

②有人员出现明显中毒症状的。

③事件危害影响到周围地区、经自救或一般救援不能迅速予以控制，并有进一步扩大或发展的趋势。

(3) 满足下列情形之一者，为较大突发环境污染事件。

①造成直接经济损失在1万元以上、50万元以下的。

②有人员出现中毒症状的。

③事件危害在一定范围内，经自救或组织救援能予以控制，并无进一步扩大或发展的趋势。

(4) 一般突发环境污染事件。污染或破坏行为造成直接经济损失在千元以上、万元以下的环境污染事件。

2. 环境污染事故应急要点

(1) 在排除现场没有爆炸气体及使用手机或电话没有危险的情况下，立即拨打12369(环保投诉电话)、119、110或当地环保部门电话，说明事发详细地点、区域、污染现象，以及联系人电话。

(2) 要视污染事故现场情况，及时并稳妥安置污染事故影响地区的老、弱、病、残和中毒

人员。

（3）污染事故发生后，无关人员不要在现场围观，不要惊慌失措，不要传播谣言。

（4）发现有毒气体时，居民尽量向上风向转移，发现中毒者应立即移至空气新鲜处，及时向当地医疗急救中心和有关部门报告。

（5）发现有毒化学品时，及时将中毒者转移至安全地带或送医院抢救。当苯、甲苯等液体类有毒化学品大量泄漏时严禁使用自来水冲洗，应使用沙土，泥块或适合的吸附剂予以吸附，防止污染蔓延。

（6）发现腐蚀性污染物时，应采用中和的办法，如盐酸、硫酸可用石灰进行中和处理。同时，处置人员需穿戴防护用品。一般碱性腐蚀污染物用乙酸进行处理。

3. 突发性污染事件应急处置程序

1）迅速报告

接到突发环境事件报警后，相关工作人员必须在第一时间向学校主管部门报告，学校主管部门必须第一时间向市环保局应急指挥部报告。应急指挥部再向市政府报告。同时，立即启动应急指挥系统，检查装运所需仪器装备，了解事发地地形地貌、气象条件、地表及地下水文条件、重要保护目标及其分布等情况。

2）快速行动

接到指令后，应急现场指挥组率应急处置小组和应急监测小组携带环境应急专用设备，在1小时内赶赴事发现场，在统一领导下开展应急工作。

3）现场控制

应急监测小组到达现场后，应迅速布点监测，在第一时间确定污染物种类，出具监测数据；应急处置小组配合公安、消防等单位控制现场，同时划定紧急隔离区域，设置警告标志，制定处置措施，切断污染源，防止污染物扩散。

4）现场调查

应急处置小组应迅速展开现场调查、取证工作，查明事件原因，初步分析影响程度等，并负责与当地安监、消防等单位协调，共同开展现场勘验工作。

5）现场报告

各应急小组将现场调查情况，应急监测数据和现场处置情况，及时报告应急现场指挥组。应急现场指挥组按6小时初报，24小时续报的要求，负责向应急指挥部报告突发事件现场处置动态情况。

应急指挥部根据事件影响范围、程度，决定是否增调有关专业技术人员、工作人员、设备、物资前往现场增援。

6）污染处置

各应急小组根据现场调查和查阅有关资料并参考专家意见，向应急现场指挥组提出污染处置方案和救援方案。

对造成大气环境污染的，应现场调查或勘测事故发生地有关空气动力学数据（如气温、气压、风向、风力、大气稳定度等）。

对造成水污染事故的，应急监测小组须测量流速，估算污染物转移，扩散速率，迅速对事故周围环境（如居民住宅、农田保护区、水流域、地形）和人员反应作初步调查。

7）污染警戒区域划定和信息发布

应急处置小组根据污染监测数据和现场调查，向应急现场指挥组提出污染警戒区域（划定禁止取水区域或居住区域）的建议，应急现场指挥组向应急指挥部报告后发布警报决定。

8）污染事件跟踪

应急小组要对污染状况进行跟踪调查，根据监测数据和其他有关数据编制分析图表，预测污染迁移强度、速度和影响范围，及时调整对策。每 24 小时向应急现场指挥组报告一次污染事件处理动态和下一步对策（续报），直至突发事件消失。

9）污染警报解除

污染警报解除由应急现场指挥组根据监测数据报应急指挥部同意后方可发布。

12.5 思 考 题

（1）应急预案的功能有哪些？

（2）应急预案的处置原则是什么？

（3）逃离火场的注意事项是什么？

（4）胸外心脏按压法的具体步骤是什么？

第 13 章　高校实验室废弃物的处理

高校实验室废弃物是指实验过程中产生的“三废”(废气、废液、固体废物)物质、实验用剧毒物品、麻醉品、化学药品残留物、放射性废弃物、实验动物尸体及器官、病原微生物标本，以及对环境有污染的废弃物。与工业“三废”相比，实验室废弃物虽然总体数量较少，但其种类多、成分复杂、具有多重危险性，如易燃、易爆、腐蚀性、有毒有害等。实验室废弃物由于不便集中处理，因此其处理成本高、风险大。

13.1　实验室废弃物的分类

实验室废弃物有多种分类方法：如按照废弃物的化学性质分类可以分为有机废弃物和无机废弃物。其中，实验室有机废弃物是指在实验活动中产生的丧失原有利用价值或者虽未丧失利用价值但被抛弃或者放弃的固态、液态或者气态的有机类物质，包含有挥发性有机物(如苯、甲苯、甲醇、乙醇、丙酮、乙醚等)、卤代族(如氯仿、二氯甲烷、二氯乙烯、氯苯等)、多环芳烃(如萘、蒽、菲、芘等)、有机金属化合物(如甲基汞、四乙基铅、三丁锡等)等；无机废弃物有重金属(如 Cu、Pb、Ni、Hg、Cd、Sn 等)以及无机化合物(如 HCl、H_2SO_4、NaOH、CS_2、HCN、KCN、CO、I_2 等)等。

按废弃物的危害程度来分可以分为一般废弃物和有害废弃物。一般废弃物是指比较常见的、对环境和人体相对安全的废弃物，如仪器的包装纸盒、废纸、废塑料、玻璃瓶、废铁等。一般废弃物经过回收处理后大多可以成为再生产品。有害废弃物即危险废弃物，是指具有腐蚀性、毒性、易燃易爆性、反应性或者感染性等一种或者几种危险特性的废弃物。我国生态环境部公布了《国家危险废物名录》，共列举了 498 种危险废物，这些废弃物的收集、贮存及处理需要根据相关法律法规及标准进行。

实验室废弃物还可以分为化学性废弃物、生物性废弃物和放射性废弃物。化学性废弃物是指实验室中使用或产生的废弃化学试剂、药品、样品、分析残液及盛装危险化学品的容器、被危险化学品污染的包装物和其他列入国家危险废物名录或者根据国家规定的危险废物鉴别标准和鉴别方法认定的具有危险特性的废弃物。生物性废弃物主要是开展生物性实验的实验室产生的，包括实验过程中使用过或培养产生的动植物的组织或器官、动物尸体、组织液及代谢物、微生物(如细菌、真菌和病毒等)、培养基等，还包括被微生物污染的实验耗材、实验垃圾等，这些实验废弃物若未经严格灭菌处理而直接排出，会造成严重的生物性污染后果。放射性废弃物是指含有放射性核素或被放射性核素污染，其浓度或比活度大于规定的清洁解控水平，并且预计不再利用的物质，在一些生物实验室、医学实验室及矿物冶炼方面的实验室会产生放射性废弃物。

按照废弃物状态可分为固体废弃物、废液及废气。实验室的固体废物是实验活动中产生的固态或半固态废弃物质，实验室所产生的固体废物包括残留的固体试剂、多余固体试剂、沉淀絮凝反应所产生的沉淀残渣、消耗和破损的实验用品(如玻璃器皿、包装材料等)、残留的或失效的固体化学试剂以及生活垃圾等。废液主要有酸碱性废水、挥发性有机溶剂、低挥发性有机溶剂、含卤素有机溶剂、含重金属废液、含盐废液等。废气有易挥发的有机蒸气、悬浮颗粒、有毒有害气体(如 CO、SO_2、Cl_2、NO_x 等)。

13.2　实验室废弃物的危害

13.2.1　对人体的危害

实验室人员暴露在有害的实验室废弃物中,会对人体产生毒害作用,主要有中毒、腐蚀、过敏、缺氧、昏迷、麻醉、致癌、致畸、致突变等。

在实验室环境中,有毒害作用的废弃物可通过直接接触以及空气、食物、饮水等方式对人体造成伤害。若操作不当或防护不当,在处理废弃物的过程中皮肤直接碰触到有毒有害的废弃物,可导致皮肤脱落,引起皮肤干燥、粗糙、疼痛、皮炎等症状,有的化学物品、致病菌、病毒可能通过皮肤进入血管或脂肪组织,侵害人体健康;实验室废弃物中的有机物(如苯、甲苯等)会挥发到空气中,长时间吸入可引起头痛、头昏、乏力、视力减退等症状,长期在这种环境中会造成免疫力下降,增加患癌症的风险;在一些管理不严格的实验室,实验人员将饮用水、食物等带到实验室,飘浮在空气中的有害物质会附着在食品上,同时残留在手上的试剂等有害物质也会通过饮食进入体内,危害人体健康;另外,排放到环境中的废弃物会将有害物质释放到空气、水以及土壤中,然后经过植物、动物的富集,最终通过饮食将有害物质富集到人体中,如日本水俣病事件就是将含有重金属汞的废液排放到水体后转化为甲基汞,鱼虾生活在被污染的水体中渐渐被甲基汞所污染,而居民长期食用这些鱼虾以后,最终汞在体内富集,对人体造成严重伤害。

13.2.2　对环境的危害

实验室产生的废弃物不仅会直接污染环境,而且有些化学废弃物在环境中经化学或生物转化形成二次污染,危害更大。固体废物对环境污染的危害具有长期潜在性,其危害可能在数十年后才能表现出来,而且一旦造成污染危害,由于其具有的反应呆滞性和不可稀释性,一般难以清除。一些实验室的酸碱废液及有机废液不经处理便经下水道排放,日积月累的任意排放必定会成为污染源,如富含氮、磷量废水会使水体富营养化,水中藻类和微生物大量繁殖生长,消耗大量溶解在水中的氧气,造成水体缺氧,导致鱼类无法生存,破坏水中的生态系统。而且大量藻类死亡后会发生腐烂,释放出甲烷、硫化氢、氨等难闻气味,造成严重的环境污染。高校及科研单位的实验室一般都在城市人口密集区,其众多的实验室同时长期地通过通风橱向外排放实验中产生的有毒有害气体,会对附近的空气质量造成影响。

13.3　废弃物贮存一般注意事项

实验室每次产生的废弃物量较少,且废弃物种类不同、性质各异,一般是分类收集废弃物到一定量后再集中处理,或是交由具备相应处置资质的单位处理。因而,在废弃物处理前需要对不同废弃物进行分类收集、贮存,避免其扩散、流失、渗漏或产生交叉污染。实验室有害废弃物的贮存可参照国家标准 GB 18597—2023《危险废物贮存污染控制标准》及 HJ 2025—2012《危险废物收集、贮存、运输技术规范》。在贮存实验室废弃物时应达到以下要求。

(1) 贮存区域要远离热源，通风良好，对高温易爆或易腐败的废弃物还应在低温下贮存。

(2) 在常温常压下易爆、易燃及排出有毒气体的危险废弃物必须进行预处理，使之稳定后贮存，否则，按易燃、易爆危险品贮存，并尽快处理。

(3) 危险废弃物必须装入到指定容器内，容器要完好无损，且容器材质不能与危险废弃物反应。

(4) 禁止将不相容(相互反应)的危险废弃物在同一容器内混装，如过氧化物与有机物，亚硝酸盐、硫化物、次氯酸盐与酸等。

(5) 装载液体、半固体危险废弃物的容器内必须留足够的空间，防止膨胀，确保容器内的液体废弃物在正常地处理、存放及运输时，不因温度或其他物理状况改变而膨胀，造成容器泄漏或变形。

(6) 对实验使用后的培养基、标本和菌种保存液、一次性的医疗用品及一次性的器械，都应严格按规定进行有效消毒并放置指定的容器内。

(7) 实验过程中产生的放射性废弃物应同人类生活环境长期隔离，利用专用容器收集、包装、贮存，指定专人负责保管，并采取有效防火、防盗等安全措施，严防放射性物质泄漏。

13.4　实验室废弃物处理方法

13.4.1　固体废弃物的处理

实验室产生的有害固体废弃物通常量不多，但也不能与生活垃圾混在一起丢弃，必须按规定进行处理，其方法有化学稳定、土地填埋、焚烧处理、生物处理等，若固体废弃物可以燃烧，应及时焚烧处理；若为非可燃性固体废弃物，应加漂白粉进行氯化消毒后，进行填埋处理；一次性使用制品，如手套、帽子、口罩、滴管等，使用后应放入指定容器收集后焚烧；可重复利用的玻璃器材，可先用 1～3 g/L 有效氯溶液浸泡 2～6 h，再清洗后重新使用或废弃；盛标本的玻璃、塑料、搪瓷容器，可煮沸 15 min，或用 1 g/L 有效氯漂白粉澄清液浸泡 2～6 h 消毒后，再用洗涤剂及清水刷洗、沥干；若曾用于微生物培养的容器，须用压力蒸气灭菌后方可使用。

常见的处理方式有以下几种。

(1) 对固体废弃物的预处理：固体废弃物复杂多样，其形状、大小、结构与性质各异，为了使其转变得更适合运输、贮存、资源化利用，以及可利用某一特定的处理处置方式的状态，往往需要进行一些前期准备加工程序，即预处理。预处理的目的是使废物减容以利于运输、贮存、焚烧或填埋等。固体废弃物的预处理一般可分为两种情况：一种情况是分选作业之前的预处理，主要包括筛分、分级、压实、破碎和粉磨等操作，使得废弃物单体分离或分成适当的级别，更有利于下一步工序的进行；另一种情况是运输前或处理前的预处理，通过物理或化学的方法来完成，主要包括破碎、压缩和各种固化方法等的操作。预处理的操作常常涉及其中某些目标物质的分离和集中，同时，往往又是有用成分从其中回收的过程。

(2) 物理法处理固体废弃物：指的是通过利用固体废弃物物理化学性质，用合适的方法从其中分选或者分离出有用和有害的固体物质。常用的分选方法有：重力分选、电力分选、磁力分选、弹道分选、光电分选、浮选和摩擦分选等。

(3) 化学法处理固体废弃物：指的是通过让固体废弃物发生一系列的化学变化，进而可以转换成能够回收的有用物质或能源。常见的化学处理方法有煅烧、焙烧、烧结、热分解、溶剂浸出、电力辐射、焚烧等。

(4) 生物法处理固体废弃物：指的是利用微生物的作用来处理固体废弃物。此方法的主要是利用微生物本身的生物—化学作用，使复杂的有机物降解成为简单的小分子物质，使有毒的物质转化成为无毒的物质。常见的生物处理法有沼气发酵和堆肥。

(5) 固体废弃物的最终处理：对于没有任何利用价值或暂时不能回收利用的有毒有害固体废弃物，需要进行最终处理。常见的最终处理的方法有焚烧法、掩埋法、海洋投弃法等。但是，固体废弃物在掩埋和投弃入海洋之前都需要进行无害化的处理，深埋在远离人类聚集的指定的地点，并对掩埋地点做记录。

13.4.2 废液的处理

废液的处理方法有物理法、化学法及生物法。

物理法处理主要是利用物理原理和机械作用，对废液进行治理，方法简便易行，是废水处理的重要方法。物理法包括沉淀法、气浮法、过滤法、吸附法、离子交换法、膜处理等方法。沉淀法是利用污染物与水密度的差异，使水中悬浮污染物分离出来，从而达到废水处理的目的。沉淀法可以单独作为废水的处理方法，也可以作为生物法的预处理。气浮法是通过将空气通入废水中，并形成大量的微小气泡，这些气泡附着在悬浮颗粒上，共同快速上浮到水面，实现颗粒与水的快速分离。同时，形成的浮渣用刮渣机从气浮池中排出。气浮法特别适合于去除密度接近于水的颗粒，如水中的细小悬浮物、藻类、微絮体、悬浮油、乳化油等。过滤法是利用过滤介质将废水中的悬浮物截留。吸附法是利用具有较大吸附能力的吸附剂，如活性炭，使水中的污染物被吸附在固体表面而去除的方法。离子交换法是利用离子交换剂的离子交换作用来置换废水中离子态污染物的方法，常用的离子交换剂有沸石、离子交换树脂等。膜处理是新兴的废水处理技术，是利用半渗透膜进行分子过滤，使废水中的水通过特殊的膜材料，而水中的悬浮物和溶质被分离在膜的另一边，从而达到废水处理的目的。

化学法是指向废水中加入化学物质，使之与污染物发生化学反应。通过化学反应使污染物转变为无害的新物质，或者转变成易分离的物质，再设法将其分离除去。常见的化学法有中和法、化学沉淀法、氧化还原法、混凝法等。中和法常用于废酸液和废碱液的处理。实验室废水中有较多的酸废水和含碱废水，可将废酸液和废碱液混合，或加入化学药剂，将溶液的 pH 值调至中性附近，消除其危害。化学沉淀法是通过向废液中投加化学物质，与污染物发生反应生成沉淀，再通过沉降、离心、过滤等方法进行固液分离，从而达到去除污染物的目的。该方法是处理含重金属离子的废液最有效的方法。氧化还原法是通过氧化还原反应将废液中的污染物转化为无毒或毒性较小的物质，达到净化废液的目的。而且，电解法也属于氧化还原法。常用的氧化剂有空气中的氧、纯氧、臭氧、氯气、漂白粉、次氯酸钠、高锰酸钾等；常用的还原剂有硫酸亚铁、亚硫酸盐、氯化亚铁、铁屑、锌粉、硼氢化钠等。混凝法是通过向废液中加入混凝剂，使得其中的污染物颗粒成絮凝体沉降而达到去除目的。常用的混凝剂有明矾、硫酸亚铁、聚丙烯酰胺等。

生物法是利用微生物的新陈代谢作用将有机污染物降解，适用于含有机物废水的处理。生物法可分为好氧生物处理法、厌氧生物处理法和生物酶处理法。好氧生物处理法是微生物在有氧的条件下，利用废水中的有机污染物质作为营养源进行新陈代谢活动，有机污染物被降解及转化。厌氧生物处理法是利用厌氧微生物或兼氧微生物将有机物降解为甲烷、二氧化碳等物质。生物酶处理法是在废水中加入酶制剂，有机污染物与酶反应形成游离基，然后游离基发生化学聚合反应生成高分子化合物沉淀而被去除。

13.4.3　废气的处理

实验室的废气具有量少且多变的特点，对于废气的处理应满足两个要求：第一个要求是要控制实验的环境里的有害气体不得超过现行规定的空气中有害物质的最高容许浓度；第二个要求是要控制排出的气体不得超过居民区大气中有害物质的最高容许浓度。实验室排出的废气量较少时，一般可由通风装置直接排出室外，但排气口必须高于附近屋顶 3 m。少数实验室若排放毒性大且量较多的气体，可参考工业废气处理办法，在排放废气之前，采用吸收、吸附、回流燃烧等方法进行处理。

1. 吸收法

吸收法是采用合适的液体作为吸收剂来处理废气，达到除去其中有毒有害气体的目的的方法。它一般分为物理吸收和化学吸收两种。比较常见的吸收溶液有水、酸性溶液、碱性溶液、有机溶液和氧化剂溶液。它们可以被用于净化含有 SO_2、Cl_2、NO_x、H_2S、HF、NH_3、HCl、酸雾、汞蒸气、各种有机蒸气以及沥青烟等废气。有些溶液在吸收完废气后又可以被用于配制某些定性化学试剂的母液。

2. 吸附法

吸附法是一种常见的废气净化方法，一般适合用于对废气中含有的低浓度的污染物质的净化，是利用较大的比表面积、多孔的吸附剂的吸附作用，将废气中含有的污染物（吸附质）吸附在吸附剂表面，从而达到分离有害物质，净化气体的目的。根据吸附剂与吸附质之间的作用力不同，可分为物理吸附（通过分子间的范德华力作用）和化学吸附（化学键作用）。常见的吸附剂有活性炭、活性氧化铝、硅胶、硅藻土以及分子筛等。吸附常见的有机及无机气体时，可以选择将适量活性炭或者新制取的木炭粉放入有残留废气的容器中；若要选择性吸收 H_2S、SO_2 及汞蒸气，可以用硅藻土；分子筛可以选择性吸附 NO_2、CS_2、H_2S、NH_3、CCl_4、烟类等气体。

3. 回流法

对于易液化的气体，可以通过特定的装置使易挥发的污染物，在通过装置时可以在空气的冷液化为液体，再沿着长玻璃管的内壁回流到特定的反应装置中。如在制取溴苯时，可以在装置上连接一根足够长的玻璃管，使蒸发出来的苯或溴沿着长玻璃管内壁回流到反应装置中。

4. 燃烧法

通过燃烧的方法来去除有毒有害气体。这是一种有效的处理有机气体的方法，尤其适合处理量大而浓度比较低的含有苯类、酮类、醛类、醇类等各种有机物的废气。例如，对于

CO 尾气的处理一般都会采用此法。

5. 颗粒物的捕集

在废气中去除或捕集那些以固态的或液态形式存在的颗粒污染物，这个过程一般称为除尘。除尘的工艺过程是先将含尘气体引入具有一种或是几种不同作用力的除尘器中，使颗粒物相对于运载气流可以产生一定的位移，从而达到从气流中分离出来的目的，然后颗粒物沉降到捕集器表面上被捕集。根据颗粒物的分离原理，除尘装置一般可以分为过滤式除尘器、机械式除尘器、湿式除尘器以及静电除尘器。

6. 其他方法

还有其他的一些方法可以净化空气，如臭氧氧化法，可与很多无机及有机污染物发生氧化还原反应，达到降解污染物、净化气体的目的；光催化技术可将气体中的有机物降解；等离子体技术是利用高能电子射线激发、离解、电离废气中各组分，使其处于活化状态，再发生反应将有害物质转化为无害物质形式的一种方法，可以处理成分复杂的废气。

13.4.4　放射性废弃物处理

采用一般的物理方法、化学方法及生物方法处理放射性废弃物无法将放射性物质去除或破坏，只有依靠其自身的衰变使其放射性衰减到一定的水平，如碘-131、磷-32 等半衰期短的放射性废弃物，通常在放置十个半衰期后进行排放或焚烧处理。而对于许多半衰期十分长的放射性废弃物，如铁-59、钴-60 等，以及一些放射性废弃物衰变成新的放射物，需经过专门的处理后，装入特定容器集中埋于放射性废弃物坑内。

(1) 放射性废气通常会先进行预过滤，再通过高效过滤后排出。

(2) 放射性废液如果其放射性水平符合国家放射性污染排放标准可以将其排入下水道，但必须注意排水系统，不能使其造成放射性物质积累而使放射性水平超标。放射性水平比容许排放的水平高的液体废弃物应贮存起来，让其逐渐衰变至安全水平，或者采取某种特殊方法处理。放射性废液的处理方法主要有稀释排放法、放置衰变法、混凝沉降法、离子变换法、蒸发法、沥青固化法、水泥固化法、塑料固化法、玻璃固化法等。

(3) 放射性固体废弃物主要是指被放射性物质污染而不能再用的各种物体。固体废弃物须贮存起来等待处理或让其放射性衰变。其处理方法主要有焚烧、压缩、去污、包装等。

13.4.5　生物性废弃物处理

实验室废弃物中的生物活性实验材料特别是细胞和微生物必须及时进行灭活和消毒处理。微生物培养过的琼脂平板应采用压力灭菌 30 min，趁热将琼脂倒弃处理，未经有效处理的固体废弃培养基不能作为日常生活垃圾处置；液体废弃物如菌液等需用 15% 次氯酸钠消毒 30 min，稀释后排放，最大限度地减轻对周围环境的影响。尿液、唾液、血液等样本加漂白粉搅拌作用 2～4 h 后，倒入化粪池或厕所，或进行焚烧处理。

同时，无论在动物房或实验室，凡废弃的实验动物尸体或器官必须及时按要求进行消毒，并用专用塑料袋密封后冷冻储存，统一送至有关部门集中焚烧处理，禁止随意丢弃动物尸体与器官；严禁随意堆放动物排泄物，与动物有关的垃圾必须存放在指定的塑料垃圾袋内，并及时用过氧乙酸消毒处理后方可运离实验室。

高级别生物安全实验室的污染物和废弃物的排放的首要原则是必须在实验室内对所有

的废弃物进行净化、高压灭菌或焚烧，确保感染性生物因子的“零排放”。

生物实验过程中产生的一次性使用的制品如手套、帽子、工作服、口罩、吸头、吸管、离心管、注射器、包装等使用后放入污物袋内集中烧毁；可重复利用的玻璃器材如玻片、吸管、玻璃瓶等可以用 1～3 g/L 有效氯溶液浸泡 2～6 h，然后清洗重新使用，或者废弃；盛标本的玻璃、塑料、搪瓷容器煮沸 15 min 或者用 1 g/L 有效氯漂白粉澄清液浸泡 2～6 h，消毒后可清洗重新使用；无法回收利用的器材，尤其是废弃的锐器（如污染的一次性针头、碎玻璃等），因容易致人损伤，通过耐扎容器分类收集后运送焚烧站焚烧毁形后掩埋处理。

13.5 思考题

(1) 实验室废弃物的危害有哪些？

(2) 废弃物贮存的注意事项有哪些？

(3) 固体废弃物的处理方式有哪些？

(4) 液体废弃物的处理方式有哪些？

(5) 废气的处理方式有哪些？

(6) 放射性废弃物的处理方式有哪些？

(7) 处理生物废弃物时的注意事项有哪些？

第 14 章　高校实验室安全管理体系建设

根据《教育部办公厅关于组织开展 2023 年度高等学校实验室安全检查的通知》《高等学校实验室管理规范》《高等学校实验室安全检查项目表(2023 年)》等通知规范要求，结合工作实际，高校建立立体安全管理体系显得尤为重要。本章着重从实验室安全责任体系、实验室规章制度、实验室危险源风险评估、实验室宣传教育与培训、实验室安全准入、实验室安全检查、应急响应与处理机制，以及责任追究，建立安全工作奖惩机制等八个方面探讨如何构建全面深入的实验室安全管理体系，有效降低实验室安全风险，减少安全事故隐患，为学校教学、科研工作的正常开展提供保障，为高校实验室安全管理与建设提供参考。

14.1　实验室安全责任体系

2023 年教育部发布《高等学校实验室管理规范》《高等学校实验室安全检查项目表(2023)》等相关管理制度，要求健全实验室安全管理机制，明确安全管理责任。落实实验室安全管理工作责任，构建校、院、实验室三级安全管理体系。成立实验室工作委员会，全面负责学校实验室安全工作；二级单位成立以主要领导为组长的实验室安全领导小组，承担实验室安全工作主体责任；各实验室配备安全管理人员，落实安全责任到人。学校每年与二级单位签订《实验室安全责任书》，二级单位与实验室、实验室与实验人员层层签订责任书，确保责任落实到每个人。

实验室应建立安全工作领导机构，内容包含实验室安全的法人责任、党政同责、领导机构，二级单位成立院系级实验室安全工作领导小组，由院系党政主要领导作为负责人，分管实验室安全领导及研究所、中心、教研室、实验室等负责人参加，严格按照“党政同责，一岗双责，齐抓共管，失职追责”和“管行业必须管安全，管业务必须管安全”的要求，坚持“安全第一，预防为主”和“谁使用、谁负责，谁主管、谁负责”的原则，全面落实实验室安全责任体系，健全实验室全生命周期安全运行机制。

14.2　实验室规章制度

建立实验室安全管理制度配套体系，明确责任、规范流程、细化措施。建有校级实验室安全管理总则，建有安全风险评估制度、危险源全周期管理制度、危险化学品管理制度、实验室安全应急制度、奖惩与问责追责制度和安全准入制度等管理细则，所制定的制度文件由学校正式发文号，文件应及时修订更新；文件应具有可操作性或实际管理效用，建有院系特色的实验室安全管理制度，包含院系的安全检查、值班值日、实验风险评估、实验室准入、应急预案、安全培训等管理制度；制度文件应有院系发文号，文件应及时修订更新；文件应具有可操作性或实际管理效用。

14.3　实验室危险源风险评估

实验室对所开展的教学科研活动要进行风险评估，并建立实验室人员安全准入和实验过程管理机制。实验室在开展新增实验项目前必须进行风险评估，明确安全隐患和应对措施。在新建、改建、扩建实验室时，应当把安全风险评估作为建设立项的必要条件。风险评估应依据已有的知识和信息来确定危险源对工作人员、财产、环境和其他相关方的危害程度，并考虑在正常情况下、异常情况下、紧急情况下可能发生的危险的概率或频率。

评估可以以定量评价或其他方法对危险源确定危险性或风险值，但应为进行风险分级提供方便。实验室人员应明确所进行的检测活动相关的危险源，清楚在工作时用到的材料和设备的危害性，所使用的试验方法均应是有合法依据的不会影响健康的方法。实验室人员应按照危险源控制的要求开展工作，在实验室的工作量、工作类型和检测方法发生变化时（如采用新的化学品时，或实验室使用功能改变或升级时），应当重新进行危险源识别和安全风险评估，并做好相应控制。

14.4　实验室宣传教育与培训

开展实验室安全教育。分阶段、分层次组织全校实验室安全教育培训活动，实现进入实验室前安全知识培训全覆盖。

学校要加强知识能力培训，学校的分管领导、有关职能部门、二级院系和实验室负责安全管理的人员要具备相应的实验室安全管理专业知识和能力。组织相关人员进行实验室安全相关的法律法规、安全管理程序或制度、工作区域内的各种危险源、危险源的控制与防护知识，以及在应急情况下的安全处理和安全设备的使用和维护知识，紧急抢救知识等方面的培训。建立实验室人员安全培训机制，进入实验室的师生必须先进行安全技能和操作规范培训，掌握实验室安全设备设施、防护用品的维护使用，未通过考核的人员不得进入实验室进行实验操作。对涉及有毒有害化学品、动物及病原微生物、放射源及射线装置、危险性机械加工装置、高压容器等各种危险源的专业，逐步将安全教育有关课程纳入人才培养方案。

学校应持续开展安全教育，高校要按照“全员、全面、全程”的要求创新宣传教育形式，如编制实验室安全教育手册，制作具有学科特色的海报、展板、文化墙；建立全校实验室安全工作微信群，发布“每周一学”安全教育知识，做好信息传递和安全提示；组织校内外专家和管理人员组成培训团，对理工医类新入职的教职工、研究生、实验室管理人员、实验技术人员采取线下＋视频公开课培训方式，推广线上线下相结合的实验室安全培训；利用实验室安全教育考试系统，组织线上安全知识培训考核等，宣讲普及安全常识，强化师生安全意识，提高师生安全技能，做到安全教育的“入脑入心”，达到“教育一个学生、带动一个家庭、影响整个社会”的目的。要把安全宣传教育作为日常安全检查的必查内容，对安全责任事故一律倒查安全教育培训责任。

14.5　实验室安全准入

2021 年 12 月 8 日,《教育部办公厅关于开展加强高校实验室安全专项行动的通知》中要求建设完善实验室安全教育体系,将实验室安全教育列入学生培养的各项环节中,建立实验人员安全准入制度,要求进入实验室开展实验活动的教师与学生必须参加实验室安全知识与技能培训并参加准入考核,未能通过考核的人员不得进入实验室开展实验活动。通过对教育部工作意见的深入解读,结合各类实验室安全事故警示案例,不难看出“全员、全面、全程”安全教育的重要性,分级分类实施多层次全覆盖实验室安全教育的必要性。

通过总结、分析,根据年级、学历、专业、防护规范要求等实际,将实验室安全教育形式与准入要求划分为三级。

一级:基础通识安全教育。面向本科一年级学生的基础通识安全教育主要借助“实验室安全基础通识教育学习系统”,采用线上为主、线下为辅的学习教育形式。根据学科专业分布实际情况,合理配比实验室各项安全领域知识,形成基础通识安全教育学习内容。

二级:专业学科安全教育。面向本科二年级、研究生的专业安全教育主要借助“实验室安全专业教育学习及考试系统”,采用线上为主、线下为辅的学习教育形式。根据自身专业学科特点,合理配比实验室各项安全领域知识,形成与专业学科相配比的安全教育学习及考试内容。

三级:科研项目(包括毕业论文)安全教育。科研项目安全教育及培训可利用网络信息资源进行线上学习教育,亦可利用科研组会、实操培训等形式。各课题组、实验室、科研团队,结合自身安全风险领域特点,制定科研项目实验安全教育计划并组织实施。

14.6　实验室安全检查

实验室安全检查是确保实验室安全、降低事故发生概率的基本手段,也是高校实验室安全管理的重要组成部分,定期开展针对管制化学品、病原微生物、放射源等,开展定期专项检查,常见的实验室安全检查类型包括院系常规自查、校级定期检查、上级部门抽查和专项检查。按国家规定,校级检查每年应组织不少于 4 次,院系自查每月应组织不少于 1 次。

校级检查:学校实验室管理部门定期开展针对各院系的实验室安全检查,可以有效加强院系实验室安全的管理力度,为学校各项规章制度的制定提供有力的支撑,同时避免院系检查中存在疏忽遗漏、碍于情面等问题。校级安全检查人员通常为校级安全管理职能部门的工作人员,每次检查完成后,由检查人员分类总结所发现的问题,出具整改通知单,通知各院系整改,并上报至分管安全的校领导。

院系自查:实验室负责人也是实验室安全的直接安全责任人,因此,院系层面的实验室安全检查是整个实验室安全检查体系的核心和基础,是排查发现实验室内所存在的重大安全隐患的第一道防线。依照教育部制定的《高等学校实验室安全检查项目表(2023)》所规定的院系层面安全检查频次,院系安全员每月应至少对其下辖的实验室进行一次“全覆盖”检查。对于安全检查中发现的问题,院系安全员应全面、详尽地加以记录,并将隐患情况反馈至实验室安全责任人,督促其限期整改,各实验室安全隐患的整改落实情况也应定期汇报至校级实验室管理部门。

专项检查：专项检查的最大特点是针对性强，主要用于一些危险性较大的风险源，如管控化学品、病原微生物、特种设备、辐射源等。由于仅设立某一特定主题，专项检查有利于集中力量解决某一类问题，并能够给予师生专业性的指导。以管控化学品专项检查为例，检查重点主要在易制毒化学品、易制爆化学品、剧毒化学品和民用爆炸物的规范存储及台账管理等，借助于专项检查，相关的教育培训和制度建设也能得到极大的推动。

检查结果应形成记录，对检查发现的问题以通知的方式包括网上公告、实验室安全简报、书面或电子的整改通知书等形式。其中，整改通知书要包含问题描述、整改要求和期限等，并由被查院系单位签收，对整改资料进行规范存档。若存在重大隐患，实验室应立即停止实验活动，采取相应防范措施或整改完成后方能恢复实验。

14.7　应急响应与处理机制

高校实验室安全突发事件通常具有复杂性、突发性、易变性和偶然性的特点，应急处置难度高。因此，建立和完善实验室安全应急管理体系以抵御实验室安全风险至关重要。根据系统论以及全面应急管理理论，通过分析高校实验室安全应急管理体系建设情况，重点分析在高校实验室安全应急预案、应急演练、组织体系和技术支撑体系等四个方面。

实验室应制定应对重大危险源应急情况的安全管理预备方案，安全管理预备方案应形成文件，其内容至少包含应急状态的识别、应急情况发生时的报告要求和途径、应急管理相关人员的职责和联系方式、消除安全危险或危害的应急处理措施和步骤、应急撤离路线和紧急撤离的集合地点、社会救助渠道与联系方式、应急状态发生后的过程记录与原因分析要求等。

实验室应对安全管理预备方案进行培训，以保证每位人员能够掌握和理解安全管理预备方案，特别是应急撤离路线和紧急撤离的集合地点。

各高校要建立实验室安全应急管理组织体系和责任体系，形成了以学校相关主管职能部门为中心，相关职能部门和二级单位共同参与的良好局面。各职能部门密切配合，在大安全格局下，坚持“党政同责、一岗双责”制度下的统一领导，构建了强有力的统一指挥系统，形成了人人管安全，人人要安全的共治、共享的良性发展态势。

14.8　责任追究，建立安全工作奖惩机制

各高校应建立、完善问责追责机制，对发生的实验室安全事故，开展责任倒查，严肃追究相关单位及个人的事故责任，依法依规处理。对于实验室安全责任制度落实不到位，安全管理存在重大问题，安全隐患整改不及时不彻底的单位，学校上级主管部门会同纪检监察机关、组织人事部门和安全生产监管部门，按照各部门权限和职责分别提出问责追责建议。

学校应将安全工作纳入考核内容，各高校应当将实验室安全工作纳入学校内部检查、日常工作考核和年终考评内容，对在实验室安全工作中成绩突出的单位和个人给予表彰奖励；对未能履职尽责的单位和个人，在考核评价中予以批评和惩处。

14.9 思考题

(1) 实验安全责任体系主要内容有哪些？

(2) 哪些类别的学生需要进行安全准入考核？考核方式有哪些？

(3) 哪些情况需要追究责任？哪些情况可以表彰奖励？

附录 A 相关法律法规及标准信息等汇总

1. 法律

中华人民共和国消防法(2021 年修订版)
中华人民共和国食品安全法(2021 年修订版)
中华人民共和国生物安全法(2020 年版)
中华人民共和国安全生产法(2020 修订版)
中华人民共和国固体废物污染环境防治法(2020 年修订版)
中华人民共和国建筑法(2019 年修订版)
中华人民共和国电力法(2018 年修订版)
中华人民共和国环境噪声污染防治法(2018 年修订版)
中华人民共和国大气污染防治法(2018 年修订版)
中华人民共和国职业病防治法(2018 年修订版)
中华人民共和国水污染防治法(2017 年修订版)
中华人民共和国特种设备安全法(2014 年版)
中华人民共和国环境保护法(2014 年修订版)
中华人民共和国传染病防治法(2013 年修订版)
中华人民共和国突发事件应对法(2007 年版)
中华人民共和国放射性污染防治法(2003 年修订版)

2. 行政法规

中华人民共和国工业产品生产许可证管理条例(2005 年版)
中华人民共和国工业产品生产许可证管理条例实施办法(2014 年版)
中华人民共和国监控化学品管理条例(2011 年版)
高等学校实验室安全规范(2023 年版)
教育部关于加强高校实验室安全工作的意见(2019 年版)
危险化学品安全综合治理方案(2016 年修订版)
危险化学品安全管理条例(2013 年修订版)
危险化学品重大危险源监督管理暂行规定(2015 年修订版)
危险化学品目录(2015 年版)
危险化学品目录实施指南(试行)(2015 年版)
危险化学品生产、储存装置个人可接受风险标准和社会可接受风险标准(试行)(2014 年版)
危险化学品经营许可证管理办法(2012 年版)
危险化学品建设项目安全设施设计专篇编制导则(2013 年版)

危险化学品使用量的数量标准(2013 年版)
危险化学品建设项目安全监督管理办法(2015 年修订版)
易制毒化学品管理条例(2018 年修订版)
药品类易制毒化学品管理办法(2010 年版)
化学品物理危险性鉴定与分类管理办法(2013 年版)
化工(危险化学品)企业保障生产安全十条规定(2013 年版)
重点监管的危险化学品安全措施和应急处置原则(2013 年版)
民用爆炸物品名录(2012 年修订版)
民用爆炸物品安全管理条例(2014 年修订版)
易制毒化学品名录(2021 年修订版)
易制毒化学品的分类和品种目录(2021 年版)
废弃危险化学品污染环境防治办法(2005 年版)
剧毒化学品目录(2015 年修订版)
剧毒化学品、放射源存放场所治安防范要求(2012 年版)
新化学物质环境管理办法(2009 年修订版)
使用有毒物品作业场所劳动保护条例(2002 年版)
易制爆危险化学品储存场所治安防范要求(2018 年版)
易制爆危险化学品名录(2017 年版)
易制爆危险化学品治安管理办法(2019 年版)
易制毒化学品进出口管理规定(2015 年修订版)
易制毒化学品购销和运输管理办法(2006 年版)
化学化工实验室安全管理规范(2019 年版)
麻醉药品和精神药品管理条例(2016 年修订版)
危险化学品安全使用许可证实施办法(2017 年修订版)
危险废物贮存污染控制标准(2013 年修订版)
危险废物收集贮存运输技术规范(2004 年版)
常用危险化学品贮存通则(1995 年版)
剧毒化学品购买和公路运输许可证件管理办法(2005 年版)
医疗废物管理条例(2011 修订版)
医疗废物分类目录(2003 年版)
动物病原微生物菌(毒)种保藏管理办法(2008 年版)
突发公共卫生事件应急条例(2011 修订版)
国家突发公共卫生事件应急预案(2006 年版)
消毒管理办法(2017 修订版)
病原微生物实验室生物安全标识(2018 年修订版)
出入境特殊物品卫生检疫管理规定(2018 年修订版)
病原微生物实验室生物安全通用准则(2017 年修订版)
病原微生物实验室生物安全管理条例(2018 年修订版)
实验室生物安全通用要求(2003 年版)

人间传染的病原微生物菌(毒)种保藏机构管理办法(2009 年版)
动物病原微生物分类名录(2005 年版)
病原微生物实验室生物安全环境管理办法(2006 年版)
放射性废物安全管理条例(2011 年版)
放射源编码规则(2004 年版)
放射性药品管理办法(2017 年修订版)
放射事故管理规定(2001 年)
放射性同位素与射线装置安全许可管理办法(2019 年修订版)
放射性同位素与射线装置安全和防护条例(2019 年修订版)
放射工作人员职业健康管理办法(2007 年版)
放射性同位素与射线装置安全和防护管理办法(2011 年版)
医学与生物学实验室使用非密封放射性物质的放射卫生防护基本要求(2014 年版)
压力容器定期检验规则(2013 年版)
固定式压力容器安全技术监察规程(2016 年版)
特种作业人员安全技术培训考核管理规定(2015 年修订版)
特种设备使用安全管理规则(2017 年版)
特种设备作业人员监督管理办法(2011 年版)
特种设备目录(2014 年版)
特种设备安全监察条例(2003 年版)
起重机械安全监察规定(2007 年版)
企业安全生产标准化评审工作管理办法(试行)(2014 年版)
工业产品生产许可证实施细则管理规定(2005 年版)
安全生产许可证条例(2014 年修订版)
生产经营单位安全培训规定(2015 年修订版)
生产安全事故应急预案管理办法(2019 年版)

3. 地方性法规

湖北省危险化学品安全管理办法(2013 年版)
湖北省实验动物从业人员培训考核管理办法(2011 年版)
湖北省实验动物许可证管理办法(2013 年版)
湖北省实验动物管理条例(2022 年修订版)
湖北省生物安全实验室备案管理规定(2013 年版)

4. 国家标准

GB 18597—2023《危险废物贮存污染控制标准》
GB/T 16483—2008《化学品安全技术说明书内容和项目顺序》
GB/T 17519—2013《化学品安全技术说明书编写指南》
GB/T 24777—2009《化学品理化及其危险性检测实验室安全要求》
GB/T 22233—2008《化学品潜在危险性相关标准术语》

GB/T 23955—2009《化学品命名通则》
GB 15258—2009《化学品安全标签编写规定》
GB 6944—2012《危险货物分类和品名编号》
GB 30000—2013《化学品分类和标签规范》
GB 13690—2009《化学品分类和危险性公示通则》
GB 20591—2006《化学品分类、警示标签和警示性说明安全规范有机过氧化物》
GB 20581—2016《化学品分类、警示标签和警示性说明安全规范易燃液体》
GB/T 50493—2019《石油化工可燃气体和有毒气体检测报警设计标准》
GB/T 15098—2016《危险货物运输包装类别划分方法》
GB/T 9174—2008《一般货物运输包装通用技术条件》
GB 12463—2016《危险货物运输包装通用技术条件》
GB 19521.1—2004《易燃固体危险货物危险特性检验安全规范》
GB 3836—2010《爆炸性环境电气现行标准》
GB/T 4968—2008《火灾分类》
GB/T 16804—2011《气瓶警示标签》
GB/T 7144—2016《气瓶颜色标志》
GB 150—2011《压力容器》
GBZ 230—2010《职业性接触毒物危害程度分级》
GB 19452—2004《氧化性危险货物危险特性检验安全规范》
GB 15603—1995《常用化学危险品贮存通则》
GB 50016—2014《建筑设计防火规范》
GB/T 50046—2018《工业建筑防腐蚀设计规范》
GB 17914—2013《易燃易爆性商品储存养护技术条件》
GB 17915—2013《腐蚀性商品储存养护技术条件》
GB 17916—2013《毒害性商品储存养护技术条件》
GB 50058—2014《爆炸危险环境电力装置设计规范》
GB 12268—2012《危险货物品名表》
GB 19359—2009《铁路运输危险货物包装检验安全规范》
GB 19269—2009《公路运输危险货物包装检验安全规范》
GB 19781—2005《医学实验室——安全要求》
GB 50346—2011《生物安全实验室建筑技术规范》
GB 19489—2008《实验室生物安全通用要求》
GB/T 32146.1—2015《检验检测实验室设计与建设技术要求第 1 部分:通用要求》
GB/T 32146.2—2015《检验检测实验室设计与建设技术要求第 2 部分:电气实验室》
GB/T 31190—2014《实验室废弃化学品收集技术规范》
GB/T 27476.1—2014《检测实验室安全第 1 部分:总则》
GB/T 27476.2—2014《检测实验室安全第 2 部分:电气因素》
GB/T 27476.3—2014《检测实验室安全第 3 部分:机械因素》
GB/T 27476.4—2014《检测实验室安全第 4 部分:非电离辐射因素》

GB/T 27476.5—2014《检测实验室安全第5部分:化学因素》

GB/T 24820—2009《实验室家具通用技术条件》

GB 188871—2002《电离辐射防护与辐射源安全基本标准》

GBZ 230—2010《职业性接触毒物危害程度分级》

5. 规范

AQ 3035—2010《危险化学品重大危险源安全监控通用技术规范》

AQ/T 3052—2015《危险化学品事故应急救援指挥导则》

AQ/T 3049—2013《危险与可操作性分析(HAZOP分析)应用导则》

AQ/T 9008—2012《安全生产应急管理人员培训及考核规范》

AQ 3047—2021《化学品作业场所安全警示标志规范》

AQ/T 3048—2013《化工企业劳动防护用品选用及配备》

AQ/T 4269—2015《工作场所职业病危害因素检测工作规范》

AQ/T 4234—2014《职业病危害监察导则》

AQ/T 4235—2014《作业场所职业卫生检查程序》

AQ/T 4236—2014《职业卫生监管人员现场检查指南》

AQ/T 8008—2013《职业病危害评价通则》

AQ 4224—2012《仓储业防尘防毒技术规范》

AQ/T 3029—2010《危险化学品生产单位主要负责人安全生产培训大纲及考核标准》

AQ/T 3030—2010《危险化学品生产单位安全生产管理人员安全生产培训大纲及考核标准》

AQ/T 3031—2010《危险化学品经营单位主要负责人安全生产培训大纲及考核标准》

AQ/T 3032—2010《危险化学品经营单位安全生产管理人员安全生产培训大纲及考核标准》

AQ 3035—2010《危险化学品重大危险源安全监控通用技术规范》

AQ/T 4206—2010《作业场所职业危害基础信息数据》

AQ/T 4207—2010《作业场所职业危害监管信息系统基础数据结构》

AQ/T 4208—2010《有毒作业场所危害程度分级》

GB/T 33000—2016《企业安全生产标准化基本规范》

AQ/T 9007—2015《生产安全事故应急演练指南》

AQ/T 4255—2015《制药企业职业危害防护规范》

AQ/T 4270—2015《用人单位职业病危害现状评价技术导则》

AQ/T 9009—2015《生产安全事故应急演练评估规范》

AQ/T 3043—2019《危险化学品应急救援管理人员培训及考核要求》

DB35/T 971—2009《检测实验室安全管理要求》

SN/T 3592—2013《实验室化学药品和样品处理的标准指南》

SN/T 3509—2013《实验室样品管理指南》

SN/T 3092—2012《实验室应对公共安全事件能力规范》

SY/T 6563—2003《危险化学试剂使用与管理规定》

附录B　实验废液相容表

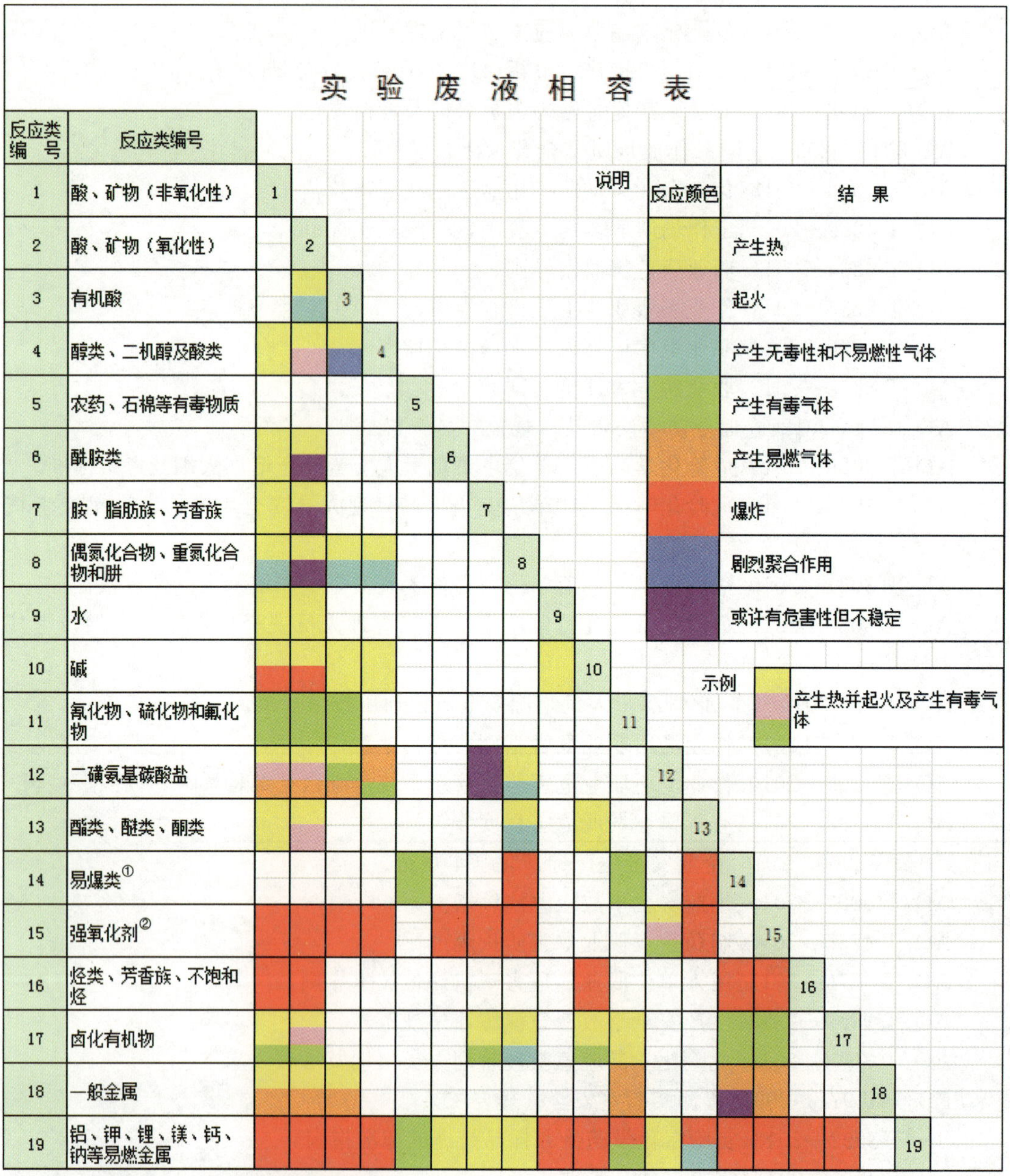

①易爆物包括溶剂、废弃爆炸物、石油废弃物等。
②强氧化剂包括铬酸、氯酸、双氧水、硝酸、高锰酸等。

附录 C　常用危险化学品储存禁忌物配存表

常用危险化学品储存禁忌物配存表

危险化学品的种类和名称				配存顺号	爆炸品				氧化剂		
					点火器材	起爆器材	炸药及爆炸性药品（不同品名的药品不得在同一库内配存）	其他爆炸品	有机氧化剂	亚硝酸盐、亚氯酸盐、次亚氯酸盐①	其他无机氧化剂②
危险化学品	爆炸品		点火器材	1	1						
危险化学品	爆炸品		起爆器材	2	×	2					
危险化学品	爆炸品		炸药及爆炸性药品（不同品名的药品不得在同一库内配存）	3	×	×	3				
危险化学品	爆炸品		其他爆炸品	4	△	×	×	4			
危险化学品	氧化剂		有机氧化剂	5	×	×	×	×	5		
危险化学品	氧化剂		亚硝酸盐、亚氯酸盐、次亚氯酸盐①	6	△	△	△	△	×	6	
危险化学品	氧化剂		其他无机氧化剂②	7	△	△	△	△	×	×	7
危险化学品	压缩气体 液化气体		剧毒（液氯与液氨不能在同一库内配存）	8		×	×	×	×	×	×
危险化学品	压缩气体 液化气体		易燃	9	△	×	×	△	×	△	△
危险化学品	压缩气体 液化气体		助燃（氧及氧空钢瓶不得与油脂在同一库内配存）	10	△	×	×	△			
危险化学品	压缩气体 液化气体		不燃	11		×	×				
危险化学品	自燃物品		一级	12	△	×	×	×	×	△	△
危险化学品	自燃物品		二级	13		×	×	△			
危险化学品	遇水燃烧物品（不得与含水液体的货物在同一库内配存）			14		×	×	×	△	△	△
危险化学品	易燃液体			15	△	×	×	×	×	△	×
危险化学品	易燃固体（H发孔剂不可与酸性腐蚀物品及有毒和易燃酯类危险货物配存）			16		×	×	△	×	△	△
危险化学品	毒害品		氰化物	17		△	△				
危险化学品	毒害品		其他毒害品	18		△	△				
危险化学品	腐蚀物品	酸性腐蚀物品	溴	19	△	×	×	×	×		
危险化学品	腐蚀物品	酸性腐蚀物品	过氧化氢	20	△	×	×	△	△		
危险化学品	腐蚀物品	酸性腐蚀物品	硝酸、发烟硝酸、硫酸、发烟硫酸、氯磺酸	21	△	×	×	×	×	×	(1)
危险化学品	腐蚀物品	酸性腐蚀物品	其他酸性腐蚀物品	22	△	×	×	△	△	△	△
危险化学品	腐蚀物品	碱性及其他腐蚀物品	生石灰、漂白粉	23		△	△	△		△	△
危险化学品	腐蚀物品	碱性及其他腐蚀物品	其他（无水肼、水合肼、氨水不得与氧化剂配存）	24							

注：(1) 无配存符号表示可以配存。
(2) △表示可以配存，堆放时至少隔离2 m。
(3) ×表示不可以配存。

续表

压缩气体和液化气体				自燃物品					毒害品		酸性腐蚀物品				碱性及其他腐蚀物品	
剧毒（液氯与液氨不能在同一库内配存）	易燃	助燃（氧及氧空钢瓶不得与油脂在同一库内配存）	不燃	一级	二级	遇水燃烧物品（不得与含水液体的货物在同一库内配存）	易燃液体	易燃固体（H发孔剂不可与酸性腐蚀物品及有毒和易燃酯类危险货物配存）	氰化物	其他毒害品	溴	过氧化氢	硝酸、发烟硝酸、硫酸、发烟硫酸、氯磺酸	其他酸性腐蚀物品	生石灰、漂白粉	其他（无水肼、水合肼、氨水不得与氧化剂 配存）
8																
	9															
	△	10														
			11													
×	×	×		12												
×	△	△			13											
△	△	△		×		14										
×		×		×	△		15									
×		×		×				16								
									17							
										18						
	△			×	△	△	△		×	△	19					
				△	△	×	△		×	△		20				
×	×	△	△	×	×	△	△	△	×	△	△	△	21			
△	△			△		△			×	△		△	△	22		
							△					△	×	△	23	
						△							×			24

注：(4) 有注释时按注释规定办理。

① 除硝酸盐（如硝酸钠、硝酸钾、硝酸铵等）与硝酸、发烟硝酸可以配存外，其他情况均不得配存。

② 无机氧化剂不得与松软的粉状可燃物（如煤粉、焦粉、炭墨、糖、淀粉、锯末等）配存。

附录D　常见化学品中毒急救方法

1. 无机化学药品中毒的应急处理

1）强酸类中毒

吞服时的处理方法：立刻饮服 200 mL 氧化镁悬浮液，或者氢氧化铝凝胶、牛奶以及水等，迅速把毒物稀释、中和，然后至少再食用 10 多个打溶的蛋作为缓和剂。禁止催吐、洗胃，切勿使用碳酸钠或碳酸氢钠（产生二氧化碳气体容易造成胃穿孔）。

沾着皮肤时的处理方法：用大量水冲洗 15 min。如果立刻进行中和，会产生中和热，且有进一步扩大伤害的危险。因此，皮肤需经充分水洗后，再用碳酸氢钠之类稀碱液或肥皂液进行洗涤。当沾着草酸时，不能使用碳酸氢钠中和，因为会产生很强的刺激物。此外，也可以用镁盐和钙盐中和。

溅入眼内的处理方法：撑开眼睑，用水洗涤 15 min，再涂抗菌眼膏。

2）强碱类中毒

吞服时的处理方法：立刻饮服 500 mL 稀的食用醋（1 份食用醋加 4 份水）或鲜橘子汁将其稀释，但在碳酸盐中毒时忌用。然后服用润滑剂和柔软食品，如橄榄油、生鸡蛋清、稀饭或牛奶（均为冷食）。急救时忌催吐、洗胃。

沾着皮肤时的处理方法：立刻小心脱去衣服，尽快用水冲洗至皮肤不滑。接着用经水稀释的醋酸或柠檬汁等进行中和。若沾着生石灰时，则需先用油之类的东西擦去生石灰，再用水冲洗。

溅入眼内的处理方法：立刻撑开眼睑，用水连续洗涤，再涂抗菌眼膏。

3）氰化物中毒

发现中毒后要立刻处理。

吸入时的处理方法：把患者移到空气新鲜的地方，使其横卧着。然后脱去沾有氰化物的衣服。若患者出现休克，则需马上进行人工呼吸。人工呼吸时要注意保护救护者，避免救护者中毒。最好使用有单向阀门的透明面罩，避免与患者口唇直接接触，救护者可将气体吹入患者肺内，同时避免吸入患者呼出的气体。

吞食时需立刻催吐，决不要等待洗胃用具到来才处理。因为患者在数分钟内，即有死亡的危险。

每隔 2 min，给患者吸入亚硝酸异戊酯 15～30 s，使氰基与高铁血红蛋白结合，生成无毒的氰络高铁血红蛋白。接着给患者饮服硫代硫酸盐溶液，使其与氰络高铁血红蛋白解离的氰化物相结合，生成硫氰酸盐，或静脉注射亚硝酸钠和硫代硫酸钠、胱氨酸、羟钴铵进行急救。

4）重金属中毒

误服可溶性重金属盐会使人体内组织中的蛋白质变性而中毒，如果立即服用大量鲜牛奶、蛋清或豆浆，可使重金属对牛奶、蛋清、豆浆中的蛋白质发生变性作用，从而减轻重金属对机体的危害。也可喝一杯含有几克硫酸镁的水溶液，沉淀重金属离子。不要服催吐药，以免引起危险或使病情复杂化。在采取应急措施后应立即就医。

5）氢氟酸中毒

沾着皮肤时的处理方法：立刻用大量流水作长时间彻底冲洗，尽快稀释并冲去氢氟酸。然后使用一些可溶性钙、镁盐类制剂，使其与氟离子结合形成不溶性氟化钙或氟化镁，从而使氟离子灭活。切忌使用氨水中和，因氨水与氢氟酸作用会形成具有腐蚀性的二氟化胺。

溅入眼内的处理方法：立刻分开眼睑，用大量清水连续冲洗 15 min 左右。然后滴入 2～3 滴局部麻醉眼药，可减轻疼痛，同时立即送眼科诊治。

氢氟酸污染的现场应用石灰水浸泡或湿敷。

2. 有机化学药品中毒的应急处理

1）甲醇中毒

用 1%～2%的碳酸氢钠溶液充分洗胃。为了防止酸中毒，每隔 2～3 h，口服 5～15 g 碳酸氢钠。

2）甲醛中毒

吞食时，立刻饮服大量牛奶，接着用洗胃或催吐等方法，使吞食的甲醛排出体外，然后服下泻药。有可能的话，可服用 1%的碳酸铵水溶液。

3）苯胺中毒

如果苯胺沾到皮肤时，用肥皂和水把其洗擦除净。若吞食时，用催吐剂、洗胃及服泻药等方法把它除去。

4）草酸中毒

立刻饮服下列溶液，使其生成草酸钙沉淀：①在 200 mL 水中，溶解 30 g 丁酸钙或其他钙盐制成的溶液；②大量牛奶，或饮服用牛奶打溶的蛋白作为镇痛剂。

5）三硝基甲苯中毒

如果三硝基甲苯沾到皮肤时，用肥皂和水尽量把它彻底洗去。若吞食时，可进行洗胃或催吐，将其大部分排除之后，才可服泻药。

6）氯代烃中毒

把患者转移，远离药品处，并使其躺下，注意保暖。若吞食时，用自来水充分洗胃，然后饮服于 200 mL 水中溶解 30 g 硫酸钠制成的溶液，不要喝咖啡之类兴奋剂。吸入氯仿时，把患者的头降低，使其伸出舌头，以确保呼吸道畅通。

7）有机氯农药中毒

催吐、洗胃（1%～5%碳酸氢钠或温水洗胃），然后灌入 50%硫酸镁 60 mL，禁用油类泄剂。

8）有机磷中毒

使患者确保呼吸道畅通，并进行人工呼吸。用催吐剂催吐，或用自来水洗胃等方法将有机磷除去，再服活性炭溶液或泄剂。沾在皮肤、头发或指甲等地方的有机磷，要彻底把它洗去。

9）酚类化合物中毒

吞食时立刻给患者饮服自来水、牛奶或活性炭，以减缓毒物被吸收的程度。接着反复洗胃或催吐。然后，再饮服 60 mL 蓖麻油以及将 30 g 硫酸钠溶解于 200 mL 水中制成的溶液。但不可饮服矿物油或用乙醇洗胃。烧伤皮肤时，先用乙醇擦去酚类物质，然后用肥皂水及水洗涤。同时脱去沾有酚类物质的衣服。

3. 常见气体中毒的应急处理

1）一氧化碳中毒

清除火源。将患者转移到空气新鲜的地方，使其躺下并保暖。保持患者安静从而减少氧气的消耗量。若呕吐时，要立刻清除呕吐物，以确保患者的呼吸道畅通，同时进行输氧。

2）卤素气体中毒

把患者转移到空气新鲜的地方，保持安静。吸入氯气时，给患者嗅 1∶1 的乙醚与乙醇的混合蒸气；若吸入溴气时，则给其嗅稀氨水。吸入少量氯气或溴时，可用碳酸氢钠溶液漱口。

3）氨气中毒

立刻将患者转移到空气新鲜的地方，然后输氧。若进入眼睛，则让患者躺下，用水洗涤角膜至少 5 min，再用稀醋酸或稀硼酸溶液洗涤。

4）二氧化硫、二氧化氮、硫化氢气体中毒

把患者转移到空气新鲜的地方，保持安静。若进入眼睛，则用大量水洗涤，并要洗漱咽喉。

参考文献

［1］ 张宇，梁吉艳，高维春，等. 实验室安全与管理［M］. 北京：化学工业出版社，2023.
［2］ 黎海红，袁磊，林洁，等. 实验室安全与管理［M］. 北京：化学工业出版社，2022.
［3］ 李志刚，王桂梅，张一帆，等. 实验室安全技术［M］. 北京：化学工业出版社，2022.
［4］ 李辉，曹静，张洋铭，等. 实验室安全手册［M］. 北京：化学工业出版社，2022.
［5］ 叶冬青. 实验室生物安全［M］. 北京：人民卫生出版社，2021.
［6］ 黄志斌，赵应声. 高校实验室安全通用教程［M］. 南京：南京大学出版社，2021.
［7］ 王强，张才. 高校实验室安全准入教育［M］. 南京：南京大学出版社，2019.
［8］ 姜文凤，刘志广. 化学实验室安全基础［M］. 北京：高等教育出版社，2019.
［9］ 胡洪超，蒋旭红，舒绪刚等. 实验室安全教程［M］. 北京：化学工业出版社，2019.
［10］ 余上斌，陈小钎. 医学实验室安全与规范操作［M］. 武汉：华中科技大学出版社，2019.
［11］ 敖天其，金永东. 实验室安全与环境保护探索与实践［M］. 四川：四川大学出版社，2018.
［12］ 黄开胜. 清华大学实验室安全手册［M］. 北京：清华大学出版社，2018.
［13］ 顾小焱. 化学实验室安全管理［M］. 北京：科学技术文献出版社，2017.
［14］ 陈卫华. 实验室安全风险控制与管理［M］. 北京：化学工业出版社，2017.
［15］ 邵国成，张春艳. 实验室安全技术［M］. 北京：化学工业出版社，2016.
［16］ 敖天其，廖林川. 实验室安全与环境保护［M］. 成都：四川大学出版社，2014.
［17］ 朱莉娜，孙晓志，弓保津，等. 高校实验室安全基础［M］. 天津：天津大学出版社，2014.
［18］ 孙玲玲. 高校实验室安全与环境管理导论［M］. 浙江：浙江大学出版社，2013.
［19］ 杨玲. 化学实验室安全知识教程［M］. 北京：北京大学出版社，2012.
［20］ 黄凯，张志强，李恩敬. 大学实验室安全基础［M］. 北京：北京大学出版社，2012.
［21］ 杨岳. 电气安全［M］. 北京：机械工业出版社，2010.
［22］ 梁慧敏，张青，白春华. 电气安全工程［M］. 北京：北京理工大学出版社，2010.
［23］ 王长利，马安洁，王立成，等. 实验室安全手册［M］. 吉林：吉林大学出版社，2009.
［24］ 姜忠良. 实验室安全基础［M］. 北京：清华大学出版社，2009.
［25］ 瞿彩萍. 电气安全事故分析及其防范［M］. 北京：机械工业出版社，2007.